[IQ·EQ 박사] 현용수의 인성교육 시리즈 총론

〈자녀를 미국 법무부 차관보로 키운〉

한국인 아버지의
유대인 자녀 교육 보고서

현용수 지음

도서
출판 쉐마

IQ·EQ 박사 현용수의 인성교육 시리즈 총론

한국인 아버지의 유대인 자녀교육 보고서

초판	1쇄 (도서출판 쉐마, 2022년 11월 1일)
	2쇄 (도서출판 쉐마, 2022년 12월 19일)
지은이	현용수
펴낸이	현용수
펴낸곳	도서출판 쉐마
등록	2004년 10월 27일
	제315-2006-000033호
주소	서울시 강서구 공항대로71길 54
	(염창동, 태진한솔아파트 상가동 3층)
전화	(02) 3662-6567
팩스	(02) 2659-6567
이메일	shemaiqeq@naver.com
홈페이지	http://www.shemaIQEQ.org
총판	한국출판협동조합(일반)
	생명의말씀사(기독교)

Copyright ⓒ 현용수(Yong Soo Hyun) 2022
본서에 실린 자료는 저자의 서면 허가 없이 복제를 금합니다.
Duplication of any forms can't be published without written permission.

ISBN 978-89-91663-98-5

값 20,000원

도서출판 쉐마 는 무너진 교육을 세우기 위한 대안으로
인성교육과 쉐마교육의 원리와 실제를 연구하여 보급합니다.

Character Development Series

Korean Father's Experience of Jewish Education

By
Yong Soo Hyun (Ph. D.)

Presenting
Modern Educational Problems and
It's Solution

2022

Shema Books
Seoul, Korea

차 례

〈추천 및 서평〉

• 본서는 전 세계 유일무이한 가정교육 사례다
  〈모든 부모 · 교사 · 자녀들이 반드시 읽어야 할 필독서〉· 20
   - 정지웅 · 김지자 박사 내외 (서울대 원로교수 /서울교대 원로교수)

• 현대교육에서 놓치고 있는 성공한 유대인 교육 실천기다 · 27
   - 김경성 박사 (서울교육대학교 명예총장)

• 자녀를 독수리 같이 키우려면 쉐마교육을 실천하라 · 31
   - 민현식 박사 (서울대학교 국어교육과 원로교수)

• 본서는 세계 최초 이방인이 유대인 자녀교육을 실천한 보고서다
  〈젊은 엄마 이정하가 본 본서의 가치〉· 38
   - 이정하 박사 (전 김해대 안경학과 교수)

〈저자 서문1〉 본서는 나의 40권의 저서를 압축한 한 권의 쉐마교육 실천기다 ·

  본서의 7가지 특징 · 47

  본서의 내용 요약 · 52

〈저자 서문2〉 IQ-EQ 총서를 발간하면서 · 57

Part 1
나의 가족 소개

Chapter 1
나의 가족 소개

미 연방정부 법무부 차관보에 지명된 아들 · 68

다른 아들들은 어떤가 · 72

Chapter 2
본서를 읽기 위한 용어 정의

1. 수직문화와 수평문화 · 74

　1) 수직문화 · 74

　2) 수평문화 · 75

　3) 수직문화에 속한 '성격(PQ)의 토양'과 '마음(EQ)의 토양' · 76

2. Pre-Evangelism, Evangelism, Post-Evangelism · 77

3. 큰 그릇, 큰 인물 및 큰 지도자(=리더) · 78

Part 2
나의 어린 시절 가족사

Chapter 1
시작은 미약한 농부의 아들

어머님에게 묻고 답하며 녹음을 · 82

9남매의 복덩이 어머님 · 85

천재 아들에 건 아버님의 결단 · 87

성공한 서울 상경기와 나의 출생 · 89

Chapter 2
6.25 전쟁과 가족의 몰락

죽을 고비 1: 반역자 · 91

죽을 고비 2: 피난길의 폭탄 · 94

죽을 고비 3: 뼈와 가죽만 · 96

몰락한 나오미 같은 과부 어머니 · 98
〈13살에 남의 집 머슴으로 주는 것이 소원〉

어머니의 광주리 행상 그리고 나의 사고 · 100

Part 3
미국에서의 자녀교육

Chapter 1
이민 초기 미국 생활

아파트에서 쫓겨났던 두 사건 · 106

3년 반 만에 태어난 4아들, 어떻게 키웠나 · 108

열 받은 아내의 치맛바람, 최하위 아들을 최상위로 · 111

성공 뒤에 아내의 헌신이 · 113

Chapter 2
할머니의 인성교육

할머니 인성교육의 유익 · 115

영어 모르는 할머니 교육, 왜 유익한가 · 117

유대인의 언어 정책과 한국인의 잘못된 언어 정책 · 119

* 쉬었다 갑시다: 영어 모르는 어머님이 미국인과 소통 방법 · 122

Part 4
한국 촌놈의 수직문화 교육
〈한국인의 정체성 교육〉

〈유대인의 정체성 교육의 예〉

유대계 미국인에게 입양된 한국인 이야기 · 126

Chapter 1
현 씨네 족보교육

큰 손자 돌잔치 설교에 사용한 현 씨네 족보 책 · 128

서울 연주 현씨 대종회에서 족보교육 · 130

자녀에게 족보를 가르쳐야 하는 이유 · 133

* 알고 갑시다: '친부모 얼굴 한 번만이라도…' · 136

Chapter 2
한국인의 언어, 예절 및 전통 교육

한국인의 언어와 예절교육에 아내의 반대 · 140

왜 미국까지 와서 큰절을 시켜 · 142

한국인의 전통문화 교육과 아내의 반대 · 144

한국인의 전통 음식문화 교육과 아내의 반대 · 147

아하, 촌놈과 도시 엘리트 집안의 차이구나! · 150

아하, 그래서 촌놈 출신 중에 큰 인물이 많구나! · 152

아내와의 갈등을 밝히는 이유 · 157

Chapter 3
효(孝)교육,
〈유대인 교육을 연구한 이후 다시 시작〉

한국인의 상식적인 효교육 · 160

유대인의 구약의 지상명령과 제5계명의 관계 · 162

〈효는 구약의 지상명령 성취에 가장 중요한 도구다〉

유대인처럼 아들의 머리에 축복기도를 · 166

하나님을 웃게 하려면 아비를 웃게 하라 · 170

나의 노후를 보살펴라 · 173

어머니의 교훈, 나에게 돈을 가져오라 · 174

제4부를 마치며, 마침내 승리한 나의 자녀교육 방식

Part 5
고난은 축복, 풍요는 저주의 전주곡이다

Chapter 1
고난 교육

I. 미국에서 시킨 고난 교육 · 183

　자녀를 일부러 가난하게 키웠다 · 183

　신문팔이 아들 · 185

　4형제의 복수(?) · 188

　베이비시터 하는 아들들 · 190

　험악한 흑인 학교에서 살아남은 아들들의 지혜 · 191

　독수리 리더십 훈련, 미식 축구 선수 · 192

　흑인 갱들이 아들들의 보디가드(?) · 196

II. 한국에서 시킨 고난 교육 · 199

　세 가지 고난의 미션 · 199

　아버지, 한국 애들은 머리가 나쁜가 봐 · 201

　아들들에게 똥 푸는 일을 시켜주세요 · 202

　아들들이 수원에서 돈을 털린 사건 · 205

　세계에서 가장 가난한 나라에서 시킨 고난 교육 · 207

III. 고난 교육의 결과 · 209

　내핍생활이 몸에 밴 검소한 아들들 · 209

　부전자전 교육, 노동 착취(?) · 211

　대학에서 알바로 동생들을 돌본 둘째 아들 · 213

독수리 리더로 자란 막내아들 · 214
"엄마, 우리는 고생을 더 해야 해요" · 216
한국의 탈북자 선교회의 자원봉사자 아들 · 219

Chapter 2
조국(한국)의 고난의 역사교육

I. 알고 보니 유대인의 고난의 역사교육 방법이구나
〈유대인의 고난의 역사교육〉 · 221

큰 흰자위가 아닌 작은 검은 눈동자로 세상을 보라 · 223

한국인에게 적용
〈한국의 고난의 역사를 통하여 세상을 보라〉 · 224

II. 미국에서 시킨 어린 시절 고난의 역사교육 · 227

3.1절에 아들들과 함께 '대한민국 만세' 삼창 · 227

아들들에게 '여명의 눈동자' 드라마로 시청각 교육 · 229

III. 조국, 한국에서 시킨 고난의 역사교육 · 233

할머니의 고난의 역사교육, 어떻게 · 233

조국의 고난의 역사 현장 교육, 어떻게 · 235

Part 6
종교교육(EQ교육) 및 직업 교육

Chapter 1
종교 교육 〈EQ교육〉

교회교육 · 242

어와나(AWANA) 교육 · 243

어와나 성경 퀴즈대회에서 상을 휩쓴 아들들 · 246

학교에서도 기독교 동아리 회장을 · 250

Chapter 2
이웃 사랑 실천 〈EQ교육〉

복 받는 비밀, 약자를 도와라 · 252

흑인 홈리스 사역의 배경 · 255

홈리스 사역에 왜 아들들을… · 257

Chapter 3
자연교육과 여행 〈EQ교육〉

가족 캠핑과 서부 여행 · 260

온 가족 미국 동부 여행기 · 264

Chapter 4
직업 교육

I. 늘 공부하는 본을 보여 주었다 · 268

자동차 고치기 위한 공부 · 268

전문직 라이선스 취득 공부 · 270

신학 공부와 유대인 교육 연구 · 272

Ⅱ. 꽃길 대신 고난을 택한 아버지, 왜 · 275

  덫에 걸린 흑인 '쿤타 킨테' · 275
  흑인의 고소 · 278
  다음은 네 차례야! · 279
  회사의 보복 · 281

Ⅲ. 기술 교육 · 284

  공사 현장에 아들들을 데리고 다녔던 이유 · 284

Part 7
유대인 교육 연구 이전과 이후의 차이

Chapter 1
나와 가정의 변화

유대인 교육 연구 이후의 나의 변화 · 288
우리 가정 유대인의 쉐마교육 실천, 어떻게 · 291
실패한 가정예배 극복기 · 295
왜 가정에서 송구영신 예배를 · 299
가정에서 중보기도를 통한 치유 체험 · 300

Chapter 2
아들들을 데리고 부흥회 집회 인도

밀려오는 부흥회 집회 요청, 왜 · 303
부흥회 집회에 왜 아들들을 · 304

Chapter 3
유대인 교육 연구 이후의 쉐마교육기

본격적인 효(孝)교육 시작 · 308
아들들의 IQ교육, 하브루타 · 308
아들들과 함께 흑인 홈리스 미션 · 311
조국의 고난 역사 현장을 찾아서 · 311
아내에 대한 부끄러운 실수 · 311
그래도 회한(悔恨)이 남는 이유 · 314

Part 8
유대인 교육 실천, 의외의 선한 열매

미 대학 입학에 의외의 최상 스펙들 · 318
하버드에 안 간 이유, 미 대학 입학에 대한 후기 · 321
한국인의 독수리 인성교육에 투자한 열매 · 323
결론 1, 나부터 변해야 가정이 산다 · 325
결론 2, "아버지, 우리를 독수리로 키워주셔서 감사해요." · 329
결론 3, 시작은 미약했으나 드디어 명문가문이 · 330
내 가족의 미래에 대한 고민과 소원
〈나의 후손들은 나처럼 할 것인가〉· 332

신앙 좋은 가정이 무너지는 이유
〈현용수 칼럼, 우선순위 착각의 비극〉· 335

- 현용수의 '인성교육론'+'쉐마교육론' 개발의 역사 요약 · 337

부록1
쉐마지도자클리닉 참석자들의 증언

- 무서운 짐승처럼 변해가는 학생들에게 쉐마교육만이 대안 · 345
  - 박경란 교사 (고양제일중학교)

- 제2의 종교개혁 태동 느껴 · 347
  - 김선중 교수 (미국 국제개혁신학대학원 교수)

- 반성문 · 355
  - 김지자 박사 (서울교육대학 명예교수, 교육학)

- 하버드에서 배울 수 없는 것들을 배워 · 357
  - 윤사무엘 박사 (미국 Geneva College 구약학 교수)

- 교육계의 답답했던 숙제들이 시원하게 풀렸다 · 360
  - 정지웅 박사 (서울대 명예교수, 교육학)

- 남편의 기를 팍팍 죽였던 전형적인 IQ아내와 어머니였는데…. · 362
  - 이정하 교수 (김해대학교 안경광학과)

- 청년의 때에 이런 귀한 말씀을 듣는 것이 기적이다 · 366
  - 주봉규 학생 (전남대학교 영어영문과 재학, 늘푸른교회 청년부)

- 조선족 탈북 선교사가 경험한 현용수의 인성교육 강의 · 370
  - 김학송 교수 (전 평양과기대, 조선족 출신 탈북자 선교사)

- 다시 태어나는 삶을 경험했습니다
  〈한국과 세계의 가정을 살리는 쉐마교육이다〉 · 376
  - 신덕신 목사 (간호학 박사, 정신질환 사역)

- 가정들이 처참하게 깨어지는데 교회는 무엇을 하고 있는가? · 383
  - 민현식 박사 (서울대 국어교육과 원로교수)

부록2
우리의 각오: 쉐마교사대학 졸업생 선언문

참고도서
〈IQ-EQ 박사 현용수의 총서 (전47권)〉

총론 (전6권)

IQ는 아버지 EQ는 어머니 몫이다(전3권) 외 3권

인성교육론 (전10권)

현용수의 인성교육 노하우(전4권) 외 6권

쉐마교육론 (전24권)

기독교에 유대인 교육이 필요한 이유 시리즈 (전2권)
구약의 지상명령 시리즈 (전3권)
유대인 아버지 교육 시리즈 (전4권)
유대인 어머니 교육 시리즈 (전3권)
유대인 효도 교육 시리즈 (전3권)
유대인 신앙명가 시리즈 (가정신학, 전4권)
유대인의 고난의 역사교육 시리즈 (전5권)

유대인의 탈무드 시리즈 (전7권)

〈편집자 주: 자세한 도서명은 후미 참고도서 참조〉

LA 타임즈 현용수 교수 특집 보도

Los Angeles Times
SATURDAY, JULY 13, 2002 — Religion

'We have to learn the secrets of the Jews.'
The Rev. Yong-Soo Hyun

Taking a Cue From Jews' Survival

Culture: Minister studies Orthodox Judaism to teach Korean Americans how to educate children, help churches thrive.

16 한국인 아버지의 유대인 자녀 교육 보고서

Judaism by Example

Koreans study Jewish family values, traditions and history as secrets to longevity.

by JULIE GRUENBAUM FAX, Senior Writer

Thirty-five Korean ministers and professors visited the Los Angeles Jewish community last week, sitting in on high school Torah classes, attending morning prayers, joining a Shabbat meal and studying Jewish texts with local rabbis.

All devout Christians, these students of Judaism hailed not only from South Korea, but also from Korean communities in Russia, China, South America, Canada and across the United States.

They were not interested in converting to Judaism or in proselytizing Jews, but rather were here to learn the secret to Judaism's survival.

"Jews successfully conveyed the Torah, the traditions, the history — especially the history of suffering — and the family values based on Torah for 3,000 years with no generation gaps," said the group's leader, Yongsoo Hyun. "The Christian people lost the value of how to raise children who are holy. We are recovering that history to spread it all over the world."

Hyun, 62, a Presbyterian minister and professor who moved to the United States in 1975, has spent the last 18 years studying the Jewish community and spreading his Jewish gospel from his Mar Vista–based Shema Education Institute.

This is the ninth annual tour of Los Angeles Hyun has led, the culminating event of a three-semester course attended by 400 students each year at locations around the world. Hyun says 3,000 Koreans have graduated his class, paying $350 a semester, and he believes about 3 million people have been affected by his teachings through seminars led by his disciples or by reading one of his 22 books on Judaism, which have sold hundreds of thousands of copies in South Korea.

Hyun focuses on family, jumping off the biblical idea of keeping three generations together — as in Abraham, Isaac and Jacob, or the Torah's refrain of "you and your children and your children's children."

But some Jews might not recognize the Judaism Hyun teaches. He speaks of a Judaism with intact families and no faulty transmission lines between parent and child. He speaks of Jewish Nobel laureates gaining their wisdom through Jewish studies, though most did not have a Jewish education.

Yongsoo Hyun

His understanding of Judaism derives almost exclusively from observance of Orthodox families and studying with traditional rabbis. He believes the father is primarily responsible for transmitting texts and traditions to children, with the mother being responsible for the family's emotional well-being and helping the father.

"I don't get high grades in modern feminist literature, but I don't think this division of labor is clear cut. Both parents contribute appreciably to both the intellectual and the emotional training of their children," said Rabbi Yitzchok Adlerstein, who has been Hyun's mentor. "It is partially Dr. Hyun's reaction coming from a very man-centered society, where these divisions of labor still exist, and he thinks he spots them in traditional Judaism, but I don't see them in my home or in my community."

Adlerstein, a professor of Jewish law and ethics at Loyola Law School, said Hyun is as loyal a friend as the Jewish community and Israel will find, as well as a personal friend. Hyun pursues Jewish knowledge assiduously, and he knows more about Jewish texts and traditions than most Jews.

The visitors to Los Angeles, many of whom brought their families, toured the Museum of Tolerance, Beth Jacob Congregation in Beverly Hills, the Shirbuli Cultural Center, American Jewish University and YULA Boys High School and went on a shopping spree at 613 The Mitzvah Store before participating in a commencement ceremony at the JJ Grand Hotel in Koreatown at the end of their weeklong stay.

Koreans often compare themselves to Jews — a beleaguered people from a small country surrounded by enemies, which is, like ancient Israel, divided in two. Their brothers in North Korea are persecuted, while millions of Koreans in the Diaspora — and even those in the increasingly westernized South Korea — struggle to maintain their traditions and a standard of excellence for their children.

Hyun's interest in Judaism began in 1990 while working toward his Ph.D. in education at Biola University, a Christian school in Orange County. As part of his studies, he was moved by what he saw as the God-centered nature of Jewish education, compared to the student-centered nature of classical American education.

He started taking classes at the University of Judaism (now American Jewish University), but was turned off by the liberal approach he found there. He switched to Yeshiva University of Los Angeles and, after some persistent nudging, ended up talking with Adlerstein, who was teaching there at the time.

Adlerstein, currently director of interfaith affairs at the Simon Wiesenthal Center, invited Hyun to his home for Shabbat dinner. Now Hyun and his wife — and often dozens of Hyun's guests — regularly attend Adlerstein's Passover, Rosh Hashanah and Shabbat meals.

Hyun set up the Shema Education Institute in 1992, and has since become something of a cult figure among his followers in South Korea and in the Korean Diaspora.

"We have had great leaders like Moses, and Paul in the New Testament, and Dr. Hyun's discovery of the secret of Jewish survival is one of the greatest discoveries in human history," said Yeong Pog Kim, with Hyun translating.

Kim has 2,000 members at his Presbyterian Church of Love and Peace near Seoul, and he said he is slowly introducing them to Jewish family values and educational methods.

He believes the Jewish give and take between teacher and student can revolutionize staid Korean classrooms. And it will make families stronger, as husbands learn to respect their wives and spend more time with their children.

Like many of Hyun's students, Chi Nam Kim, a pastor in Toronto, has modified how he observes the Lord's Day. Now, his wife lights candles every Sunday, and he says a prayer over the wine and the bread, and blesses his children and wife, all dressed in their best traditional clothes.

Chi Nam Kim explains this commitment by quoting Rabbi Abraham Joshua Heschel's observation, "More than the Jews have kept the Sabbath, the Sabbath has kept the Jews."

One student, Jin Sup Kim, prays three times a day, reciting the Shema and the biblical chapters that come after it, along with verses from the New Testament.

Jin Sup Kim is vice president of the divinity college at Baekseok University, a Christian school near Seoul with 30,000 students. Kim earned a Ph.D. in ancient near eastern studies at Philadelphia's Dropsie College, now known as the Center for Advanced Judaic Studies at the University of Pennsylvania.

Kim, who teaches Hebrew, named his children Salome, Emet and Chesed, Hebrew words for peace, truth and kindness. During summer and winter breaks, he studies the Bible with his children for hours every day and encourages his 950 divinity students to do the same.

Kim leads a division of the Shema Education Institute and his own organization, the Korean Diaspora Revival Foundation, with offices in Israel aimed at drumming up Korean support for Israel and Judaism. Addressing the anti-Semitism some Christian missionaries imported into Korea has been a clear benefit of the program.

"I didn't like the Jewish people because of what they did to Jesus and Paul in the New Testament," said Yeong Pog Kim, the minister from Seoul. "But now I turned to being pro-Israel. Now it opened my eyes to see the Jews positively, as a friend, and to see the Old Testament with a positive mind."

In the past decade, South Korea has sent more tourists — mostly Christian pilgrims — to Israel than the rest of Asia combined, and the political relationship between the two countries continues to improve, according to the Jerusalem Center for Public Affairs.

While Israel needs that kind of international support, and the attention the Shema Education Institute is offering the L.A. Jewish community is flattering, is this attention all positive?

Adlerstein isn't so worried about the Koreans' filtered interpretations of Judaism — they are, after all, not planning to become Jewish. But Adlerstein does worry about what some refer to as reverse anti-Semitism, something he has seen in many parts of the world.

"Putting Jews up on a pedestal for how they are educated or for their achievements is sort of nice, but at the same time, it sends the message that the reason why we like Jews or will tolerate them is because they act on a higher plane. And we don't always act on a higher plane, and these positive stereotypes are not always true," Adlerstein said. "We would rather be accepted because we are a people and all people deserve tolerance and acceptance."

Still, there is something compelling about the expectation, Adlerstein said.

"As a traditional Jew, I can't fight it too much because I do believe it is what the Ribbono Shel Olam [Master of the Universe] asks of us. He does ask of us to live on a higher plane, to be an or lagoyim [a light unto the nations]. I find this insistence in some people who are not anti-Semites, but who insist on Jews being different, to be disturbing and exhilarating at the same time."

yeshiva of los angeles

Rabbi Marvin Hier
Dean
Rabbi Sholom Tendler
Rosh Heyeshiva
Director, Academic Programs
Rabbi Meyer H. May
Executive Director
Rabbi Nachum Sauer
Rosh Kollel
Mr. Paul S. Glasser
Director
Rabbi Yitzchok Adlerstein
Director,
Jewish Studies Institute
Rabbi Harry Greenspan
Coordinator,
Beit Midrash Programs

April 2, 1996

To whom it may concern:

Many scholars have been intrigued by the longevity of the Jewish people. Theories concerning the survival of the Jews despite millennia of persecution and exile fill volumes.

Dr. Yong-Soo Hyun should be congratulated for pointing to a factor that is unusual for a non-Jew to note. Dr. Hyun believes that the faithfulness of the Jews to the Torah - their corpus of Divine Law - conferred upon them the tools for survival, and the resolve to keep holiness afloat in a sea of unholy influences. He is intrigued with the educational technique that has distinguished the Jewish people for over three millennia - the method of oral transmission that passes on the message of Judaism from parent to child, from one generation to the next in an unbroken chain. He is attempting to distill some of these tools in a way that may help his own Korean people find the strength to preserve elements of their tradition and values.

Dr. Hyun has spent a few years of hard research studying the Orthodox Jewish community from the inside. He has studied Jewish educational theory, and investigated practical Jewish lifestyle by thorough observation. We are pleased that he has turned to the scholars associated with our own Yeshiva of Los Angeles, particularly Rabbi Yitzchok Adlerstein, a member of our Talmud and Jewish Studies faculty, for guidance in his research.

We wish him success in his endeavors to spread both morality and tolerance to large populations of the globe.

Sincerely,

Rabbi Marvin Hier
Dean

9760 West Pico Boulevard, Los Angeles, CA 90035/(310) 553-4478

유대인을 연구한 많은 학자들이 있지만 현 박사처럼 유대인 생존의 비밀을 정확히 지적한 경우는 의외다

많은 학자들이 유대인의 생존의 비밀에 관해 관심을 가져왔습니다. 수천 년의 박해와 유랑에도 불구하고 살아난 유대인의 생존에 관한 학설들은 수없이 많습니다.

현용수 박사가 비유대인으로 유대인의 생존의 비밀을 정확히 지적한 사실은 의외이며, 이를 축하합니다. 현 박사는 유대인에게는 토라 - 그들의 가장 신성한 율법서 - 에 대한 충성심이 생존의 도구였고, 죄악이 만연하는 바다를 표류하는 동안 성결을 지키게 한 결정체란 것을 확신하고 있습니다. 그는 3천 년 이상을 유대인을 다른 민족과 구별되게 한 교육의 기법, 부모에게서 자녀에게 자손 대대로 끊어지지 않는 연결 고리로 유대주의의 메시지를 전한 구전의 방법에 주목하고 있습니다. 그는 이러한 방법의 핵심을 빌어 그가 속한 한국 민족이 그들의 전통과 가치를 보존할 수 있는 힘을 찾으러 합니다.

현 박사는 수년 간 정통파 유대인 공동체에서 열심히 연구했습니다. 그는 유대인의 교육 이론을 연구해 왔고, 철저한 관찰을 통하여 실제적인 유대인의 생활 방식을 조사했습니다. 우리는 그가 우리의 로스앤젤레스 예시바의 학자들과 접촉하고 특별히 그의 연구를 지도하기 위하여 탈무드와 유대학 교수인 랍비 이츠학 에들러스테인과 만나게 된 것을 기쁘게 생각합니다.

우리는 그가 지구촌의 많은 사람에게 두 가지, 도덕과 관용을 전파하는 노력에 성공하기를 기원합니다.

1996년 4월 2일

로스앤젤레스 예시바 대학교 학장
진실한 랍비 마빈 하이어

Book Review

한국인 아버지의 유대인 자녀교육 보고서를 읽고

- 유대인을 연구한 많은 학자들이 있지만 현 박사처럼
  유대인 생존의 비밀을 정확히 지적한 경우는 의외다
  – 랍비 마빈 하이어 (LA 예시바대학 학장)

- 본서는 전 세계 유일무이한 가정교육 사례다
  〈모든 부모 · 교사 · 자녀들이 반드시 읽어야 할 필독서〉
  – 정지웅 · 김지자 박사 내외 (서울대 원로교수 · 서울교대 원로교수)

- 현대교육에서 놓치고 있는 성공한 유대인 교육 실천기다
  – 김경성 박사 (서울교육대학교 명예총장)

- 자녀를 독수리 같이 키우려면 쉐마교육을 실천하라
  – 민현식 박사 (서울대 국어교육과 원로교수)

- 본서는 세계 최초 이방인이 유대인 자녀교육을 실천한 보고서다
  〈젊은 엄마 이정하가 본 본서의 가치〉
  – 이정하 박사 (전 김해대 안경학과 교수)

서평

본서는 전 세계 유일무이한 가정교육 사례다
⟨모든 부모 · 교사 · 자녀들이 반드시 읽어야 할 필독서⟩

정지웅 · 김지자 박사 내외 ⟨서울대 원로교수 · 서울교대 원로교수⟩

본서는 본인이 개발한 새로운 자녀교육 학설에 기초한 체험 보고서다

몇 날 며칠을 저녁식사 후부터 밤 12시 혹은 새벽 1시가 되도록 컴퓨터 앞에 앉아 현용수 박사님이 보내준 본서의 원고를 읽고 또 읽고 메모를 했다. 제법 많은 시간을 아낌없이 보내며 감탄하기를 반복했다.

원고를 하나하나 읽으며 현 박사의 교육이념과 철학, 그리고 본인을 비롯한 자녀들과 가족들의 구체적인 체험 기록들을 어쩌면 그리도 세세히 기록하고 주석을 달기까지 하였는지, 그 꼼꼼함에 놀라지 않을 수 없었다.

필자와 남편은 평생 교육가로 살아왔다. 필자는 서울교대에서 초등학교 교사가 될 학생들에게 교육사회학과 교육행정을 가르쳤고, 남편인 정지웅 교수는 서울대학교 농과대학에서 서울대학교 새마을운동 종합연구소 소장 직을 겸임하며 새마을운동과 지역사회개발, 자기주도 학습 등 한국의 평생교육의 창시 및 연구 발전에 관심을 기울여왔었다.

그런데 본서의 내용은 전혀 예상치 못했던 새로운 교육이론에 기초한 체험 사례들이다. 즉 유대인을 모델로 한 '인성교육론'과 '쉐마교육론'의 실천 보고서다.

필자 내외가 본서에 더욱 관심을 갖는 데는 이유가 있다. 우리 부부는 현용수 박사의 저서들을 거의 다 지켜보았다고 할 수가 있고 심지어는 현 박사가 한국과 미국에서 개설한 실제 교육활동에 참가하여 직접 공부한 적이 있기 때문이다.

제1차 학기 '유대인을 모델로 한 인성교육', 제2차 학기 '유대인을 모델로 한 쉐마교육' 그리고 제3차 학기 '미국 유대인 공동체 체험 학습'을 모두 수료했다. 따라서 필자 부부와 많은 쉐마교육 수강자들은 현 박사가 이런 이론들을 본인의 가정에서 어떻게 실천했는지가 궁금해 했고, 그 결과도 궁금해 했다. 그러던 중에 본서를 접했으니 얼마나 호기심이 발동했겠는가!

현 박사는 자신의 경험과 자녀들 그리고 부인과 어머니가 겪은 실제 체험들을 구체적으로 조목조목 나열했다. 읽다보면 그간 그가 저술했던 40여권의 '인성교육과 쉐마교육'의 주제들을 떠올리게 했다.

'인성교육', '수직문화', '효도교육', '고난교육', '고난의 역사현장교육', '종교(EQ) 교육', '어와나(AWANA) 교육', '이웃사랑 실천교육', '자연교육과 여행을 통한교육', '직업교육', 실제 체험을 통한 '고난(PQ) 교육' 등이다.

유대인식 교육 방식처럼 길러온 구체적인 사례들이 제시되어 흔히 다른 곳에서는 얻기 어려운 귀한 자료들이다. 따라서 본서의 가치는 상대적으로 매우 높다.

따라서 본서는 현 박사가 왜 그런 교육을 시켰는지, 그 이유를 교육학적으로 분석한 이론과 실제를 겸비한 유대인식 자녀교육 체험 보고서다. 물론 본서에는 자신이 아버지로서 아내와 아들들에게 무엇을 어떻게 잘못했는지도 숨김없이 털어놓았다.

아버지가 변해야 자녀들이 변한다는 근거 제시

현용수 박사의 새 책은 참으로 귀하고 값진 서적이다. 한 마디로 우리의 서평은 "모든 부모, 교사 그리고 자녀들이 반드시 읽어야 할 필독서"라고 외치고 싶은 충동을 억제 할 수 없다. 솔직히 말하면 현대교육(IQ교육)을 지나치게 강조하여 자녀의 인성교육을 망치고 있는, 그리고 인성교육을 어떻게 시켜야 하는지를 모르는 모든 학부모들에게 본서를 간곡하게 추천한다.

본서는 지금부터 약 50여년 전(1975년) 한국에서 미국으로 이민을 간 현용수 박사 가정의 자녀교육기다. 그(아버지)가 가정에서 유대인 자녀교육을 연구하던 중 자신의 잘못을 뉘우치고 변하여 4아들들을 미국 주류사회에서 어떻게 성공적으로 교육시켰는지를 보여주는 아버지 교육 노하우다.

따라서 본서는 자녀교육에 어머니 교육의 중요성만 지나치게 강조하는 한국 가정에 아버지가 변해야 자녀들이 변한다는 근거를 제시하는 책이다. 또한 자녀교육을 학교와 교회에만 맡기려는 현대 부모들에게 가정교육이 얼마나 중요한지를 일깨워주는 책이다.

본서의 서문에는 다섯 가지 자녀교육 지침이 나오고, 서론에는 본서를 읽기 위해 필요한 용어 정의 부문이 있다. 이것은 유대인식 자녀교육의 기초 이론을 제시하고 있다. 이 두 부분은 필자가 교장으로 봉직하고 있는 교회 부설의 어린이 집, 선교원, 그리고 킹즈키즈나 열방쉐마초등학교와 같은 교육기관의 교사나 학부모들에게 기본적으로 알고 지켜가야 할 자녀교육의 진정한 의미와 방향을 제시해줄 가치가 있다고 본다. 본서의 개념들을 이해하며 그 의미를 온전히 생활화 할 수 있게 된다면 향후 자녀들과 다음세대 교육이 보다 바람직한 방향으로 진행될 것이다.

특별히 초등학교도 나오지 못하시고 영어를 전혀 못하셨던 현 박사 어머님의 미국 생활은 감동적이다. 그분은 손자들에게 진정한 사랑을 듬뿍 담아 할머니의 고향, 충청도의 전통 수직문화를 가르치셨다.

한국의 말을 가르치시고 한국음식을 즐겨 먹게 하시고, 어른을 존경하는 예절 등을 손자들에게 자연스레 가르쳐주셨다. 이것은 세대차이를 없애는 한국 할머니의 지혜교육, 즉 한국식 인성교육의 실제 사례가 된다.

한국식으로 키우자는 남편과 미국식으로 키우자는 아내의 부부싸움 결과

또한 본서에는 현 박사가 자녀교육에 대한 견해를 달리했던 아내와의 갈등으로 부부싸움을 했던 사실도 그대로 썼다. 한국인의 전통 수직문화가 강했던 농촌 출신 현 박사와 어린 시절부터 왜정시대 서울 출신이며 명문 제일고보(경기중고 전신)와 경성제대(서울대 전신) 의학부 출신이셨던 아버지의 영향으로 서양문화에 빨리 동화되었던 현 박사의 아내와의 사이에 미국 생활에서의 문화 갈등이 크게 있었음은 매우 흥미진진했다.

자녀를 한국식으로 키우자는 남편의 의사 결정에 오히려 미국식으로 키우자는 아내의 반론은 아들들과 합세하여 남편을 곤경에 빠뜨리곤 했었다. 그랬던 아내가 마침내 남편의 지속적인 유대인식 자녀교육 방식의 탐구와 끈질긴 논리에 설득되어 한국인의 유대인식 자녀교육 방식에 부부가 헌신하게 되었다는 얘기다.

이후로부터 현 박사의 가정에 엄청난 변화가 있었고, 지금의 두 내외는 본서에서 제시한 네 가지 부부의 모델 중 첫 번째 모델, 즉 남편과 아내가 갈등 없이 자녀에게 한국인의 전통 수직문화를 가르치는, 제일 좋은 부부로서 인정받고 있음을 부인할 수 없다. 따라서 이것은 자녀를 키우는 부모들에게 좋은 교훈이 될 것이다.

본서는 전 세계 어느 곳에서도 찾기 힘든 유일무이한 가정교육 사례다

교육에는 이론이 제시되어야 하고, 그 다음에는 그 이론을 실천해야 하고, 그리고 그 이론을 실천한 결과를 평가해야 한다. 현 박사의 신간을 읽고 참으로 감사했던 것은 현 박사 가정의 구체적인 사례를 낱낱이 기록한 이 한권의 책은 그 동안 40여권에 나뉘어 제시되었던 쉐마교육의 중요 개념들과 이론들이 현 박사의 가정에서 실제로 적용이 되었고, 그 결과 4아들들을 성장시키는데 그 누구도 예기치 못했던 놀라운 열매를 거두었다는, 반가운 보고서라는 것이다.

본서는 전 세계 어느 곳에서도 찾아보기 어려운 유일무이한 가정교육 실 사례 보고서이다. 따라서 필자는 본서가 모든 부모나 교육자들의 관심을 끌기에 너무도 귀한 필독서로서 충분하다고 확신한다.

그러나 독자들이 보다 깊이 이 책을 이해하고 실천에 옮기기 위하여는, 먼저 현 박사의 40여권의 저서들을 함께 파고들어 도움을 받아야 할 것으로, 본서는 그런 탐구의 길잡이가 되어줄 안내서(Guide Book)로서 중요한 역할을 할 것이라 확신한다.

　시간과 기력을 많이 쓰긴 했지만 이 책의 서평을 쓸 기회를 통하여 그 동안 제대로 깨닫지 못 했던 많은 것들을 새롭게 배울 수 있어서 좋았다. 이런 기회를 주신 현용수 박사님께 감사를 드리는 바이다.

서평

현대교육에서 놓치고 있는
성공한 유대인 교육 실천기다

김경성 박사 〈서울교육대학교 명예총장〉

현용수 박사님은 재미 유대인 교육 전문가입니다. 유대인을 모델로 한 약 40여권의 저서가 있습니다. 이 저서들이 이론서였다면 본서는 실천편입니다. 즉 그 이론을 현 박사님이 가정에서 실천했더니 이런 열매를 거두었다는 사례 발표입니다.

현 박사님은 제가 서울교육대학교 총장으로 재직 시 학교에 유대인 교육 전문가가 필요하여 그분을 초청하여 초빙교수로 근무하신 적이 있었습니다. 당시 그분은 일선 교사들에게 유대인을 모델로 한 '인성교육과 쉐마교육'을 가르쳐 많은 호응을 받은 바 있습니다.

그가 미국 이민 1세대로서 많은 어려움 속에서도 네 아들들을 훌륭하게 키워 내신 것은 오늘날 자녀를 키우는 많은 부모님들에게 참으로 감동스럽고 도전이 되는 내용입니다. 지난 해 미국 연방정부 법무부 차관보로 지명된 현 박사님의 셋째 아들은 아버지에게 이렇게 말했다고 합니다.

"아버지, 미국에 똑똑한 사람들이 너무 많아요. 그 중에 누구를 선택해야 하는가는 인성교육에서 결정이 납니다."

그렇다면 현 박사님은 어떤 인성교육을 시켰을까요. 그 비법이 본서의 중심 주제입니다. 흔히 인성교육을 착하게 키우는 것으로만 생각하는 경우가 많은데, 그 분은 독특합니다. 몇 가지만 소개하겠습니다.

첫째, 미국에서 아들들에게 열심히 공부하여 일류대학에 들어가라는 말을 하지 않았다는 겁니다. 대신 한국인의 전통 인성교육(수직문화)을 매우 강조했습니다.
아들들에게 한국인의 정체성(identity) 교육을 가장 우선적으로 가르쳤습니다. 현(玄)씨네 족보와 한국인의 예절 등 한국인의 전통 수직문화, 즉 '뿌리' 교육을 많이 시켰습니다.

두 번째 강조점은 유대인처럼 착하지만 독수리처럼 강하게 키웠습니다. 본서는 그 비법을 소개합니다. 이것은 다민족이 함께 사는 미국에서 강인한 생존력을 키우기 위함이라고 했습니다.
어린 아들들에게 신문팔이를 시키는 등 고생을 시키고, 한국인의 고난의 역사 교육을 많이 시켰습니다. 한국에 데리고 와 서대문 형무소나 거제도 포로수용소 그리고 부산 유엔군 묘지에도 방문하여 한국의 근 현대사를 가르쳤습니다.

이런 일화도 있습니다. 미국에서 태어난 어린 아들들이 일제의 만행을 가르쳐도 그것을 잘 이해하지 못했다고 합니다. 그래서 그는 코리아타운 비디오 샵에서 '여명의 눈동자' 드라마를 빌려와 함께 보며 한국 민족의 고난의 역사를 가르쳤다고 합니다(1990년대 초).

세 번째 강조점은 아들들을 효자로 만들기 위해 한국인의 효(孝)와 함께 유대인의 성경적인 효(제5계명)를 아들들에게 많이 가르쳤습니다. 이것은 인성교육과 하나님의 말씀전수 그리고 가문의 번성이라는 세 마리 토끼를 잡는 수직문화의 핵심 가치입니다.

효를 강의한 한 후 유대인 아버지처럼 무릎을 꿇고 앉은 네 아들들의 머리에 손을 얹고 축복기도를 하는 모습은 감동입니다. 이것은 유대인 가정에서 실제로 안식일에 아버지가 자녀들에게 축복기도를 해주는 것을 아들들에게 적용한 것입니다. 성경적 근거는 이삭이 야곱에게, 그리고 야곱이 12아들들에게 축복 기도했던 것(창 48장)에 있습니다.

본서는 그가 아버지로서 아이들에게 어떤 모범(role model)을 보여주었는지도 소개했지만, 그의 과거 잘못도 솔직하게 사과했다고 합니다.

현 박사님을 크게 변하게 했던 사건이 있었습니다. 유대인 랍비 가정의 안식일 절기에 참석한 이후 하나님 아버지는 그분의 형상을 가정의 아버지를 통하여 닮기를 원하신다는 것을 깨달았다는 것입니다. 그 후 그는 크게 두 가지가 변했습니다.

1) 자신이 가정에서 가부장적으로 행했던 독재를 멈추었습니다. 그리고 아내와 아들들에게 그 동안 상처를 준 것들에 대하여 자존심을 죽이고 진심으로 사과했습니다. 그리고 유대인 아버지처럼 인자하고 부드러운

아버지로 변했습니다.

　아내와 아들들에게 일방적이 아닌, 쌍방 소통을 시작했습니다. 아내와 아들들에게 좋은 남편, 좋은 아버지로 인정을 받기까지는 오랜 인고의 세월이 필요했다고 합니다.

　2) 다른 아이들은 많이 가르쳤으면서 한 번도 아들들과 가정예배를 드린 적이 없었던 그는 큰 칠판을 사다 놓고 아들들에게 손수 가르치기 시작한 것입니다. 그 내용은 유대인을 모델로 한 '인성교육과 성경적 쉐마교육'입니다. 물론 성경도 가르쳤습니다.

　이런 그의 변화와 수고가 있었기에 성공한 자녀교육이라는 값진 열매를 거두었다고 생각됩니다. 모든 아버지들이 이렇게 변하기를 소원해 봅니다.

　이 외에도 본서는 현대교육에서 놓치고 있는 자녀의 인성교육과 신앙교육을 포함한 EQ(감성지수), PQ(의지력 지수), SQ(영성지수) 및 IQ(지능 지수) 등을 높이는 명확한 해답들을 제시합니다. 그런 점에서 본서가 이 땅의 모든 부모에게 필독서가 되리라는 것을 믿어 의심치 않습니다.

　현 박사님, 언제까지나 건강을 유지하시며 앞으로 더 좋은 글을 세상에 소개해 주시기를 기대합니다.

서평

자녀를 독수리같이 키우려면 쉐마교육을 실천하라

민현식 박사 〈서울대 국어교육과 원로교수〉

〈본서의 다섯 가지 특징: IQ교육 대신 한국인의 인성교육에 치중〉

현용수 박사님의 쉐마교육 관련 저서가 40여 권이라 어느 것부터 읽어야 할지 내용의 방대함에 압도된다. 그런데 쉐마교육의 핵심은 하나님이 창조하신 거룩한 가정을 바로 세워 교회와 나라를 바로 세우는 원리를 밝히고 실천하는 것이다.

본서는 40여 권의 저서를 관통하는 쉐마교육의 핵심 원리를 체험적으로 한 권에 압축한 책이어서 단숨에 읽게 되었다. 그만큼 긴장감과 호기심을 자극했다. 무엇보다도 이번 책은 현 박사님의 가족사를 통해 거룩한 가정을 세우기까지의 실패와 성공을 솔직히 밝혔다. 따라서 가정교육, 자녀교육, 청소년교육 문제로 고심하는 온 누리의 부모 세대와 교육자들에게 매우 유용할 것이다.

필자는 현용수 박사님이 강의하는 쉐마교육을 한 학기(16강) 마치고 나니 본서를 읽는 동안 그분의 가정교육이 더욱 선명하게 한 눈에 그려졌다.

필자는 한 가정의 아버지로서 일평생 학교교육과 교회교육 현장에서 학생들을 지도해 왔었다. 그런데 현대교육에 문제점이 있다는 것은 모두 알고 있지만 그에 대한 뾰족한 대안이 없었다. 그런데 그 대안을 유대인의 쉐마교육에서 찾았다. 본서는 저자가 쉐마교육을 실천한 보고서이기에 더욱 공감하며 그 가치를 인정하지 않을 수 없다.

본서에서 우선 눈에 띄는 몇 가지 특징이 있다.

첫 번째 특징은 우선 가정교육의 주체가 어머니가 아니고 아버지라는 점이다. 따라서 본서는 가정에서 아버지가 변해야 자녀교육이 바로 될 수 있다는 좋은 사례가 될 것이다.

그런데 자녀교육에 방관자였던 그분이 자녀교육에 목숨을 걸게 된 특별한 계기가 있었다는 것이다. 그것은 그가 미국에서 유대인 랍비네 가정의 안식일 식탁 예배에 참석한 후 자신의 잘못된 점을 깨닫고, 즉시 성경적인 아버지 상으로 바꾸었다는 것이다.

두 번째 특징은 미국의 다문화 사회에서 대부분 이민자들은 자녀들이 한국인으로 자라기보다는 미국 주류 문화에 동화되어 빨리 영어도 배우고 학교에서 공부도 잘할 수 있기를 소원했는데, 현 박사님은 반대로 아들들이 미국 문화에 동화되는 것을 막기 위해 처음부터 한국인의 정체성을 아들들에게 직접 가르쳤다는 것이다. 즉 그분은 아들들에게 한국인의 전통 수직문화를 가르쳐 한국인의 인성교육을 시켰던 것이다.

세 번째 특징은 아들들을 독수리로 키우기 위하여 한국인의 고난의 역사교육과 함께 일부러 고생을 시켰다는 것이다.

네 번째 특징은 아들들에게 한국인이 그렇게 좋아하는 IQ 교육은 강조하지 않았다는 것이다. 대신 한국인의 인성교육을 강조했다는 것이다.

마지막 특징은 놀랍게도 그분의 교육 결과가 모두 성공적이었다는 것이다. 일류대학을 졸업한 이후 미 주류사회에서도 머리가 되어 있다는 것이다. 따라서 본서는 여러 가지 측면에서 자녀를 키우고 있는 부모들의 필독서가 되기에 충분하다.

〈쉐마교육의 핵심〉

현용수 박사님의 쉐마교육은 유대교의 구약 전통에 담긴 가족 신앙의 중요성을 자녀 제자화에 초점을 맞추었다. 지역 공동체 교회에 앞서, 가정 성전에서 가족 신앙, 가문 신앙으로 견고화하고, 이웃 사랑, 이방 선교로 확대하는 교육이다.

그동안 우리는 개인의 열정으로 이방 선교에 열심을 내면서도 정작 성도의 가정에서 3대, 4대로 내려가면서 신앙을 잃어버리는 일을 흔히 보아 왔는데 이 모두 자녀의 제자화와 가족 신앙의 견고화를 이루지 못한 탓이다.

그러나 유대인들의 가족 신앙은 모세오경(토라) 교육, 안식일과 고난절기(유월절, 칠칠절, 초막절, 부림절 등) 신앙을 통해 자녀 제자화를 기본으로 가문과 민족 신앙으로 승화한 4천 년 유대교 신앙의 전통으로 이어지고 있다. 신약교회는 유대교의 구약 신앙의 전통을 은혜의 복음과 함께 계승하여 우리의 기독교 신앙을 더욱 견고히 세워야 한다는 것이 현 박사님의 쉐마교육 핵심이다.

〈본서의 여섯 가지 내용 요약〉

이 책에서 밝힌 현 박사님의 가족사는 민족의 비극을 온몸으로 겪은 이야기이다. 부친과 장남과 차남이 6.25 전쟁으로 세상을 뜨고 홀어머니가 5남매를 광주리 행상으로 키운 이야기는 눈물 없이 읽기 어렵다.

그분은 재단 장학생 시험에 합격하여 장학금으로 대학을 나온 후 20대에 미국에 이민을 갔다. 그곳에서 기술직 면허(license)도 취득하고 사업도 성공했다. 물론 교회도 열심히 봉사했다.

그러나 다른 이민 가정의 자녀들은 미국에 동화되어 점차 한민족의 정체성을 잃어버리는 것을 보면서 그것이 잘못되었다는 것을 깨달았다. 그리고 그 대안을 유대교의 쉐마교육에서 찾았다. 몇 가지 본서의 내용을 요약하면 다음과 같다.

1. 한국 민족의 전통 수직문화 교육을 했다.

비록 미국에서 살고 있었지만 명절에는 한복, 한식을 어려서부터 습관화하고 한국식 예절교육을 시켰다. 유교와 유대교에 공통적인 효도 교육을 하고 현 씨네 족보교육도 하여 가문의 뿌리를 가르쳤다. 집안에서는 한국어를 사용하여 한국어 상실을 막았다. 부요는 저주의 시작이라는 유대인의 교훈을 되새기면서 자녀를 근검하게 키웠다.

2. 우리가 잊고 살았던 마땅히 행할 것을 아들들에게 가르쳤다.

아버지는 아들들에게 말씀을 가르치며 영적 권위를 세우고, 어머니는 돕는 배필로 안식일과 절기 음식을 준비하고 살림의 주도자로 영적 분위기를 지켰다. 성경은 하나님의 축복이 아버지의 축복기도를 통하여 온다고 가르친다. 그 이유는 아버지는 가정의 머리이기 때문이다.

그래서 현 박사님은 아들들에게 효도교육 강의를 마친 후 "축복받기를 원하면 모두 내 앞에 무릎을 꿇고 앉아라."라고 한 후 개개인의 머리에 손을 얹고 축복기도를 해 주었다. 이것은 말씀의 보존 계승자인 아버지의 영적 권위를 세우는 데 크게 도움이 되었다.

"하나님과 부모는 파트너이다. 따라서 하나님을 기쁘게 하려면 먼저 부모를 기쁘게 하라. 너희가 성장하여 돈을 벌면 먼저 소득의 10%는 하나님께, 그 다음 10%는 부모님에게 바쳐라. 이것이 하나님께 축복받는 길이다. 부모는 그 돈을 도로 자손들에게 쓴다."

자녀들에게는 부모가 복을 받는 비밀을 가르쳐 주었다. 절대로 하나님의 것(십일조와 헌물)을 도둑질하면 저주를 받는다는 것(말 3:8-10)과 홈리스 봉사 등 선행으로 이웃에게 베푸는 삶이야말로 자녀들이 함께 참여하여 이웃 사랑을 배우도록 하였다.

3. 3대 조손(祖孫) 교육을 하고 고난 상기 교육을 하였다.

손주 교육엔 조부모가 최고다. 현 박사님은 거의 방학 때마다 자녀들을 한국으로 데려와 그분의 홀어머니가 5남매를 광주리 행상으로 키운 충북 보은 고향집과 역사의 현장(독립기념관, 서대문형무소, 거제포로수용소 등)을 성지순례를 하듯 방문했다. 그곳에서 조부모 세대가 살아온 민족 고난의 시대를 체험케 하고 자녀들에게 한미 양국의 역사교육과 고난 절기 교육을 상기시켰다.

4. 쉐마교육의 핵심인 말씀 교육을 철저히 하였다.

미국의 성경 암송 경연대회인 어와나(AWANA) 바이블 퀴즈 대회에 나가 네 아들이 1등상을 휩쓸어 가장 자랑스러운 가문의 보배가 되었다. 장남, 차남은 믿음의 전문인이 되었고, 쌍둥이인 셋째는 바이든 행정부에서 법무부 차관보(법제처장)로 지명되었고, 쌍둥이 넷째는 목회자가 되었다. 우리 교회들도 어와나 프로그램을 도입해 교회학교의 청소년들을 성경을 통째로 암송해 걸어 다니는 성경의 사람들로 길러야 한다.

5. 자녀를 예수 그리스도의 제자로 길렀다.

저자는 이렇게 말하고 있다. 아버지의 한국식 권위주의적인 교육 방식은 자녀에게 상처를 주기 쉽다. 자녀는 육신의 아버지를 통하여 하나님 아버지의 형상을 닮아갈 수 있어야 한다. 자녀들은 과연 아비의 행위를 보면서 하나님 아버지의 형상을 닮아갈 수 있겠는가? 자문(自問)해 보라.

먼 훗날 자녀들이 아버지와 어머니를 추억하며 좋은 집 물려준 것보다 다른 사람을 통해서가 아니라 바로 자기 부모를 통해 예수님을 발견했다는 간증이 나와야 한다. 어버이의 가장 귀한 유산은 이 땅의 재산이 아니라 하나님의 말씀과 신본주의 신앙이어야 한다.

6. 미국에서 애국애족 교육을 하였다.

구약시대에 유대인 자녀는 부모에게 순종하지 않으면 교육이 안 되어 부모로부터 토라를 전수받을 수 없었다. 그러면 그들은 하나님의 '말씀을 맡은 자'(롬 3:2)가 될 수 없었고, 그렇게 되면 유대인의 정체성을 잃게 되고, 구원을 받을 수 없게 된다.

고난의 역사에서 그들은 애국애족의 신앙을 견고히 할 수밖에 없었다. 자기가 속한 국가를 성도가 사랑하고 지키지 않는다면 누가 국가를 지키겠는가! 한국교회도 주일학교에서 성경을 가르치면서 나라의 신앙의 자유를 지키기 위해서는 국난(國難)의 역사교육을 통해 나라 사랑의 교육을 철저히 해야 한다.

〈결론: 가정을 살려야 교회와 국가도 생존할 수 있다.〉

건강한 가정은 가족과 교회와 국가 생존의 기본이다. 기본인 가정이 무너지면 나머지는 시간이 갈수록 차례로 무너지기 마련이다. 한국의 출산율(0.84)은 세계 최저이고, 이혼율, 자살률, 낙태율이 세계 최고인 원인도 가정이 무너지고 결혼관, 생명관이 병들어 그렇다.

병든 한국 사회와 한국의 교회를 살리려면 먼저 성도의 가정부터 쉐마교육으로 가족 신앙을 굳건히 해야 한다. 그리고 이웃 사랑, 이웃 선교의 사명도 확대해 나아가야 한다.

현 박사님의 유대인 자녀교육 보고서는 쉐마교육이 가문과 교회가 소멸하지 않고 대를 이어 신앙을 전수하여 주님의 재림을 준비하는 길이 될 것임을 체험적으로 증거하고 있다.

자녀교육에 어려움을 겪는 해외동포들은 물론 한국교회 목회자, 장로 등 지도자들과 교회교육 관계자와 성도들, 특히 자녀를 독수리같이 (신 32:11, 시 103:5) 키우려는 젊은 부모들에게 일독을 권한다.

본서는 세계 최초 이방인이 유대인 자녀교육을 실천한 보고서다

〈젊은 엄마 이정하가 본 본서의 가치〉

이정하 박사 〈전 김해대 안경광학과 교수〉

젊은 엄마들의 질문들에 답이 여기에 다 있구나~!!

"현 박사님, 저희 가정에 이런 문제가 있는데, 어떻게 해결하면 좋을까요?"

"나한테 데려와서 쉐마교육을 받아야지~!!"

쉐마교육을 받으러 온 학생들은 현용수 박사님의 충청도 사투리 가득한 항상 동일한 대답에 사실 어리둥절할 때가 많았습니다. 왜냐하면, 성경적 가정회복을 위해 미국에서 오셔서, 20년 이상 지속적으로 쉐마인성론을 선지자적 입장에서 외치고 있는 현 박사님의 대답으로는 부족해 보였습니다. 또한, 구체적인 답을 기대하는 문자(門者)들에게 한 가지 대답으로 일관하셨기 때문입니다. 그러나 '인성+쉐마' 교육을 반복해서 들은 사람들은 '맞다'고 무릎을 칠 것입니다.

저는 현 박사님께 이 책의 추천서를 젊은 엄마의 입장에서 써달라는 요청을 받고 원고를 읽으면서 다시 무릎을 쳤습니다. 수없이 우리의 질문을 들었던 현 박사님의 대답이 여기에 다 있구나~!!

원고를 읽어 내려가면서 현 박사님의 마음을 깊이 읽을 수 있었습니다. "강의 시간에 한 번에 말해줄 수 없는 시간과 공간의 한계가 얼마나 답답하셨을까"라는 생각이 들었습니다. 그러나 이제 이 책이 출간되면 많은 오해들이 풀릴 것 같아 속이 후련합니다.

어려움을 겪고 있는 믿음의 가정들에게 시간과 공간의 한계를 뛰어넘어 더 확실한 쉐마의 답을 줄 수 있을 것이기 때문입니다. 이건 유대인이니까 가능하지, 미국이니까 가능하지, 아버지가 현 박사님이니까 가능하지, 이런 오해들이 해소될 것입니다. '쉐마+인성론'은 누구나 어느 가정이나 필요하고 또 실천 가능한 것입니다.

저는 실험을 해서 증거를 가지고 학위를 받은 과학자입니다.

저는 실험을 해서 학위를 받은 젊은 과학자입니다. 그래서 제시되는 가설과 이론을 뒷받침하는 과학적 증거들이 있어야 한다는 것을 당연하다고 생각합니다. 그래야 그 이론의 가치를 인정받을 수 있기 때문입니다.

이 책을 읽고 4가지 영역에서 중요한 '인성+쉐마' 교육에 대한 실천적 증거들을 찾았습니다. 그리고 3가지의 주제에서 왜 본서가 필요한지를 절감했습니다. 그런 의미에서 본서의 가치는 단순한 한 아버지의 자녀 양육기가 아니라 신약시대의 역사적인 가치를 지닌 '유대인 자녀교육 보고서'입니다.

물론 현 박사님은 제 글에 대하여 과찬이라고 부담감을 느낄 수 있겠습니다. 그러나 이 글은 제가 현 박사님의 두 학기 강의, 즉 유대인을 모델로 한 '인성교육론'(제1차 학기)과 '쉐마교육론'(제2차 학기)을 5번 이상을 반복하여 들었고, 그분의 책 40여권을 계속해서 반복하여 읽었으며, 그것을 젊은 엄마들에게 가르친 이후에 본서를 읽은 소감입니다.

그리고 저는 저의 가정에서 스스로 '인성+쉐마' 교육을 저의 어린 두 자녀들에게 10년 동안 실천하려고 노력하는 중입니다. 그래서 본서의 가치에 대한 증인이 될 수 있다고 확신합니다.

본서의 '인성+쉐마' 교육에 대한 4가지 중요한 실천적 증거들

'인성+쉐마' 교육 이론에 대한 '현용수의 유대인 자녀교육 보고서'가 지닌 4가지 중요한 실천적 증거들은 다음과 같습니다.

첫째, 유대인의 성경적 자녀교육은 4000년 동안 같은 문화권과 같은 공동체에서 실천되고 유지되어 왔습니다. 이것을 약 5000년의 한국의 역사 속에 기독교가 들어온 지 140년 정도 밖에 되지 않은 한국 기독교에 접목한다는 것은 거의 불가능에 가깝습니다. 그런데 본서는 한국인으로써 유대인의 쉐마교육을 성공적으로 실천했다는 증거가 됩니다.

이 책의 제7부에서 저는 본서의 저자가 유대인 자녀교육을 성공할 수 있었던 키가 있다는 것을 발견했습니다. 바로 머리에서 가슴으로 전달된 아비의 마음입니다. 이 쉐마교육은 세대 간에 소통이 없다면 말씀 전

수가 힘듭니다. 그런데 저자와 아들들 사이를 막고 있는 차디찬 얼음이 깨지는 순간이 있었습니다.

저자가 유대인 랍비 가정의 안식일에 참석한 이후에 그는 자녀들이 육신의 아버지를 통하여 하나님 아버지의 형상을 닮아갈 수 있다는 것을 깨달은 순간부터입니다. 저자는 한국 아버지의 권위주의적 행동을 멈추었습니다. 유대인 아버지처럼 소통하는 아버지로 변화되기 시작했고, 차디찬 얼음은 녹아내리기 시작했습니다.

그 이후 일어나는 변화들은 참으로 놀라웠습니다. 완벽한 '인성+쉐마' 교육 이론들이 아이들 안에서 생기를 찾아가는 것을 발견할 수 있었습니다. 실로 한 가정에서 아버지의 변화는 한 나라를 살리는 역사적인 사건이 될 수 있습니다. 왜냐하면 이 아들들이 사회 곳곳에서 미치는 영향력은 저자로부터 흘러가는 아비의 영을 확장시키고 있기 때문입니다.

둘째, 현용수 박사님이 창안한 '인성+쉐마' 교육 이론은 대부분 기독교 역사 2000년 만에 처음으로 발표되었습니다. 본서는 그 이론에 가장 근접한 첫 번째 실천적 증거입니다. 따라서 본서는 세계 최초로 이방인이 유대인 자녀교육을 구체적으로 실천한 사례 보고서가 될 것입니다.

약 40여권의 저서에 나오는 모든 이론들이 유대인을 모델로 한 '인성+쉐마' 교육입니다. 그러나 진정한 교육은 그 이론을 실천하여 선한 결과를 얻어야 합니다. 본서에는 저자가 '구약의 지상명령, 쉐마'를 발견하고 이를 가정에서 실천한 믿음의 1세대로서 피나는 노력이 전 인생의 걸음 속에 베어나고 있습니다.

특별히 할머니의 인성교육에서 자녀들이 EQ교육을 받을 수 있는 가장 적기에 할머니와 함께 살면서 충족되었습니다. 3대의 사랑이 미국에 살면서도 한국식 의식주를 통하여 자연스럽게 흘러가며 한국인의 인성교육의 마음 밭이 준비되었다는 것을 알 수 있었습니다.

또한 아내이자 어머니인 현 사모님의 과히 희생적인 헌신도 놀랍습니다. 힘겨운 이민생활 속에서 남편을 도와 간호사로서 가족의 경제를 책임지며, 시어머니와 동거하였고, 평신도 시절 교회봉사도 열심이었습니다. 그분이 처음에는 남편의 '인성+쉐마' 교육에 협조하지 않았던 흠도 있었지만 저자의 자녀교육 성공에 가장 큰 기여를 했던 것은 사실입니다.

그리고 인성교육과 쉐마교육의 핵심 고리는 '효'교육입니다. 사탄은 이것이 가정에서 순조롭게 이루어지는 것을 가장 싫어합니다. 그러나 이 가정에서 3대 신앙 전수의 연결고리인 저자 부부의 효교육은 직접 어머님께 실천함으로써 자녀들에게 본보기가 되었습니다.

종교교육과 이웃사랑 실천의 어와나 교육, 홈리스 사역과 단기선교, 쩨다카 교육들은 쉐마를 전수하는 교육 내용들이 빈틈없이 실천되어 결국 자녀들이 장성하여 어른이 되었을 때 평생 꺼내먹을 수 있는 양식이 되어 있었음을 알 수 있습니다.

셋째, 우리는 한국인 기독교인으로써 영적으로는 아브라함의 후손, 즉 영적 유대인이지만(갈 3:6-9), 육적으로는 한국인임을 거부할 수 없습니다. 그렇기에 현 박사님은 한국인의 정체성도 집중적으로 교육하여 영적, 육적 정체성을 잘 조화시킨 자녀교육의 완성된 증거를 보여주었습니다.

특별히 '제5부 고난은 축복, 풍요는 저주의 전주곡이다'에서 '조국(한국)의 고난의 역사교육'은 저자가 아들들을 한국인으로 키우기 위해 얼마나 많은 시간과 물질을 투자했지 알 수 있습니다.

이 교육은 저자의 가정이 아니면 할 수 없는 아주 특별한 교육 방법들이었습니다. 지금은 우리에게 한국사의 많은 부분이 열려있지만, 40년 전에 미국 교포로서 미국 현지에서 한국의 절기를 지키고, 교육하는 것은 쉽지 않은 일이었을 겁니다.

그리고 4형제를 한국에 일부러 데려와서 한국의 고난의 역사 현장들을 탐방하며 교육시켰습니다. 그것은 성경말씀에 "너희는 옛날을 기억하라"(신 32:7)는 말씀의 핵심을 간파한 선지자적 실천편입니다.

넷째, 현 시대는 수평문화의 쓰나미라도 해도 무방할 정도로 급속도로 문화의 타락이 진행되고 있습니다. 이로 말미암아 쉐마교육을 하겠다고 나서다가도 가정에서 자녀들과 부딪히게 되면 금방 낙심이 됩니다.

본서는 먼저 언어와 문화 차이로 적응도 쉽지 않은 미국의 이민사회에서 한국인의 전통 수직문화를 가르치며 유대인의 쉐마교육을 실천했다는 가능성을 실천적으로 보여주었습니다. 그렇기 때문에 지금 한국사회에서도 더욱 '쉐마 독수리 인성교육'이 가능할 수 있다는 소망을 가지게 합니다.

이 영역은 가장 최근에 *'유대인의 리더십 개발 원리'* 저서에 의해 확립된 이론입니다. 이 이론은 현시대에 한국인의 전통 수직문화가 얼마나 필요한 자녀교육 영역인지 전하고 있습니다. 우리 자녀 세대들이 어른 세대를 보수 꼴통 꼰대라고 말하는 것을 유행처럼 받아드리고 있어 안타깝습니다.

이것은 고난의 시간을 지나 이 나라를 일구어 온 웃어른들의 인내의 시간(역사)을 거부하는 것입니다. 이로써, PQ(강한 인내)교육과는 반대의 길을 가고 있습니다. 대중으로 남길 원하며, 책임지기 싫어합니다. 시대의 걸림돌을 제거하고, 밝은 역사의 대로를 위해 감당할 무게를 내가 책임지겠다는 건국 대통령 이승만의 정신은 사라진지 오래인 듯합니다.

제5부에는 4형제가 어린 시절 겪었던 고난의 시간들이 그들을 강한 날개를 가진 독수리로 자라게 했다는 내용이 있습니다. 인성교육의 날개는 PQ입니다. 그래야 참새가 아닌, 독수리처럼 높이 날 수 있습니다.

가나안으로 들어간 여호수아 이후 세대부터는 인위적인 고난교육이 필요합니다. 머리로 배우는 고난의 역사교육과 함께 몸으로 체험하는 고난교육이 필요합니다(현 박사님의 고난의 역사교육 시리즈 전5권 참조). 아들들이 사막에서도 아버지의 교육을 실천할 수 있는 의지력을 가지고 단단하게 성장했다는 글을 읽으며 눈물을 흘렸습니다.

부모는 자녀가 고난 받는 것을 본능적으로 싫어합니다. 그러나 하나님은 이것이 우리에게 유익함을 알기에 아낌없이 고난의 시간을 주십니다. 하나님의 마음을 알게 된다면 우리는 자녀들에게 고난이 왔을 때 더 감사하게 될 것입니다. 본서의 4형제의 성장기를 통하여 더욱 확증이 생기게 되어 저도 감사합니다.

다음 3가지 주제를 해결하기 위해 본서가 필요합니다.

그리고 다음 3가지 주제를 해결하기 위해서 본서가 필요하다고 생각합니다.

첫째, 본서는 이 시대를 살아가고 있는 저 같은 젊은 부모세대들이 먼저 나약함을 벗어버리고 말씀 앞에 다시 정비하라는 하나님의 경종이라고 생각됩니다. 이제는 믿음만 있으면 구원받을 수 있다는 수준에서 벗어나, 구원받은 백성으로 자녀들에게 믿음의 본을 보이는 부모들이 되어야 합니다.

말씀 그대로를 사는 것은 예수님이나 가능하다는 생각은 불신앙입니다. 광야에서 가나안으로 들어가지 못한 1세대들의 불신앙을 답습하지 말고, 이제 우리 부모세대들이 시대를 거스르는 저항을 이겨내고 본서의 저자처럼 가정에서 쉐마교육을 실천하며, 말씀에 순종하는 신앙을 보여야 할 때라고 생각합니다.

둘째, 본서는 이미 예수님의 초림은 완성되었고, 다시 오실 예수님을 맞이할 준비가 되어 있는지 돌아보라는, 성도들에게 주시는 시대사적 공동의 사명을 일깨워줍니다. 따라서 현 박사님이 개발한 '인성+쉐마' 교육은 예수님의 재림을 준비하는 하나님의 사랑의 편지입니다.

셋째, 지금 우리는 절대적이고 보편적 기준이 해체된 포스트모더니즘 시대를 살아가고 있습니다. 공교육에서는 교권이 무너지고, 정상적인 가르침이 불가능할 정도로 분별력을 상실한 학생들과 교사들이 목소리를 높이고 있습니다.

그래서 기독교 대안학교들이 탄탄한 성경적 대안이 없음에도 우후죽순 생겨나고, 없어지고를 반복하고 있습니다. 이 '인성+쉐마' 교육에 근거한 현 박사님의 자녀양육 실천기가 기독교 대안학교들에게 건강하고 성경적인 골조를 형성하는데 큰 기여를 할 것이라 기대됩니다.

하나님은 저자의 어린 시절부터 그가 죽을 위기에 처했을 때 몇 번이나 그를 살리셨습니다. 미국까지 보내시어 많은 경험을 통하여 훈련시키셨습니다. 그리고 마침내 유대인 지도자들과의 만남을 통하여 이런 보화 같은 이론들을 발견했습니다. 전적인 하나님의 구속사적 인도하심입니다.

이것은 지금 역사적 대전환기를 맞이한 대한민국에 보내는 하나님의 강력한 메시지라고 생각합니다. 그리고 이 메시지는 전 세계 교회로 퍼져 나갈 것을 확신합니다. 그래야 세계 교회들이 다시 살아나 주님께서 다시 오실 수 있으니까요.

인고의 긴 세월을 지나 하나님의 부르심에 반응하여 이런 귀한 책을 펴낸 현용수 박사님께 감사를 드립니다.

저자 서문

본서는 나의 40권의 저서를 압축한 한 권의 쉐마교육의 실천기다

본서의 7가지 특징

내가 아들들을 어떻게 키웠는지 그 과정과 방법을 한 권의 책으로 펴낼 것은 전혀 생각을 하지 못했다. 그런데 갑자기 그 동기가 생겼다.

미국의 바이든 대통령이 2021년 11월에 셋째 아들(피터, 한국명 현상진, 42세)을 미국 연방정부 법무부 차관보(법제처장)에 지명했다. 언론이 이 뉴스를 발표한 후 많은 분들이 나의 자녀교육에 대해 문의했다. 본서는 이에 대한 답신이다.

다 쓰고 보니 또 다른 출간 목적이 성취되었다. 저자가 개발한 유대인을 모델로 한 '인성교육론'+'쉐마교육론'에 관한 책은 40권이다. 많은 분들이 이것이 너무 방대하니 한 권의 책으로 압축한 것이 필요하다는 것이다. 즉 실천편이다. 그분들에게 본서는 나의 40권의 유대인의 자녀교육 저서를 압축한 한 권의 쉐마교육 실천기가 될 것이다.

그런 면에서 저자가 오래 전에 쓴 '쉐마교육 개척기'가 쉐마교육의 시작과 과정에 관한 내용이었다면 본서는 완성편이다. ('쉐마교육'은 유대인의 성경교육을 뜻한다.)

물론 저자가 적용한 유대인의 자녀교육은 상대적으로 그들에 비해 부족한 것이 너무 많았다. 부족한 부분은 저자의 저서들에서 답을 찾기 바란다. 더구나 유대인 교육을 연구했을 때는 아들들이 이미 중·고등학교를 다닐 때였다. 그만큼 유대인 교육을 아들들에게 적용했던 시기가 늦었다. 그나마 다행인 것은 아들들이 집을 떠나기 전, 즉 대학에 들어간 이후가 아니라는 점이다.

한국계 미국인이 미국 행정부 고위 관직에 오른 것은 이전에도 있었다. 헤럴드 고(고홍주 박사)는 클린턴 행정부에서 국무부 인권담당 차관보를 지냈다. 그리고 크리스토퍼 강은 오바마 행정부 입법 보좌관을 역임했다. 전자는 고광림 박사와 전혜성 박사 부부의 아들이고, 후자는 시각장애인 강영우 박사의 아들이다.

저자까지 포함하면 세 사람 모두 교육가이며 기독교 집안이다. 나도 그분들을 존경한다. 그분들은 자신들의 교육철학으로 미국에서 아들들을 모범적으로 키우는데 성공했을 것이다.

그분들 모두 재능 이전에 인성교육을 강조했다. 나도 마찬가지였다. 인성교육이 자녀의 성공에 얼마나 중요한가? 셋째 아들 상진이는 나에게 이렇게 말했다.

"아버지, 미국에 똑똑한 사람들이 너무 많아요. 그중에 누구를 선택해야 하는가는 인성교육에서 결정이 납니다."

그런데 고광림 박사와 전혜성 박사 부부와 강영우 박사가 강조했던 인성교육은 나의 것과 다른 점이 많다. 나는 유대인 교육을 모델로 한 인성교육을 시켰다. 기독교인은 신구약 성경을 믿지만 유대인은 오직 구약과 탈무드만을 믿는다. 따라서 기독교인과 유대인은 교육 철학과 방법 면에서 다른 점이 많다.

따라서 본서를 읽으면 그 차이점을 많이 발견할 수 있을 것이다. 몇 가지로 간추려 보자.

〈물론 어떤 점에서는 정도는 달라도 그분들의 교육철학과 겹치는 부분도 있을 것이다〉

첫째, 나는 본서를 쓸 때 많은 부분에서 왜 이 교육이 옳은지, 그 근거를 밝혔다. 그 근거는 저자가 지은 유대인을 모델로 한 '인성교육론과 쉐마교육론'이다. 따라서 나의 자녀 양육기는 학문적인 근거가 있다.

둘째, 나는 유대인의 구약의 지상명령(창 18:19; 신 6:4-9)을 발견한 후 내가 무관심했던 가정이 얼마나 왜 중요한지를 절실하게 깨달았다. 그리고 유대인 아버지처럼 나의 아들 교육을 교회학교나 학교교육에만 맡기지 말고 나 스스로 가정에서 가르쳐야겠다고 결심을 했다.

셋째, 그분들은 주로 이웃사랑과 남을 섬기는 서번트 리더십과 포용력이라는 인류 '보편적인 인성교육'을 시켰다. 그러나 나는 이에 더하여 유대계 미국인이 자신들의 정체성 교육을 시키는 것처럼, 아들들(한국계 미국인)에게 한국인의 정체성 교육을 시켰다. 즉 '보편적인 인성교육'과 함께 '문화적 인성교육'을 많이 강조했다.
〈저자 수: '보편적인 인성교육'과 '문화적 인성교육'의 차이에 대해서는 '현용수의 인성교육 노하우' 제1권 제1부 제1장 III. '바람직한 한국인의 문화적 인성의 요소: 보편적 인성과 문화적 인성의 차이' 참조〉

넷째, 유대인이 아브라함부터 현재까지 4000년 동안 세대 차이 없이 대를 이어 자기 조상들에게서 물려받은 토라와 전통과 역사를 가정에서 자손 대대로 전수했던 것처럼 현 씨네 가문도 현용수의 교육철학을 자손 대대로 전수하라고 가르쳤다.

다섯째, 유대인이었던 모세(출 32:32)나 바울(롬 9:1-3)처럼 자기 민족을 사랑하는 한국인의 민족의식을 가지도록 키웠다. 그래야 하나님이 원하시는 리더가 된다고 했다.

여섯째, 또 하나의 큰 차이는 나는 가정에서 아들들에게 1등을 하라거나 일류대학에 들어가야 한다는 말을 거의 하지 않았다. 학교공부는 누가 시켜서 하는 것이 아니라 인성이 잘 형성된 사람이면 당연히 잘 할 것이라고 생각했기 때문이다.

일곱째, 독수리처럼 강한 리더쉽 개발(PQ, 의지력 혹은 인내 지수)에 주력했다.

기독교인들은 자녀들에게 성경공부와 기도를 많이 하면 큰 리더가 되는 줄 알고 있다. 그러나 성경공부와 기도를 많이 하면 신앙 성장에는 도움을 주지만 큰 인물을 만드는 데는 별 도움을 주지 못한다는 사실이다.

그 예로 구약성경의 모세와 아론의 경우를 들어보자. 하나님은 이스라엘을 애굽에서 구원할 큰 리더를 선택하셔야 했다. 당시 하나님은 왜 그분의 거룩한 백성 그룹에서 성경공부를 많이 했던 아론 대신에 애굽 바로의 왕자 교육을 받았던 모세를 선택하셨는가? 전자는 교회교육을 상징하고, 후자는 이방인의 세속 교육을 상징한다.

그것은 인성교육학적인 입장에서 아론은 마음의 크기 면에서 작은 그릇이었지만 모세는 큰 그릇으로 성장했기 때문이다. 모세가 큰 그릇(큰 리더)이 된 이유는 성경공부를 많이 했기 때문이 아니고 당시 수직문화가 가장 논리적이고 조직적으로 잘 개발되었던 애굽 궁중의 왕자교육을 받았기 때문이다.

물론 애굽 왕궁의 수직문화는 세속교육이었지만 그 안의 수직문화는 인간의 마음을 크고 강하게 만드는, 즉 큰 그릇으로 만드는 왕자교육이라는 점에서 일반 세속교육과 다르다.

〈저자 주: '수직문화'에 대해서는 본서 서두에 '일러두기: 본서를 읽기 위한 용어 정의'를 참조하거나, 더 자세한 것은 저자의 저서 '*현용수의 인성교육 노하우*' 제1권 제2부 '인성교육의 본질과 원리: 수직문화와 수평문화'를 참조 바란다.)

내가 유대인 교육을 연구하고 깨달은 것 중 하나가 나의 아들들에게 한국인의 정체성을 확고히 하는 한국인의 수직문화 교육을 시켰던 것이 그들을 큰 인물로 만드는데 큰 기여를 했다는 것을 발견했다. 이것을 이해하면 왜 현대에 교회학교 출신들 중에서 큰 인물이 잘 나오지 않는지를 알게 될 것이다.

이에 대해서는 저자의 저서 '*유대인의 리더십 개발 원리*(부제: 다음세대를 리더로 키우는 모세 교육의 비밀)'에 자세히 설명하고 있다.

이 책은 기존 리더의 자질이나 리더십 이론과 다르다. 유대인 중에는 어떻게 세계를 움직이는 독수리 같은 큰 리더들이 많이 나오느냐 하는 것을 연구한 책이다. 그것은 하나님의 리더십 개발 원리라는 것이다. 유대인은 그분의 리더십 개발 원리를 따랐더니 큰 리더들이 많이 나왔다는 것이다.

〈저자 주: 'PQ(의지력 혹은 인내 지수)'에 대해서는 본서 서두에 '본서를 읽기 위한 용어 정의'를 참조하기 바란다.〉

결론적으로, 나는 학부모들에게 IQ 교육보다는 인성교육에 치중하라고 조언하고 싶다. 내가 말하는 인성교육은 어떤 인성교육인가? 요약하면 1) 한국인으로서 자신의 정체성을 가진 자, 2) 성경적인 가치관과 EQ 교육, 3) 효도교육 그리고 4) 동족을 사랑하는 마음, 그리고 5) 높은 PQ(의지력 혹은 인내 지수) 교육 등이다.

나는 유대인들이 성공하는 가장 중요한 이유들 중 하나는 하나님이 그들을 광야의 고난현장으로 내몰았기 때문이라고 말한다. 이것은 PQ 교육에 절대적인 영향을 미쳤다. 고난은 축복의 전주곡이다. 반면 풍요는 저주가 될 수 있다.

아들들은 저자에게 이렇게 말했다.

"아버지, 저희들을 독수리로 키워주셔서 고맙습니다."

자녀교육에 대하여 전혀 모른다는 이들에게 필자는 이렇게 권하고 싶다.

"자녀들을 가난하게 키우세요. 그리고 효를 가르치세요. 그러면 60%는 성공합니다."

아무쪼록 본서가 독자들에게 도움이 되어 혼탁한 세상에서 자녀들을 잘 키울 수 있기를 소원한다.

본서의 내용 요약

나와 아내는 1975년 7월 24일 두려움과 희망을 안고 미국 로스앤젤레스에 도착했다. 솔직히 희망보다는 두려움이 더 컸었다. 저자는 결혼 후 3년 반 만에 아들만 네 명을 낳았다. 막내가 쌍둥이다. 저자가 아들들을 낳았을 때 저자에게는 몇 가지 자녀교육에 대한 지침이 있었다.

타락한 청소년들이 많은 미국에서 '인성교육'을 잘 시키고 싶었다. 그러나 나의 인성교육 방법은 다른 이들의 것과 달랐다. 그것을 5가지로 요약할 수 있다.

첫째, 우리 시대는 국민 대다수가 대부분 애국, 애족자였다. 나는 아들들이 미국 학교에서 미국 교육을 받았을 경우 미국 문화에 완전히 동화되어 한국인의 정체성을 잊어버리지 않을까를 염려했다. 그렇게 되면 한국인인 나도 그리고 나의 조국 대한민국도 잊어버릴 것이 아닌가! 그러면 물론 현 씨네 가문도 문을 닫게 될 것이다.

그래서 나는 한국인의 인성교육을 시키기 위하여 한국인의 전통 수직 문화 교육, 즉 뿌리 교육에 힘썼다.

현 씨네 족보를 가르치고, 한국 전통 음식을 먹이고, 한복을 입히고, 국악찬양을 부르고, 효를 가르치고 한국의 예절을 강하게 시켰다. 조국 대한민국의 정체성 교육을 시키기 위해 한국의 국경일이 돌아오면 그 국경일 절기를 지켰다.

한국인의 정체성은 가지고 있으면서, 즉 미국의 수평문화에 동화(cultural assimilation)되는 것을 막고 미국의 사회구조에는 적극 동화(social structure assimilation)되도록 교육시켰다. 나중에 알고 보니 이것이 유대인의 모델이었다.

둘째, 미국에서 생존력을 키우기 위해 유대인처럼 강한 독수리 훈련(신 32:11)을 시켰다. 어려서부터 신문팔이아 알바를 시켰다. 그리고 강한 인내력이 필요한 미식 축구를 시켰다. 한국에 데리고 와 막노동도 시켰다.

흔히 인성교육을 말하면 착한 사람 만드는 것으로만 아는 경우가 많은 데 나는 기본적으로 바른 인성은 도덕적이고, 윤리적이어야 하지만 세상을 이길만 한 독수리 인성(높은 PQ, 의지력 지수)을 겸해야 한다고 생각했다.

셋째, 한국인의 역사의식과 민족의식을 높이기 위해 현 씨 가문의 고난의 역사와 조국 대한민국의 고난의 역사교육을 시켰다.

한국을 자주 방문하여 나의 고향에서 6.25 전쟁 이후에 할머니가 겪었던 고난의 역사교육과 일제 강점기와 6.25 전쟁에 대해 배울 수 있는 역사현장 탐방을 많이 했다. 이것 역시 한국인의 정체성과 PQ를 높이는, 즉 독수리 인성에 도움을 주는 교육이었다.

넷째, 물론 아들들은 스스로 '영적 지수'(SQ, Spiritual Quotient)를 높이기 위해 기도와 성경암기를 많이 했다. 특히 성경 암기는 남가주의 미국교회와 한국교회를 포함한 전체 성경암송대회에서 우리 아들들이 상을 휩쓸 정도였다.

그들이 성경암기를 할 때는 서로 질문하며 답변하는 방법으로 했다. 이것은 또한 그들의 IQ 개발에 많은 도움을 주었을 것이다.

나는 앞에서 큰 인물로 만들기 위한 높은 '의지력 지수'(PQ)를 강조했다. 그러나 기독교인은 신앙성장을 위한 '영적 지수'(SQ)도 중요하다는 것을 잊어서는 안 된다. 그리고 이에 더하여 EQ(감성지수)와 IQ(지능지수)가 더해져야 전인적 인성교육이 완성되는 것이다.

다섯째, 그뿐만 아니라 성경 말씀을 삶으로 나타내기 위하여 약자를 돕고 섬기는 교육을 많이 시켰다. 나와 함께 흑인 동네에서 홈리스(homeless) 선교도 했다. 그리고 가난한 나라에 해외 선교여행도 자주 다녔다. 이것이 'EQ 교육'의 핵심이었다. 물론 자연교육(캠핑)과 여행도 EQ를 높이는데 도움을 주었다.

내가 나중에 정통파 유대인 교육을 연구하고 나서 보니 앞에서 언급한 나의 자녀 교육철학이 유대인 교육철학과 유사하다는 것을 발견했다.

특히 수직문화 중 한국인의 전통 교육, 족보교육, 고난교육과 고난의 역사교육, 효교육, 예절교육 및 절기교육 등이 그렇다. 물론 남을 불쌍히 여기는 EQ 교육도 그렇다. 이런 교육들이 아들들의 인성에 좋은 영향을 미쳤다는 것을 깨달았다.

그러함에도 불구하고 나는 왜 본격적으로 유대인 교육을 실천하려고 했는가? 유대인과 비교해 보니 나의 잘못이 너무 많았기 때문이다.

내가 30여년 전 처음 정통파 유대인의 가정 안식일과 예시바 학교에 참석했을 때 받았던 충격은 대단했었다. 그 후 그들의 공동체에서 그들의 생활 방식을 연구하며 충격은 계속 이어졌다. 가정에 대한 성경의 비밀을 깨닫기 시작했다.

가장 큰 깨달음은 내가 유대인 랍비 가정의 안식일에 참석한 후 처음으로 자녀는 육신의 아버지를 통하여 하나님 아버지의 형상을 닮아갈 수 있다는 사실이었다.

그래서 나는 스스로 독재자 아버지였음을 회개하고 아들들을 대할 때 인자하신 하나님 아버지 형상을 닮기로 결심했다. 아들들에게 명령만 했던 내가 웃으며 그들의 말을 늘어주는 아버지로 변했다. 남의 자녀들만 가르쳤던 내가 칠판을 사와 집에서 나의 아들들에게 유대인의 쉐마교육을 직접 가르치기 시작했다. 가르칠 때 유대인의 하브루타식(질문과 답변식)으로 가르쳤다. 이것은 아들들의 IQ를 높이는데 큰 도움을 주었다. 내가 변하니 가정이 지옥에서 천국으로 변했다.

유대인 공동체에서 하나님이 창조하신 가정의 원형과 하나님이 창조하신 교회의 원형 그리고 하나님이 창조하신 국가의 원형이 무엇인지를 발견했다. 2000년 동안 비밀에 쌓였던 보물들이었다.

그리스도의 복음이 구원의 비밀이라면 유대인의 쉐마교육은 하나님 백성의 성화, 즉 선민교육의 비밀이다. 이 진리를 발견한 나는 새로운 사명에 불탔다. 이것을 어떻게 한국 민족과 세계에 알리느냐 하는 것이었다.

그러나 그것보다 시급한 것은 더 늦기 전에 현 씨네 가문을 살리기 위해 우리 가정에서 이것들을 하나씩 실천하는 것이었다. 남은 구원하고 나의 가족이 망한다면 얼마나 허망한가!

내가 유대인 교육을 실천했을 때만 해도 솔직히 네 명의 아들들이 이처럼 미국에서 성공할 줄은 꿈에도 생각하지 못했다. 이것은 많은 이들에게 유대인 교육이 자녀들을 위한 바른 지침서라는 것을 증명하기 위한 하나님의 보상이라고 생각한다.

또 감사한 것은 나는 충청도 촌놈 출신이다. 명문 가문이 아니었다. 게다가 홀어머니 밑에서 가난하게 자랐다. 그런데도 나의 대(代)와 아들 대에서 현 씨 가문이 명문가가 된 것은 온전히 하나님의 은혜다.

이것은 나처럼 미천한 사람들도 하나님께서 역사하시면 얼마든지 명문 가문을 이룰 수 있다는 것을 보여 주시기 위함일 것이다.

결론적으로 나는 유대인 교육을 연구한 후 한국인의 수직문화 교육과 더불어 유대인의 쉐마교육을 내가 직접 아들들에게 가르친 결과 그들의 PQ, SQ, EQ. IQ가 높아졌다고 본다. 따라서 본서는 유대인의 교육을 나의 가정에서 실천했더니 그 결과 이런 성공을 거두었다는, 유대인 교육 전문가의 자녀교육 보고서다.

> 이것은 PQ, SQ, EQ. IQ 지수를 높이는데 큰 기여를 했다고 본다.
> 나처럼 비명문가에서도 명문 가문을 이룰 수 있다.

IQ-EQ 총서를 발간하면서

무너진 교육의 혁명적 대안을 찾아서

왜 유대인의 IQ+EQ교육은
인성교육+쉐마교육인가

현대인들은 교육의 문제점은 많이 지적하지만, 속 시원한 대안은 찾지 못하는 시대에 살고 있다. 저자는 오랜 연구 끝에 그 대안으로 온전한 인간 교육을 위해 크게 두 가지가 필요하다는 사실을 깨달았다. 하나는 인성교육이고, 다른 하나는 종교교육이다. 기독교인을 예로 든다면, 인성교육을 바탕으로 한 성경적 쉐마교육(기독교교육)을 해야 한다는 것이다.

따라서 전체 기독교교육은 예수님을 믿기 이전과 이후로 나뉘는데, 이전에는 인성교육을, 이후에는 쉐마교육을 시켜야 한다. 그래서 유대인 자녀교육《IQ는 아버지 EQ는 어머니 몫이다》총서는 유대인을 모델로 한 인성교육론 편과 쉐마교육신학론 편으로 나누어 정리했다. 물론 두 가지 주제는 하나님께서 저자에게 주신 지혜로 개척한 새로운 학문의 영역이다

인성교육론 편 〈인성교육 노하우 시리즈〉
예수님을 믿기 이전: 왜 인성교육은 Pre-Evangelism인가

'인성교육론 시리즈'는 전체 8권으로 출간 되었다. 1. 문화와 종교교육(저자의 박사 학위 논문), 2. 현용수의 인성교육 노하우(전 4권), 3. 현용수의 쉐마교육 개척기. 4. 가정 해체로 인한 인성교육 실종 대재앙을 막는 길. 5. 기독교

인의 바른 국가관과 정치관, 등이다. 8권의 내용은 현대교육의 근본적인 문제점을 분석하고, 해결 방안을 제시한다. 즉 다음 네 가지 질문에 답을 준다.

Q 1. 일반 교육학적 질문: 가르치고 가르쳐도 왜 자녀가 달라지지 않는가. 왜 현대교육은 점점 발달하는데 인간은 점점 더 타락하는가

그것은 IQ교육 위주의 현대교육이 인성교육에 꼭 필요한 세 가지를 놓치고 있기 때문이다.

– 어떻게 자녀들에게 깊이 생각하게 하는 교육을 시킬 수 있을까?
– 어떻게 자녀들이 바른 행동을 하게 할 수 있을까?
– 수직문화의 중요성과 수평문화의 위험성은 무엇인가?

Q 2. 문화인류학적 질문: 왜 한국인 자녀들이 서양 문화에 물들고 있는가

한국의 젊은 세대는 거의가 한국인의 문화적 및 철학적 정체성의 빈곤에 처해 있다. 부모들이 인성교육의 본질이 수직문화인지를 모르고 가르치지 않았기 때문이다. 그 결과 세대 간의 세대 차이가 너무나 다르다. 북미주 한인 2세 자녀들이 부모가 섬기는 교회를 떠난다. 고로 자녀들에게 한국인의 정체성교육이 시급하다.

Q 3: 기독교인의 인성 문제: 왜 예수님을 믿는다고 하면서 사람의 근본은 잘 변하지 않는가

많은 기독교인들이 예수님만 믿으면 모든 인성교육이 잘되는 줄 알고 있다. 그러나 모두 그런 건 아니다. 왜 유교교육을 받은 가정의 어린이들이 기독교교육을 받은 어린이들보다 더 예의 바르고 효자가 많을까? 예수님을 믿고 성령의 은사가 많았던 고린도교회는 왜 데살로니가교회보다 도덕

적인 문제가 더 많았을까?

Q4. 기독교의 복음주의적 질문: 왜 현대인들에게 전도하기가 힘든가

왜 기독교 가정에서 2세들이 대학을 졸업하면 90% 이상 교회를 떠나는가? 교회학교 교육이 천문학적인 투자에도 불구하고 90% 이상 실패하는 이유는 무엇인가? 왜 현대(2000년대)에는 1970년대 이전보다 복음 전하기가 더 힘든가? 아마 생각 있는 교육자라면 모두가 이런 고민을 안고 살았을 것이다.

한 인간의 마음이 예수님을 믿기 이전 인성교육, 즉 복음적 토양교육이 잘못되었기 때문이다. 예수님의 '씨 뿌리는 자의 비유'에서 말씀하신 네 가지 종교성 토양(길가, 돌밭, 가시떨기, 옥토)(눅 8:4~15) 중 옥토이어야 복음을 영접하기도 쉽거니와 구원을 받은 후 예수님을 닮는 제자화도 되기 쉽다는 말이다. 이를 'Pre-Evangelism'(예수님을 믿기 이전의 복음적 토양 교육)이라 이름했다.

> 현용수의 인성교육론은
> **인성교육**의 **원리**와 **공식**을 제공한다

쉐마교육신학론 편 〈쉐마교육 시리즈〉
예수님을 믿은 후: 왜 쉐마교육은 Post-Evangelism인가

예수님을 영접한 사람에게는 하나님의 형상을 닮아가는 기독교교육을 시켜야 한다. 이를 '성화교육' 혹은 '예수님의 제자교육'이라고도 한다. '신의 성품'(벧후 1:4)에 참여하는 자(partakers of the divine nature)가 되는 과정이다. 이를 'Post-Evangelism'(예수님을 믿은 이후의 성화교육)이라 이름했다.

교육의 내용은 신·구약 하나님의 말씀이다. 예수님 믿기 이전의 좋은 인성교육이 마음의 옥토를 준비하는 과정이라면, 복음과 하나님의 말씀은 그 옥토에 심어야 하는 생명의 씨앗이며 기독교적 가치관이다(물론 기독교 가정에서 태어난 자녀에게는 어려서부터 인성교육과 쉐마교육을 함께 시켜야 한다).

저자는 성경적 기독교교육의 본질과 원리를 유대인의 선민교육에서 찾았고 그 내용과 방법이 바로 구약의 '쉐마'에 있음을 발견했다. 즉 성경적 교육신학의 본질과 원리가 '쉐마'에 있다는 것이다.

'쉐마'는 한 마디로 부모가 자녀에게 말씀을 가르쳐, 자손 대대로 자녀를 말씀의 제자 삼으라는 '구약의 지상명령'이다(저자의 저서 《잃어버린 구약의 지상명령 쉐마》(쉐마, 2006, 2009), 제1권 제1~2부 참조). 유대인이 아브라함 때부터 현재까지 4000년 간 하나님의 말씀을 후대에게 전수하는 데 성공한 것은 자녀를 말씀의 제자 삼는 쉐마교육에 성공했기 때문이다(물론 신약시대는 영적 성숙을 위해 신약성경도 필요함).

여기에서 "왜 기독교교육에 유대인 선민교육이 필요한가?"란 질문이 대두 된다. 신약시대에 복음으로 구원받은 하나님의 선민인 기독교인은 영적 유대인(갈 3:6~9)으로 구약에 나타난 선진들(예; 모세, 다윗, 에스라)의 믿음생활과 쉐마교육을 본받아야 한다(히 11장).

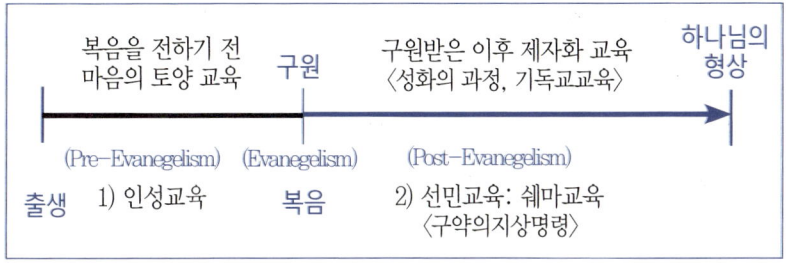

인성교육(Pre-Evangelism)이 부실하면 복음 받기와 제자교육(Post-Evangelism)이 힘들지만(상), 튼튼하면 복음 받기와 제자교육이 쉽다(하).

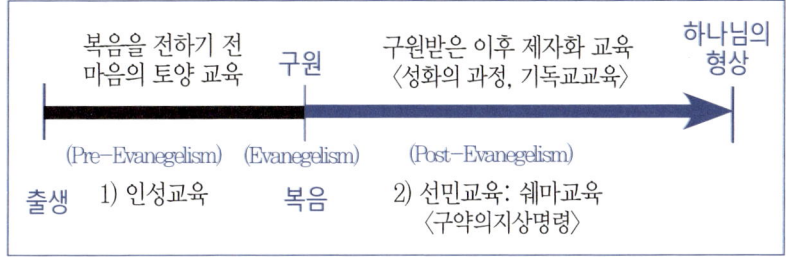

1)항과 2)항이 새로 개척한 학문의 영역이다. 자세한 것은 '현용수의 인성교육 노하우' 제2권 제2부 제4장 II. 2 '기독교교육의 새로운 영역: 종교성 토양 교육' 참조.

예수님도 유대인으로 태어나셔서 유대인의 선민교육(쉐마교육)을 받고 자라셨으며 제자들에게도 그 교육을 시켰다(마 23:1~4).

〈더 자세한 내용은 저자의 저서 '실패한 다음세대 교육 왜 유대인 교육이 답인가'(쉐마, 2018), 제1권 제1부 '기독교교육에 유대인 자녀교육이 필요한 이유' 참조〉

기독교의 제자교육에는 교회에서 타인을 제자 삼는 수평적 제자교육과 가정에서 자녀를 제자 삼는 수직적 제자교육, 두 가지가 있다. 유대인의 쉐마교육에는 전도에 필요한 복음은 없지만, 자녀를 제자 삼는 교육의 원리와 방법이 있다. 이 원리와 방법은 타인을 제자로 삼는 데도 적용할 수 있다.

먼저 가정에서 자녀를 제자 삼은 후에 타인을 제자 삼는 지도자가 성경적 지도자의 모델이다(딤전 3:2-5). 즉 가정에서 쉐마를 실천하는 가장이어야 교회의 지도자가 될 수 있다는 말이다. 이것은 가정 목회에 실패한 사람은 교회 지도자가 될 수 없다는 말이다.

저자는 구약의 지상명령, 쉐마를 성취하기 위해 필요한 쉐마교육신학들을 다음과 같이 정리했다.

쉐마교육신학론 주제들 (쉐마교육 시리즈)
1. 왜 유대인의 선민교육이 기독교교육에 필요한가?
2. 구약의 지상명령 쉐마 (교육신학)
3. 자녀신학
4. 유대인의 가정교육 (가정신학)
5. 유대인의 아버지 교육 (아버지신학, 경제신학)
6. 유대인의 어머니 교육 (어머니신학)
7. 유대인의 결혼 및 성교육 (부부·성신학)
8. 유대인의 효도교육 (효신학)
9. 유대인의 고난의 역사교육 (고난의 역사신학)
10. 절기 교육 (절기 신학)
11. 정치 신학 등
12. 유대인의 리더십 개발 원리

이것은 구약성경에 근거한 기독교교육의 새로운 패러다임이며, 원안이다. 또한 개혁주의 입장에서 신약 교회가 적용할 수 있도록 정리했다.

왜 인성교육론이 'Know-Why'라면
유대인의 쉐마교육신학론은 'Know-How'인가

유대인 자녀교육의 우수성은 이미 역사를 거듭하면서 증명되었다. 그러나 두 가지 의문이 아직까지 남아 있다. 첫째, 그것이 왜 우수한지에 대한 교육학적, 심리학적 및 철학적 이유를 설명하지는 못했다. 둘째, 왜 유대인 자녀교육이 기독교교육에 필요한지 그 이유를 설명할 수 있는 확실한 교육신학적 해답을 제공하는 데 미흡했다.

두 가지 의문 중 전자에 대한 답이 '인성교육 노하우 시리즈'라면, 후자에 대한 답은 '쉐마교육 시리즈'다. 왜 유대인 자녀교육의 원리와 방법이 한국인의 정체성을 세우는데 필요한지를 설명한 '인성교육 노하우 시리즈'가 'Know-Why'라고 한다면, '쉐마교육 시리즈'는 'Know-How'가 될 것이다. 원인을 밝히고 당위성을 설명하는 'Know-Why'가 있기에 쉐마교육인 'Know-How'가 더 힘을 받아 자신과 자신의 가정, 그리고 교회에서 적용할 수 있다.

현재까지 천문학적 돈을 교육에 투자하고도 교육의 열매가 바람직하지 못한 것은 교육의 원리와 공식을 발견하지 못했기 때문이다. 물론 현대 기독교교육의 이론이 모두 필요 없다는 뜻은 아니다. 인간교육과 교회성장 위기의 근본 대안이 '인성교육 + 쉐마교육'이라는 뜻이다.

처음 국민일보에서 초판 2권(1996년, 23쇄), 조선일보에서 개정 2판 전3권(1999년, 19쇄)으로 출간됐던 유대인 자녀교육서 《IQ는 아버지 EQ는 어머니 몫이다》가 하나님의 은혜와 교계의 열화 같은 성원에 힘입어 지금까지도 스테디셀러인 것에 감사드린다.

그러나 소수이긴 하지만 목회자들과 신학자들께서 까다로운 질문도 했다. 그도 그럴 것이 구원론과 관계없는 인성교육에 관한 수직문화와 수평문화에 대해, 그리고 기독교가 2000년간 원수처럼 여겼던 복음도 없는 유대인의 교육을 이해하기란 쉽지 않았을 것이다. 덕분에 저자는 계속 연구에 연구를 거듭하는 계기가 되었다.

긴 학문의 순례를 마치는 기분이다. 처음 개척한 두 가지 학문의 영역이기에 더 많은 연구가 필요하다. 그리고 쉐마가 주님의 종말을 준비하는 세계 선교까지 가려면 갈 길은 아직 멀었다. 이제 하나님의 은혜로 많은 오해도 풀렸다. 많은 쉐마 동역자들의 도움으로 쉐마교육이 파도처럼 번지고 있다.

이 책을 집필하는 데 많은 정통파 유대인 학자들이 특별한 도움을 주었다. LA 예시바대학교 학장이시며 사이먼 위센탈 센터 국제 본부장이신 랍비 마빈 하이어(Rabbi Heir)와 랍비 쿠퍼(Rabbi Cooper) 부학장님, 탈무드 교수이며 로욜라대학교 법대 교수인 랍비 애들러스테인(Rabbi Adlerstein) 부부와 그 가정, 그리고 서기관 랍비 크래프트(Rabbi Krafts) 씨 부부와 그 가정에 심심한 사의를 표한다. 이들의 특별한 도움이 없었으면 저자의 연구는 완성될 수 없었다.

저자의 논문 지도교수이셨던 바이올라대학교 탈봇신학대학원의 윌슨 박사님과 풀러 선교신학대학원의 저자의 선교학(Ph.D.) 지도교수이자 유대교 교수였던 글래서 박사님에게 특별히 감사드린다. 그리고 저자를 물심양면으로 도와주신 이영덕 전 총리님과 김의환 총장님, 그리고 고용수 총장님 및 국내외 많은 교계 어른들과 쉐마교육연구원 동역자님들께 감사드린다.

저자를 키워주신 고인이 된 이순례 어머님과 큰형님 내외분께도 감사드린다.

지금도 내조를 아끼지 않는 아내 황(현)복희, 그리고 내일의 희망인 네 아들 승진(Stephen), 재진(Phillip), 상진(Peter), 호진(Andrew)에게도 감사한다. 교정을 봐주신 권혁재 목사님과 황갑순 선생님 그리고 표지를 도와주신 원유경님과 편집을 해준 이재현 간사님에게도 감사를 표한다.

이 책들은 방향 없이 혼란스런 교육의 시대에 참교육을 갈구하는 독자들에게 뚜렷하고 확실한 대안을 제시할 수 있다고 확신한다. 이 연구는 분명히 하나님의 지혜로 하나님이 하셨다. 세세토록 영광 받으실, 오직 성삼위 하나님께만 감사와 찬송과 영광을 드린다.

2022년 1월 10일
미국 West Los Angeles 쉐마교육연구실에서

저자 현용수

PART 1
나의 가족 소개

Chapter 1 나의 가족 소개

Chapter 2 본서를 읽기 위한 용어 정리

chapter 01

나의 가족 소개

☆

미 연방정부 법무부 차관보에 지명된 아들

 저자가 아들들을 어떻게 키웠는지 그 과정과 방법을 한 권의 책으로 펴낼 것은 전혀 생각을 하지 못했다. 왜냐하면 저자의 자서전격인 '쉐마교육 개척기'에 일부나마 아들들 교육에 대해 언급했기 때문이다. 그런데 갑자기 그 동기가 생겼다.

 2021년 11월 22일 미국의 바이든 대통령이 불과 42세인 셋째 아들(피터, 한국명 현상진)을 미국 연방정부 법무부 차관보(법제처장)에 지명했다. 그리고 언론이 이 뉴스를 발표한 후 많은 이들이 나의 자녀교육에 대해 문의했다. 그래서 그분들에게 도움을 주고자 이 책을 쓰기로 결심했다. 〈이에 더하여 피터는 이듬해 워싱턴 DC의 아시아 태평양 미국인 변호사 협회(APABA DC)의 연례 시상식 및 임명식에서 영예로운 개척자상(Pioneer Award)을 받았다(2022. 10. 19.).〉

LA출신 한인 법무부 차관보 내정

현용수 교수 3남 피터 현 검사

연방법무부 차관보에 한인 피터 현(한국명 현상진·42·사진) 검사가 내정됐다.

현 내정자는 워싱턴DC 지역 로펌인 '와일리 레인'에서 변호사를 거쳐 연방상원 법사위원회의 다이앤 파인스타인 의원의 수석 법률 자문으로도 활동했다. 또 연방법무부 버지니아주 동부 지검, 일리노이주 북부 지검, 뉴욕주 지검 등에서 검사로 근무하고 법무차관 수석보좌관을 역임했다. 현 내정자는 상원에서 인준 절차를 마치면 정식 차관보가 된다. 인준 절차가 마무리 될 때까지는 대행으로 근무한다.

LA출신의 현 내정자는 UC버클리와 뉴욕대학(NYU)을 졸업했다.

현 내정자는 쉐마교육연구원 원장인 현용수 교수의 4남 중 셋째다.

사진은 아들이 미연방정부 법무부 차관보에 지명된 중앙일보 뉴스 보도(2021.12.28.)

이에 더하여 피터는 이듬해 워싱턴 DC의 아시아 태평양 미국인 변호사 협회(APABA DC)의 연례 시상식 및 임명식에서 영예로운 개척자상(Pioneer Award)을 받았다. 왼쪽은 상패다.

part 1 : 나의 가족 소개

미국 교포 자녀들 중 많은 이들이 아이비리그 대학을 졸업한다. 그러나 통계에 의하면 그들이 미 주류 사회에 들어가면 3년을 버티지 못하고 약 70%가 탈락된다고 한다.

그런데 저자의 아들들은 미 주류 사회에서 모두 훌륭하게 자라주었다. 그 이유는 무엇인가?

한국계 미국인이 미국 행정부 고위 관직에 오른 것은 이전에도 있었다. 헤럴드 고(고홍주 박사)는 클린턴 행정부에서 국무부 인권담당 차관보를 지냈다. 그리고 크리스토퍼 강은 오바마 행정부 입법 보좌관을 역임했다. 전자는 고광림 박사와 전혜성 박사 부부의 아들이고, 후자는 시각장애인 강영우 박사의 아들이다.

저자까지 포함하면 세 사람 모두 교육가이며 기독교 집안이다. 나도 그분들을 존경한다. 그분들은 자신들의 교육철학에 의해 미국에서 아들들을 모범적으로 키우는데 성공했을 것이다.

그분들 모두 재능 이전에 인성교육을 강조했다. 나도 마찬가지다. 그것이 자녀의 성공에 얼마나 중요한가? 셋째 아들 상진(피터)이는 나에게 이렇게 말했다.

"아버지, 미국에 똑똑한 사람들이 너무 많아요. 그 중에 누구를 선택해야 하는가는 인성교육에서 결정이 납니다."

그런데 고광림 박사와 전혜성 박사 부부와 강영우 박사가 강조했던 인성교육은 나의 것과 다른 점이 많다. 나는 유대인 교육을 모델로 한 인성교육을 시켰다. 기독교인은 신구약 성경을 믿지만 유대인은 오직 구약

저자의 가족 사진. 4아들 가정에 손주가 8명이다. 모두 미국에서 출생했다.

과 탈무드만을 믿는다. 따라서 기독교인과 유대인은 교육 철학과 방법 면에서 다른 점이 많다.

따라서 본서를 읽으면 그 차이점을 많이 발견할 수 있을 것이다. 이제 저자는 구체적으로 어떤 교육을 어떻게 시켰는지 자세히 설명해보자. 그리고 그런 교육이 왜 필요한지 그 이유도 알아보자.

> 미국 교포 자녀들 중 많은 이들이 아이비리그 대학을 졸업한다.
> 그러나 미 주류 사회에 들어가면 3년을 버티지 못하고 약 70%가 탈락된다.
> 가장 큰 이유는?

다른 아들들은 어떠한가

참고로 저자 가족을 소개를 해보자. 저자는 미국에서 약 50년 동안 살고 있다. 1975년 미국에 이민을 왔다. 그리고 3년 반 만에 아들만 4명을 낳았다. 셋째와 막내가 쌍둥이다. 그들의 간단한 이력은 다음과 같다.

첫째 아들: 현승진(미국명 스테판, 45세)은 UCLA를 졸업하고(BA)하고 ESPN 스포츠 TV Art Director로 근무하다 현재는 소프트웨어 회사 기술사장(CTO)으로 있는 제 동생의 초청으로 그 회사의 Sr. Art Director로 일하고 있다.

둘째 아들: 현재진(미국명 필립, 43세)은 어려서부터 컴퓨터에 재능을 가진 아들이다. UC Berkeley를 졸업(BA)하고 Nexstar Media Group Inc. 사장을 역임했다. 현재는 미 주류 기업인들과 함께 큰 사업체를 몇 개 운영하고 있다. 특히 E-Sports 분야에서 언론에 몇 차례 소개된 적이 있다. 우리 집안에서 경제적으로 가장 부유하다.

셋째 아들: 현상진(미국명 피터, 42세)은 UC Berkeley를 졸업(BA)하고 NYU법대 대학원을 졸업(JD)한 후 미국 워싱턴 DC 근처 연방정부 검사(United States Attorney's Office for the Eastern District of Virginia)를 역임했다. 한 명 뽑는데, 약 2000명이 응모했으나 그가 뽑혔다. 그 후 미연방상원 법사위원회 다이안 파인스타인 의원의 수석 법률 자문을 역임했다.

그리고 2021년 11월에 바이든 대통령이 미 연방정부 법무부 차관보(법제처장)에 지명했다. 그가 다른 이의 도움이 전혀 없이 그렇게 선택 받은 것은 그가 어려서부터 독특한 인성교육을 받았기 때문이다.

넷째 아들: 현호진(미국명 앤드류, 42세)은 목사다. UC Berkeley를 졸업(BA)하고 Gordon-Conwell Theological Seminary에서 신학을 전공했다(M.Div.). 그리고 Fuller 신학교에서 목회학 박사학위(D.Min.)를 취득했다.

뉴욕에서 10년 동안 9개의 교회를 개척하여 Hope Church 연합체를 만들었다. 전체 교인은 약 1500명 정도다. 미국 교계에서는 교회 개척가(Church planter)로 널리 알려졌다. 미국 언론에도 자주 등장한다.

그리고 나는 8명의 손주를 두고 있다. 손자 7명과 손녀 1명이다. 소개를 하고 나니 나의 셋째 아들뿐만 아니라 나머지 세 아들들도 모두 미 주류사회에서 자신들 분야에서 성공을 했다. 모두 하나님의 은혜다. 이제 나는 그들을 어떻게 키웠는지 알아보자.

chapter
02

본서를 읽기 위한 용어 정의

☆

본서를 읽는데 저자가 인성교육학을 연구하며 개발한 특별한 용어들이 있다. 이 용어를 이해하지 못하면 왜 저자가 왜, 이런 교육을 시켰는지 그 이유를 알기가 힘들다. 따라서 먼저 그 용어들에 대한 정의부터 알아보자.

1. 수직문화와 수평문화

1) 수직문화

수직문화는 '심연문화' 또는 '뿌리문화'(the Deep Culture or Roots Culture)라고도 한다. 이 문화는 한 인종의 뿌리와 정체성을 나타내는, 조상대대로 내려오는 정신세계를 살찌우는 변하지 않는 전통적인 문화 가치들로 구성되어 있다. 따라서 수직문화는 한 인간의 인성을 형성하는데 꼭 필요한 핵심 콘텐츠다.

수직문화의 요소는 종교, 전통(관습), 효도, 이상, 언어, 고전문학이나 고전음악, 사상, 철학, 고난 체험, 역사 및 애국심(충, 忠) 등이다. 이러한 수직문화의 가치들은 눈에 보이지 않는 비물질적이며, 인간이 생각하는 형이상학적인 것이다. 따라서 수직문화는 유형·무형의 교육을 통해 대를 이어가면서 물려주는 인간의 정신 유산을 말한다.

각 인종들은 모두 자신들의 수직문화를 가지고 있는데, 그 수직문화 속에 형성된 콘텐츠와 형식이 얼마나 논리적이고, 조직적이며, 그리고 합리적이냐에 따라 '저급 수직문화'(low-quality vertical culture)와 '고품격 수직문화'(high-quality vertical culture)로 구분될 수 있다.

2) 수평문화

수평문화는 깊은 사상이 없는, 표면에 나타난 문화이며, 이를 표면문화(Surface Culture)라고도 한다. 수직문화가 눈에 보이지 않는 인간의 정신세계를 살찌우는 가치들이라면, 수평문화는 일시적이면서도 외형적이며, 인간의 눈에 보이고 만져지는 형이하학적인 가치들이다.

예를 들면, 물질, 권력, 명예, 성(sex), IQ 위주의 현대 학문 및 과학, 외형적인 생김새나 유행, 즉 유행가, 찢어진 청바지 문화, 그리고 인스턴트 음식 문화 등, 전통적인 가치들보다는 일시적인 만족과 쾌락을 위해 만들어졌다가 싫증이 나면 곧 다른 것으로 항상 바뀌는 문화다.

수직문화가 '인간은 무엇이고 왜 살아야 하는가?'에 대한 삶의 의미를 찾는 문화라면 수평문화는 삶에 대한 깊은 생각 없이 인간의 육의 재미를 찾는 문화다. 수직문화가 눈에 보이지 않는 정신세계의 좁은 길을 선택하는 이들의 문화라면, 수평문화는 눈에 보이는 현실의 것에 관심을 갖는 넓은 길을 선택하는 이들의 문화다. 수직문화가 컴퓨터의 하드웨어라면, 수평문화는 소프트웨어로 비유된다.

따라서 인성교육학적인 입장에서 수직문화가 한 인간의 인성을 형성하는데 순기능을 한다면 수평문화는 대부분 역기능을 한다.

〈자세한 것은 '현용수의 *인성교육 노하우*' 제1권 제2부 제2장 I. '수직문화와 수평문화란 무엇인가' 참조〉

3) 수직문화에 속한 '성격(PQ)의 토양'과 '마음(EQ)의 토양'

예수님은 인간이 복음을 받아들이고 열매를 맺게 하는 종교성 토양을 '씨 뿌리는 자의 비유'(막 4:1-25)로 말씀하셨다. 그 네 가지 종교성 토양은 ① 길가 ② 돌밭 ③ 가시떨기 ④ 옥토(좋은 땅)다.

수직문화는 인성교육의 핵심 가치들이다. 이것은 인간의 종교 심리와 현저한 상관관계가 있다(Hyun Yong-Soo, 1990). 수직문화는 종교성 토양을 옥토를 만드는데 기여한다. 그리고 수직문화에는 두 가지 심리 토양들이 있다.

첫째, 인간의 뼈대와 같은 강한(혹은 약한) 성격 혹은 의지력(strong personality or willpower)을 보이는 '성격의 토양'(personality soil)이 있다. 이를 'PQ(Personality Quotient, 성격지수) 토양'이라고 부를 수 있다. 그리고 'PQ'는 '의지력 지수(Perserverance Quotient)'라고 부를 수도 있다.

둘째, 인간의 살과 같은 측은지심〈인정(人情), compassion〉이라는 '마음(心性)의 토양'(heart soil)이 있다. 이를 'EQ(Emotional Quotient, 감성지수) 토양'이라고 부를 수 있다.

따라서 본서에서 말하는 수직문화에 속한 심리적 '옥토'에는 '성격의 토양'이 옥토라는 것과 '마음의 토양'이 옥토라는 것, 두 가지가 모두 포함한다. 전자는 '강한 의지력(PQ)'을 뜻하고, 후자는 '풍부한 EQ'를 뜻한다. 따라서 한 개인이 두 가지 옥토를 모두 갖추어야 인성교육학적인 입장에서 완전한 옥토를 가졌다고 할 수 있다.

〈저자 주: 본서에서는 편의상 '성격의 토양'을 '의지력 토양' 혹은 'PQ 토양' 그리고 '마음의 토양'을 'EQ 토양'이라고 표기하기도 한다.〉

'마음의 토양(EQ 토양)'은 복음을 받아들이는 데 유익하고, '성격의 토양(PQ 토양)'은 복음을 믿은 이후 그리스도를 본받는 성화의 과정에 유익하다. 과거 일제 강점기 시대 조선인(한국인)의 수직문화에는 이 두 가지 심리적 토양이 옥토였다. 따라서 전도하기도 쉬웠고, 교인이 된 이후에 그리스도를 닮아가는 성화(제자화)의 과정도 쉬웠다.

〈더 자세한 것은 저자의 저서 '*유대인의 리더십 개발 원리*' 제2부 제2장 III. 1. A. 2) '조선인의 마음과 성격의 토양(EQ+PQ 토양)' 참조〉

2. Pre-Evangelism, Evangelism, Post-Evangelism

신앙인의 입장에서 인간의 일생을 세 시기로 나눌 수 있다. 1) 복음을 접하기 이전의 복음적 토양교육, 즉 인성교육 시기(Pre-Evangelism), 2) 예수님을 인격적으로 만나는, 즉 복음을 영접하는 시기(Evangelism), 그리고 3) 복음을 영접한 후 하나님의 형상을 닮아 가는 제자화 시기(Post-Evangelism)다.

예수님은 복음을 접하기 이전에 종교적 토양교육을 통하여 마음 밭이 옥토가 되기를 원하신다(Pre-Evangelism)(마 13:3-7, 18-23; 막 4:1-25; 눅 8:4-15). 그래야 복음을 접했을 때 복음을 영접하기도 쉽고(Evangelism), 복음을 영접한 후 말씀 맡은 자(롬 3:2)로 제자화(Post-

Evangelism)되기도 쉽다.

따라서 Pre-Evangelism, Evangelism, Post-Evangelism을 이렇게 정의할 수 있다.

1) Pre-Evangelism: 복음을 믿기 이전의 큰 그릇을 만드는 마음의 토양교육
2) Evangelism: 복음 전파, 혹은 복음을 믿는 회심
3) Post-Evangelism: 복음을 믿은 후 신앙 성장을 위한 교육

〈자세한 것은 '현용수의 인성교육 노하우' 제2권 제2부 제4장 II. 2. '기독교교육의 새로운 영역: 종교성 토양교육(Pre-Evangelism)의 필요성' 참조〉

3. 큰 그릇, 큰 인물 및 큰 지도자(= 리더)

저자는 인성교육학적인 입장에서 '인성'에 대한 정의를 다음과 같이 내린 바 있다. '인성'이란 "도덕적 인격을 형성하는 내면적 성품, 성질 또는 성격 및 도덕적이며 투철한 사상과 강한 의지다." 이것은 도덕적이면서도, 강하고 담대한 큰 그릇(a large bowl of moral, strong and courageous)의 인간을 만드는 요소다(현용수의 인성교육 노하우, 제1권 제1부 제1장 I. 2. '인성·인성교육의 정의'). 따라서 '인성이 잘된 사람'을 '착한 사람', '도덕과 윤리적인 사람', 그리고 '강하고 담대한 큰 그릇' 등으로 표현할 수 있다.

본 연구에서는 '강하고 담대한 큰 그릇'(a large bowl of strong and courageous)에 중점을 둔다. 이것은 큰 지도자가 가져야 할 필수 요소 중 하나다.

그리고 본서에서 언급하는 '큰 그릇'과 '큰 인물'은 동일한 뜻으로 쓰

인다. '작은 그릇'과 '작은 인물'의 반대 개념이다. 하나님도 인간을 하나님이 쓰시는 그릇으로 비유하셨다(사 45:9; 렘 18:4; 행 9:15; 롬 9:21; 딤후 2:20-21). 주님께서는 바울을 택한 '그릇'이라고 말씀하셨다(행 9:15).

〈자세한 것은 '현용수의 인성교육 노하우' 제2권 제2부 제4장 II. '수직문화와 수평문화가 인성(종교성)의 토양에 미치는 영향' 참조).

본 논문은 인성교육학적인 입장에서 모세를 큰 그릇(인물, 지도자=리더)으로 만드는 데 애굽 왕실의 강한 수직문화 교육이 얼마나 절대적인지를 성경적으로 증명한다. 물론 그 민족의 수직문화는 모세의 성품, 기질 및 습관까지 전인적인 영역에 다양하게 영향을 미쳤을 것이다.

이 모든 요소들을 갖춘 이를 '큰 그릇', '큰 인물' 혹은 '큰 지도자(=리더)'라고 할 수 있다. 그러나 매번 다양한 용어를 언급하기가 번거로워 본 논문에서는 대표로 '큰 그릇' 혹은 '큰 인물'로만 표기한다.

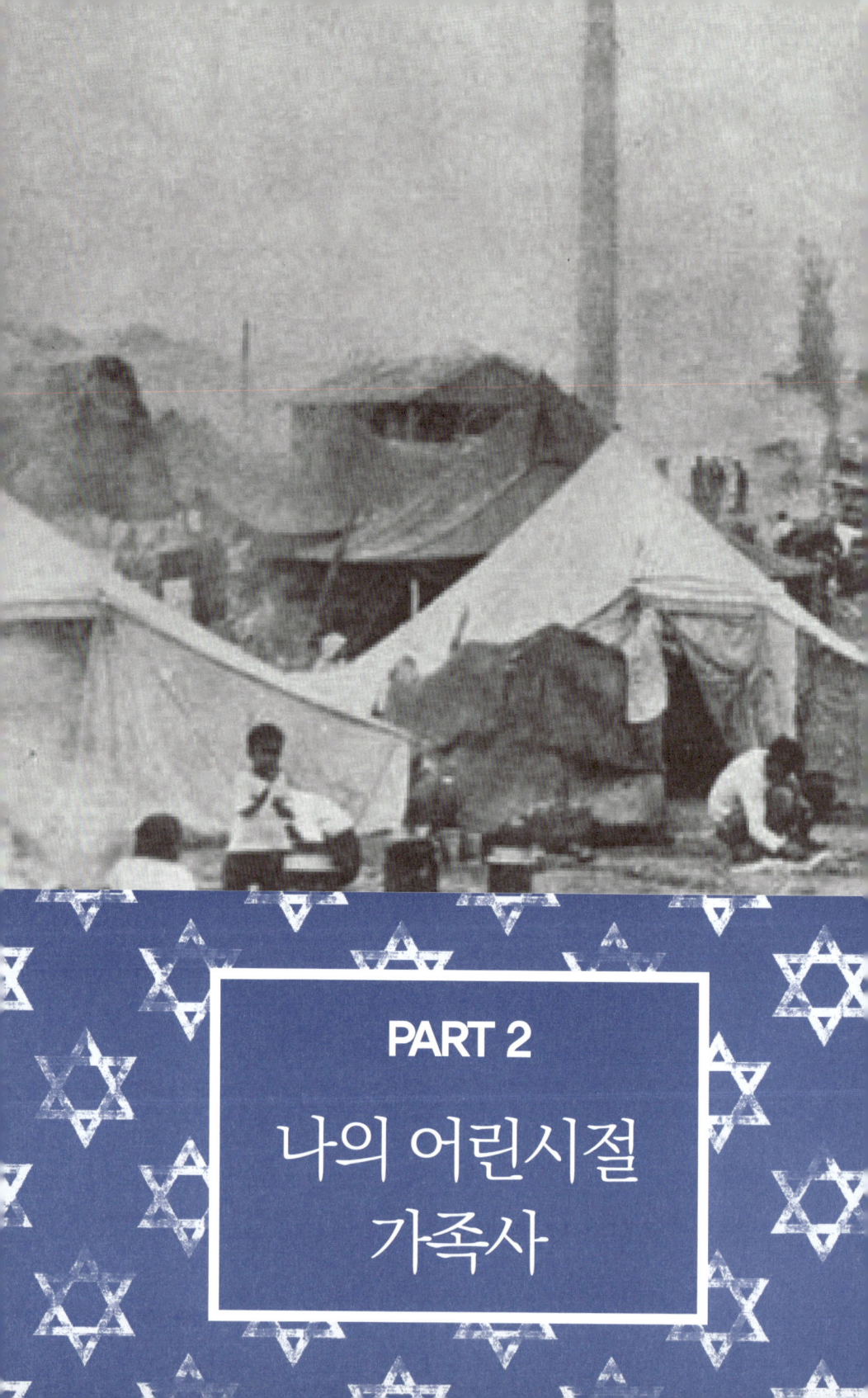

PART 2

나의 어린시절
가족사

Chapter 1 시작은 미약한 농부의 아들
Chapter 2 6·25 전쟁과 정양의 몰락

chapter
01

시작은 미약한 농부의 아들

☆

〈내가 나의 미천한 가정 배경을 소개하는 이유가 있다.
훌륭한 자녀는 명문 가문에서도 나오지만
그렇지 않는 경우도 있다는 것을 알리기 위함이다.
다만 어떤 교육을 시켰는지, 그 교육철학과 방법이 더 중요하다.〉

어머님에게 묻고 답하며 녹음을

나는 연주 현(延州 玄)씨 27대손이다. 현 씨는 본(本)이 하나다. 연주는 현재 북한에 소재한 영변의 옛 이름이다. 시조인 현담윤(玄覃胤)의 행적은 〈고려사〉 열전에 입전된 현덕수전(玄德秀傳)에 나타난다. 현재 종친회장으로는 현승종 전 국무총리(전 성균관대 총장)가 있다. 본이 북한이라 큰 인물은 북한에 더 많다고 한다.

나는 할아버님(현성기, 玄聖奇)의 얼굴을 본 적이 없다. 그러나 아버님(현만춘, 玄萬春), 1906년생)의 얼굴은 어렴풋이 기억난다. 내 나이 세 살 때 아버님이 돌아가셨고 할아버님은 그 이전에 돌아가셨기 때문이다. 그러나 나의 출생의 비밀은 어머님이 얘기를 해 주셔서 기억하고 있다. 어머님은 1907년 생으로 2000년 93세를 일기로 돌아가셨다.

어머님은 연세가 70세에 나의 초청으로 미국에 오셨다. 그 후 나와 10년을 함께 사셨다. 80세에 아버지 산소 옆에 묻히시겠다고 하셔서 한국으로 귀국하셨다. 나는 어머님이 한국에 귀국하시기 전에 그분과 대화를 많이 했다. 내가 신명기 32장 7절 말씀대로 어머님께 옛날 일에 대하여 물으면 어머님은 자세하게 설명해 주셨다.

> 옛날을 기억하라. 역대의 연대를 생각하라. 네 아비에게 물으라. 그가 네게 설명할 것이요. 네 어른들에게 물으라. 그들이 네게 이르리로다. (신 32:7)

이 말씀은 하나님이 부모에게 주신 말씀이 아니고 자녀들에게 주신 말씀이다. 〈자세한 신 32:7의 강해는 저자의 저서 '*구약의 지상명령 쉐마*' (쉐마, 2007), 제1권 제2부 제3장 II. '자녀나 손자들은 윗세대에게 질문하라' (신 32:7 강해) 참조〉

현 씨의 가족사(家族史)는 아버님이 일찍 돌아가셨기 때문에 과부인 어머님의 증언에 의존할 수밖에 없었다. 더구나 아버님이 돌아가신 후 어머님은 자연히 부담스러운 시집보다는 살가운 친정집 식구들과 잘 어울렸다. 따라서 우리 형제들은 성장할 때도 현 씨네 일가들보다는 이모님 가족들과 더 가까이 지낼 수밖에 없었다.

나는 당시 현 씨네 가문에 대한 마지막 증언자가 어머님이라는 사실에 주목했다. 만약 그분이 돌아가신다면 우리 가문의 역사는 찾을 길이 없었을 것이다. 따라서 어머님이 돌아가시기 전에 그 증언을 반드시 들어야 했다.

따라서 나는 그분 증언의 가치를 알았기 때문에 녹음을 해야겠다고 생각했다. 나는 녹음기를 틀어놓고 시대 순으로 어떤 사건에 대해 질문을 했다. 어머님(당시 79세)은 언제나 똑같은 이야기를 녹음기를 틀어놓은 것처럼 반복하셨다.

"어머님은 어떻게 아버님을 만나셨어요?"
"아버님은 왜, 어떻게 태어나게 되셨어요?"
"할아버님은 어떤 분이셨어요?"
"현 씨네 가문은 어떤 가문이셨어요?
"시집오셔서 가장 힘든 일은 어떤 일이었어요?"
"6.25 전쟁 때는 어떻게 하셨어요." 등등등

어머님은 무학이셨지만 기억력이 뛰어나고, 언변도 좋고 논리적이며 자존심도 강한 분이셨다. 답변을 하시다가 힘이 들면 드러누워 말씀하게 하셨다. 더 힘이 들면 쉬었다가 다음날 다시 얘기를 이어갔다. 어머님은 고생하셨던 이야기를 하실 때는 우시면서 이렇게 말씀하셨다.

"내가 책을 쓰면 이 방에 가득하리라. 그 고생한 얘기를 어찌 다 말하겠느냐."
"내가 죽어야 이런 것들을 다 잊어버리지…. (힘들어서) 휴 ~ ~"

삶이 너무 고단했을 때는 아버님에게 원망도 많이 했다고 하셨다. 이 많은 자식들을 같이 낳아놓고 왜 먼저 가서 나만 이렇게 고생시키느냐고…. 그럴 때에는 어머님도 울고 나도 함께 운 적이 종종 있었다.

미국에 오셔서 나의 성공적인 삶을 함께 누리셨을 때는 "돌아가신 네 애비도 살아서 이런 호강을 누렸으면 얼마나 좋겠니…." 하시면서 눈시울을 붉히곤 하셨다.

9남매의 복덩이 어머님

충청북도 보은군 마로면 세중리에 가면 현 씨 집단촌이 있다. 약 15가구쯤 살고 있었다. 나의 할아버님과 아버님은 그곳에서 출생하셨다. 그리고 나중에 보은군 수한면 발산리로 이사를 오셨다. 아버지는 그곳에서 장가를 가셨다.

나의 직계 현 씨 집안은 손이 매우 귀했다. 할아버님(현성기)은 아들 하나를 낳았지만 그 아들이 결혼 후 일찍 세상을 떠났을 뿐만 아니라, 게다가 그 지역 현 씨 집안이 쇠퇴 일로를 겪게 된 가장 큰 이유는 또 있었다. 동학란의 본거지가 보은이었는데 현 씨들 중 일부가 동학란에 참여하여 관군과 맞서다가 패가망신을 당했다는 것이다.

아무튼 그 이후 현 씨 집안은 나의 바로 위 세대까지는 세상에서 빛을 보지 못했다. 나의 세대에 이르러 세상에 알려지게 되었다.

〈저자 주: 이후 이어지는 하나님이 기획하신 기가 막힌 나의 인생드라마는 나의 저서 '쉐마교육 개척기' 참조 바람. 다만 여기에서는 나의 출생과 나의 아들이 어떻게 미합중국 연방정부 법무부 차관보가 되었는지 그의 뿌리를 간단히 언급한다.〉

나의 아버님의 고향은 충청북도 보은군 수한면 발산리였다. 전형적인 농부의 아들이었다. 아버님은 성장하여 농사를 지으며 틈틈이 보은읍에서 옥천으로 물건을 소 수레로 나르는 유통업을 하셨다. 그러던 중 발산리에서 나의 어머님〈이순례(李順禮)〉과 결혼을 하셨다.

어머님이 태어나신 이 씨네는 딸만 많은 가정이었다. 당시 딸들에 대한 외할아버님의 구박이 심했다고 한다. 그 딸들 중에서도 어머님은 매우 미인인데다가 인상도 좋고 예의 바르고 부지런하고 눈치가 빠른, 흠이 없을 정도의 전형적인 현숙한 여인이셨다.

사진은 저자의 아버님(고 현만춘)과 어머님(고 이순례)

한 마디로 이조시대 삼강오륜과 칠거지악 교육을 잘 받은 여인이셨다. 그래서 딸들 가운데도 유독 돋보이셨다고 했다. 동네에서는 어른들이 처녀시절부터 얼굴에 복이 붙어 있다고 하여 복덩이라고 불렀다고 한다.

할아버님은 이런 처녀를 눈 여겨 보셨다. 외할아버님도 그 동네에서 평상시에 서당에서 공부도 잘하고 성실하고 똑똑했던 젊은 청년, 아버지를 눈 여겨 보셨다. 그래서 두 가문은 의기투합하여 결혼을 시켰다고 한다.

나의 어머님은 현 씨네 집에 시집을 오셔서 7남 2녀 도합 9남매를 낳으셨다. 손이 매우 귀한 현 씨네 집안에 복덩이가 들어왔다고 칭송이 자자했다. 딸 둘은 어릴 때 일찍 죽었다. 살아남은 우리 형제자매들은 둘만 빼고 머리가 총명했다.

둘째 형님, 현길수(玄吉秀)는 우리 집안에서 가장 영리했다. 보은군 전체에서 어떤 연합대회 시험을 보더라도 언제나 1등을 하여 천재라는 소리를 들었다. 물론 당시 수한초등학교에서도 늘 전교 1등을 하였다.

천재 아들에 건 아버님의 결단

아버님은 둘째 아들에 대한 욕심이 생기셨다. 농촌에서 가장 출세해야 면서기 정도일 것이라고 생각하셨다. 그래서 초등학교 4학년을 마치자 얼마 되지 않은 가산을 정리하여 무작정 5남 1녀를 데리고 서울로 이사를 가셨다. 그 때가 1939년이었다. 1947년 내가 태어나기 전이었다. 당시 아버님은 일본 강점기에 바깥세상에 어두웠던 농부로는 대단한 용기였다.

상경 후 아버님은 둘째 아들을 현재 동작구 흑석동에 있는 은로국민학교 5학년에 편입시키셨다. 그런데도 둘째 형님은 가자마자 1등을 했고 졸업을 할 때도 전교 1등을 하여 경기도 도지사 상을 받았다고 한다. (당시는 그 곳이 경기도였음)

서울에서 아버님은 취직을 하러 헤매다가 우체국 공무원 직원이 되기 위해 원서를 접수시키셨다. 그 당시 시험은 한자 독해 능력을 보았는데 거기에 합격하시어 우체부(郵遞夫)로 취직이 되셨다. 당시는 모든 한국인과 일본인 이름이 한자로 되어 있어서 한자를 모르면 우편배달이 불가능했다고 한다.

그리고 아들이 다닐 중학교를 수소문하셨다. 기술을 배워야 취직이 잘 된다고 생각하셔서 경성공업중학교(현 서울공업고등학교 전신) 전기과에 시험을 보게 하셨다. 당시 그 학교는 주로 일본인만 입학을 허락했었는데 형님의 성적이 워낙 우수하여 조선 사람으로서는 드물게 합격을 시켜 주었다고 한다. 그래서 당시 그 사실이 신문에도 보도 되었다고 한다.

그 학교는 조선학생이 아무리 공부를 잘해도 1등을 주지 않았다고 한다. 그러나 형님이 워낙 뛰어남으로 어쩔 수 없이 매 학기마다 1등을 내주었다고 한다. 그것을 시샘했던 일본 학생들은 형님을 뒷산으로 데려가 여러 번 테러를 가한 적이 있었다고 한다.

그래서 아버님은 그 아들을 잘 봐 달라고 과일이나 양주 같은 선물을 사들고 교장 선생님을 여러 번 찾아가셨다고 한다. 그리고 형님은 일본 학생들에게 매를 맞지 않으려고 열심히 운동도 하고 손가락 마디마디에 금속 링을 끼고 다녔다고 한다. 키는 작았지만 투지가 대단했다고 한다.

당시 우체국 공무원 봉급은 대단히 적었다. 그 봉급으로 6남매를 먹여 살리고 자녀들을 모두 학교에 보내는 것은 불가능했다. 전기과에 다니는 그 형님은 이런 가정 형편을 돕기 위해 돈을 벌 수 있는 방법을 강구했다. 그래서 머리가 영리하여 학교에서 배운 약전(弱電)의 원리를 이용해 라디오 만드는 기술을 손수 익혔다.

그 기술로 중학교 2학년 때부터 라디오 부속들을 사다가 조립해 라디오를 만들어 주변에 팔아 돈을 벌기 시작했다. 일제시대 라디오는 부자들 중의 부자들만 가지고 있었던 시절이었다. 그리고 그 라디오가 고장이 나면 고칠만한 기술자도 많지 않았던 시절이었다.

아버님은 천재 아들을 농촌에 두면 미래가 막힌다고 하여
무작정 5남 1녀를 데리고 서울로 이주하셨다.

성공한 서울 상경기와 나의 출생

둘째 형님은 매우 효자였다. 너무 가난한 집안을 보기만 할 수 없어 중학교를 중퇴했다. 그리고 전파사 상점을 차려 본격적으로 사업을 시작했다. 기술이 좋다는 소문이 퍼지자 주변의 부자들이 라디오나 전축 그리고 선거철에 확성기나 마이크 시설이 고장이 나면 늘 어린 형님을 불렀다.

그 소문은 인천지역까지 알려져 일감이 넘쳤다고 한다. 부자 집에 가서 고쳐주면 고맙다고 고급 음식도 대접해 주고 팁으로 학비에 보태 쓰라고 돈도 많이 주었다고 한다.

그래서 형님이 동네를 한 바퀴 돌고 오면 주머니에 돈이 수북한데 그 돈을 어머님께 드렸다고 한다. 미국에서 내가 기술자로 근무할 당시 오전에 시내를 한 바퀴 돌고 오면 주머니에 돈이 수북하게 쌓였는데, 그 돈을 어머님께 드리면 어머님께서는 돌아가신 둘째 형님 얘기를 하시며 우시곤 했다.

얼굴과 하는 행동도 내가 그 형님을 제일 많이 닮았다고 하셨다. 어머님은 우리 형제들에게 이렇게 말씀하시곤 했다.

"너희 형제들 모두 합해도 그 형만큼 똑똑하지 못하다."

아버님은 박봉인 우체부를 그만 두시고 돈을 더 주는 철도청 산하의 기차를 만드는 영등포 공작창(工作廠)에 취직하셨다. 그 곳에서 쇠를 깎는 선반 일을 배우셨다. 그리고 몇 년 후에는 큰 아들과 함께 선반 공장(machine shop)을 차려 자영업을 시작하셨다. 큰 아들은 둘째 아들처럼 총명하지 않았다. 그래서 아버님은 그에게 공장에서 선반 기술을 가르치셨다.

그 후 집안은 아버님과 아들 둘이 돈을 벌어 날로 번창하였다. 매달 돈이 쌓여 집도 사고 재산이 불어나기 시작했다. 이렇게 현 씨네 서울 생활은 단단하게 뿌리를 내려가고 있었다.

그때 1947년 8월 18일에 내(현용수)가 태어난 것이다. 어머님의 연세는 40세 때였다. 출생지는 서울 영등포구 영등포동 228번지다. 현재는 그곳이 영등포구 당산동으로 개편되어 있다. 보은에서 서울로 이사를 간지 8년 후였다.

그런데 1950년 초 어느 날 둘째 형님은 남과 북 사이에 전쟁이 일어날 것이라는 소문을 듣게 되었다. 이왕에 군대를 가려면 사병보다는 장교가 더 좋다고 판단했다. 그래서 나이가 어린데도 불구하고 육군사관학교에 입학시험을 보셨다. 물론 합격이었다. 그래서 그 형님(현길수)은 대한민국 육사 8기생 장교가 되셨다.

형님은 몽당연필의 까만 심이 다 닳으면 이빨로 나무를 까서 그 심으로 답안지를 써내려갔다고 했다.

둘째 형님은 어린 나이에 육군사관학교에 입학시험을 보셨다.
그리고 육사 8기생 출신 장교가 되셨다.

chapter 02

6.25 전쟁과 가족의 몰락

☆

〈6.25 전쟁은 우리 가족의 모든 것들을 앗아갔다. 어머님은 세 기둥, 남편과 장남, 그리고 차남을 잃었다. 졸지에 5남매와 손자 1명 도합 6명을 책임져야 할 위기에 처했다.〉

죽을 고비 1 : 반역자

1950년 6월 25일 북한의 김일성이 남한을 불법 침범했다. 서울이 점령을 당하기 전에 아버님은 걸을 수 있는 자녀들(3남 1녀)만 데리고 충북 보은 고향으로 피난길에 오르셨다. 걷지 못했던 3살 된 나와 어머님 그리고 내 밑의 갓난아기(딸)는 서울에 두고 가셨다. 그리고 이렇게 말씀하셨다고 한다.

"서울의 재산은 누군가 지켜야 하는데 인민군들이 아기 둘 있는 여자는 해치지 않을 것이야. 전쟁은 곧 끝나게 될 텐데 그 때 다시 올게."

그러나 그 예상은 완전히 빗나갔다. 인민군이 서울을 점령하자 빨간 완장을 찬 공산당원들이 제일 먼저 수색하여 숙청한 사람들이 대한민국의 경찰가족과 군인가족이었다. 특히 장교의 가족은 예외가 없었다.

　우리 집에 둘째 형님에 관한 모든 사진이나 자료는 없다. 당시에 어머님이 인민군에게 들킬까 염려하여 모두 불태워 버렸기 때문이다. 그러나 소용이 없었다. 그들은 이미 형님이 육사 출신임을 알고 있었다. 그들은 우리 동네에서 우리 집을 제일 먼저 덮쳤다. 내 밑의 여동생은 총 소리에 놀라 죽었다. 어머님과 나만 살아 있었을 때였다.

　그 당시 내가 어머님의 등에 업혀 학교 같은 곳의 양철 지붕 밑 콘크리트 바닥에 끌려와 미리 끌려왔던 어른들 옆에 무릎을 꿇고 앉았다. 모두 두 손을 들고 있었다. 나는 그 장면을 어렴풋이 기억한다. 우리는 인민의 반역자였다. 총살 대상자들이었다. 주변에는 수많은 주민들이 구경을 하고 있었다.

　인민재판이 시작되었다. 붉은 완장을 찬 인민군은 우리를 10명씩 불러내 준비된 말뚝에 묶었다. 그리고 그 동네 주민들에게 이들을 죽여도 된다는 동의를 얻는 과정이 있었다. 그 때 한 사람씩 이름을 호명할 때 주민들이 모두 "죽여! 죽여!"를 외치면 10명에게 총을 쏴 한꺼번에 죽이는 것이었다.

　드디어 빨간 완장을 찬 이가 나의 어머니 이름을 호명했다. 그런데 기적이 일어났다. 갑자기 여러 명의 동네 아주머니들이 어머님 앞에 나타났다. 그리고 팔을 벌리며 이렇게 외쳤다.

"이 아주머니는 살려 주어야 합니다."
"이 아주머니는 죽이면 안 됩니다."

사진은 천재 형님 현길수 대위. 육사 8기 출신. 6.25 전쟁 시 수원 전투에서 전사하셨다. 아버님은 천재 아들을 농촌에 두면 안 된다고 하여 서울로 이사하셨다.

그들은 누구였나? 나중에 알고 보니, 어머님이 잘 살게 되었을 때 집안에 항상 쌀을 많이 사놓으셨다고 한다. 그런데 어머님이 인정이 많으셔서 동네에 굶는 사람들에게 쌀도 나누어 주고, 밥도 해주며 인심을 많이 얻어놨다고 했다.

어머님은 손이 큰 분으로 불쌍한 사람들을 보면 낯이 노와주시는 인자한 분이셨다. 어머님은 우리에게도 늘 이렇게 말씀하셨다.

"선한 끝은 있지만 악한 끝은 없단다."

아무튼 뿌린 대로 거둔다는 법칙은 여기에서도 증명되었다. 만약 당시 어머님을 미워하는 사람들이 많았다면 오늘의 현용수는 있을 수 없다.

인민군이 국군 장교 가족인 나의 어머님을 인민의 반역자로 체포해 총살시키려던 찰나, 기적이….

죽을 고비 2: 피난길의 폭탄

어머님과 나는 몇 개월을 서울에서 지내며 혹독한 전쟁의 공포에 시달려야 했다. 솜이불을 뒤집어 써야 총알이 박히지 않는다고 하여 한 여름 그 더운 날에도 어머님과 나는 하루 종일 솜이불을 뒤집어쓰고 있었다.

총알이 이불 위로 '뽕 뽕' 소리를 내며 지나가 벽에 박혔다. 몇 개월을 그렇게 지내다 보니 더 이상 버틸 힘이 없었다. 어머님은 인민군들이 수시로 수색을 할 때마다 어린 내가 울어댈 때는 속수무책이었다고 하셨다.

그리고 어머님에게 가장 걱정이 되는 것은 전쟁이 길어지면서 피난 간 자식들이 살았는지 죽었는지였다. 남한테 싫은 소리를 하지 못하는 주변머리 없는 남편이 아이들을 다 굶게 하는지가 궁금해 미치겠다고 하셨다.

드디어 어머님은 죽더라도 피난을 가기로 결심하셨다. 나를 등에 업고 보따리를 머리에 이고 손에 짐을 들고 가족이 있는 충청북도 보은을 향해 걸었다.

대로(大路)로 가면 인민군한테 잡혀 봉변을 당할 테니 산길로 가라는 주변 어른들의 조언을 따라 험한 산길을 택하셨다. 사람들한테 묻고 또 물어 며칠을 걸으니 발목이 다 까져 피가 흐를 정도였다. 그래도 어머님은 당시 한국인의 인심이 좋아서 매일 잠자리와 음식을 먹는 데는 크게 어려움이 없었다고 하셨다.

수원쯤 갔을 때 저녁이 되어 산골짝 어느 외딴 집으로 들어가셨다. 그 집 할아버지 내외는 어머님에게 전쟁 통에 아기를 데리고 얼마나 고생이 많으냐고 위로해 주셨다. 그리고 그 집에 머물게 해주었다. 다음날 아침 일찍 어머님은 나를 업고 다시 길을 나서자 할아버지가 말렸다.

"너무 지쳐 있으니 하루 더 머물다 가세요."
어머님은 이렇게 말하셨다.

"한시가 급해요. 빨리 가서 애들이 죽었는지 살았는지 알아봐야 해요."
"그러면 오전에는 아기하고 푹 쉬었다가 오후에 선선해지면 떠나지요."
"고맙지만 빨리 가야해요."

그들의 만류를 뿌리치고 인사를 한 후 사립문을 열고 급히 그 집을 나섰다. 약 100m 정도 걸었을 때 뒤에서 '쾅!'하는 요란한 소리가 들렸다. 뒤를 돌아보니 그 집에 폭탄이 터져서 온 집이 불타고 있었다. 불과 몇 분 사이에 폭탄으로부터 어머니와 나는 구원을 받은 것이다. 조금만 늦게 떠났어도 어머님과 나는 이미 이 세상에 없었을 것이다.

어머님은 후일 미국에 오셔서 예수님을 믿으신 이후에 나에게 이렇게 말씀하셨다.

"6.25 전쟁 때 나와 네가 두 번씩이나 죽을 뻔하다 살아났는데, 아마 하나님이 너를 목사 시키려고 그 때 나와 너를 살려주신 것 같다."

"하나님이 너를 목사 시키려고
그 때 나와 너를 살려주신 것 같다."

죽을 고비 3: 뼈와 가죽만

어머님은 전쟁터에 나간 둘째 아들(현길수)이 죽었는지 살았는지 모르는 상태에서 피난길에 오르셨다. 그 아들을 마지막으로 본 것은 6.25 전쟁이 발발하기 하루 전이었다. 아들이 급한 소식을 전하려고 지프를 타고 서울 집에 잠깐 들렀을 때였다. 효자였던 그 아들은 "곧 전쟁이 날지 모르니 피난 갈 준비를 하라"고 일러주었다.

어머님은 유독 모성애가 강한 분이셨다. 피난길에 죽은 군인들 시체를 보면 혹시 둘째 아들이 누워있는지 몰라 장교 계급장만 골라 머리를 제쳐서 얼굴을 확인하곤 하셨다. 그리고 전쟁이 끝난 후에도 살았는지 죽었는지 몰라 무당을 찾아가 점도 수없이 보셨다고 했다. 전쟁 후 나중에 알았지만 그 형님은 수원 전투에서 대위로 전사했다. 현재 동작동 국군묘지에 안장되어 있다.

청주에서 보은으로 가는 길에 피말령 고개라는 곳이 있다. 엄청나게 높고 험한 산이다. 나를 업고 짐을 머리에 이고 손에 짐을 들고 그 산을 넘을 때가 가장 힘들었다고 하셨다. 그 산에는 밤에 맹수들이 많아 매우 무서웠다고 하셨다.

곱게만 자라셨던 어머님에게 그런 담력과 힘이 있었던 것은 여자가 아니라 어머니였기 때문이었을 것이다.

아무튼 일주일간 그 고생을 하면서 보은 산골에서 아버님과 자식들을 만나셨다. 어머님은 가족을 만나자 그동안 고생하며 참았던 슬픔이 복받치었다. 아버님을 붙들고 통곡을 하며 이렇게 원망하며 우셨다.

"왜 나만 두고 떠났나요. 죽어도 같이 죽고 살아도 같이 살아야지.

왜 나만 두고…."

아버님은 할 말이 없었다고 하셨다. 어머님과 나는 녹음기를 틀어놓고 녹음을 하다가 이 대목에서 또 함께 울었다.

아버님은 처음에 처가들이 살고 있는 수한면 발산리로 피난을 갔지만, 그 곳에서 처가들에게 눈치가 보여 현 씨네 집단촌인 보은군 마로면 세중리로 옮기셨다고 하셨다.

어머님은 그 곳에서 자식들을 보고는 다 죽을 것 같은 예감이 들었다고 하셨다. 남편이나 자식들이 못 먹어서 삐쩍 마른데다 모기에 물려 얼굴과 온몸이 말이 아니었다. 모두 기가 죽은 거지들이 되어 천덕꾸러기가 되어있었다. 어머님은 식구들을 살려야 된다는 각오로 이웃집 허드렛일을 닥치는 대로 해주고 밥을 얻어다가 죽을 끓여 먹여 가족을 살리셨다.

그런데 설상가상으로 세 살 된 내가 문제를 일으켰다. 늦가을인데 무슨 병에 걸렸는지, 아니면 피난을 오며 총소리에 놀라서 그런지 밥을 전혀 먹지를 못했다. 삐쩍 말라 갈비뼈가 보였다. 곧 죽을 위기에 놓였었다. 모성애가 강한 어머님은 걱정이 태산 같았다고 하셨다.

"서울에서 죽을 고생을 다하여 여기까지 업고 왔는데 여기서 죽다니…."

그 때 나를 살린 것이 홍시(말랑말랑하게 익은 감)였다. 보은에는 감나무가 많다. 어머님이 홍시를 숟갈로 긁어 나의 입에 넣어주면 나는 그것을 조금씩 받아먹고 약간 기운을 차리고 점차 살아났다고 한다. 어머님이 미국에 오신 후 우리 집 뒤뜰에 감나무를 심은 이유도 그 때 그런 경험 때문이었다.

몰락한 나오미 같은 과부 어머니
〈나를 13세에 남의 집 머슴으로 주는 것이 소원〉

전쟁이 장기화 되면서 부모님은 무한정 남의 집 신세를 질 수 없다고 판단하셨다. 다시 원래 사셨던 수한면 소계리로 이사를 갔다. 수한초등학교 정문 앞 박 씨네의 집 허름한 문간방을 무료로 얻었다.

모든 재산이 서울에 있으니 무일푼이었다. 몇 달 후 그 집에서 쫓겨나 학교 교장선생님의 호의를 받아 그분이 살고 있던 관사 옆 조그만 빈방으로 옮겼다.

당시 아버님은 남의 집 농사를 도와주는 날품팔이를 하셨다. 과로와 심한 스트레스로 위장병을 얻어 고생을 하시다가 장출혈로 돌아가셨다. 연세가 40세 때였다.

나에게 아버님에 대한 기억은 두 가지다. 박 씨네 문간방에 살 때 우리에게 집에서 나가달라는 박 씨네와 어머님이 다툴 때 나를 안고 계셨던 모습과 돌아가신 후 장사지낼 때의 모습이다.

외가 어른들이 아버님의 장례를 도와주었다. 아낙네들이 큰 방에 둘러 앉아 베로 상복(喪服)을 만들고 있었다. 그 옆에서 놀고 있던 나에게 그녀들이 이렇게 말했던 것을 기억한다.

"저 어린 것이 무엇을 알까, 불쌍한 것 같으니…."

그리고 아버님의 시신을 실은 상여차가 산의 장지로 올라가며 맨 앞 사람이 작은 종을 치며 "이제 가면 언제 오나, 어이야, 어이야." 하면 뒤에 상여를 멘 사람들이 따라하던 소리가 기억난다. 요즘도 아버님 산소를 찾으면 그 때 그 모습이 기억난다. 그리고 곧이어 큰 형님도 과로에 폐병으로 돌아가셨다.

이제 남은 가족은 어머님과 4남 1녀였다. 그 중 내가 막내였다. 어머님은 졸지에 44세에 가진 것이 전혀 없는 과부가 되셨다. 그 충격은 남편과 아들이 벌어다 주는 돈으로 살림만 하시던 어머님에게는 청천 벽력같은 사형선고와도 같았다.

당시에는 남편이 죽지 않고 송장처럼이라도 살아 있으면 아내와 자식들에게 힘이 되었던 시대였다. 남들이 그만큼 남편이 있는 여자나 자식들을 깔보지 않았기 때문이다. 그만큼 가부장제도 사회에서 남편의 힘이 컸었다.

서울 가서 완전히 망해서 온 과부댁을 세중리에 있는 현 씨네 집안 어른들은 부담을 느껴 반가워 할 리가 없었다. 어머님은 그들을 의식하고 그 동네에 가지 않으셨다. 그래서 우리는 자연히 현 씨네와 멀어져만 갔었다. 그들에게는 우리가 잊혀진 현 씨 가족이었다.

마치 나오미가 모압 땅에 가서 남편과 두 아들을 잃고 고향 땅 베들레헴에 돌아갔지만 반가워하는 이들이 없었던 것과 같다. 더구나 나오미는 며느리와 단 둘이 갔지만 우리 어머님은 어린 다섯 아이를 데리고 거지처럼 다니지 않으셨던가! 그렇다고 그들을 어찌 원망하겠는가!

어머님은 매일 밤 누워 자는 자식들을 보시며 한없이 울었다고 하셨다. 당시 어머님의 가장 큰 소원은 이것이었다.

"어떻게든지 막내아들 용수를 13세까지 굶기지 않고 키워 남의 집 머슴으로 주어야지."

왜냐하면 당시 부자 집에서는 13세 미만의 소년은 밥만 축낸다고 머슴으로 받아주지를 않았기 때문이다. 나의 가족의 시작은 이렇게 미약했었다. 그런데 이제 생각해보니 나에게 육신의 아버님은 돌아가셨지만 전능하신 하나님 아버님이 계셔서 오늘날 나를 하나님의 머슴으로 삼으셨다. 그리고 나와 나의 가족이 있게 되었다.

> 어머님의 가장 큰 소원은 "3세 된 용수를
> 13세까지 굶기지 않고 키워 남의 집 머슴으로 주는 것"이었다.
> 그런데 현재는 하나님의 머슴이 되었다.

어머니의 광주리 행상 그리고 나의 사고

그 후 어머님은 학교 뒷산 언덕에 호박을 키워 자식들에게 초겨울까지 호박죽을 먹이셨다. 그리고 살기 위해 광주리장사를 시작하셨다. 보은읍에서 미제 알파벳 모양의 과자들을 받아다가 마을 주변 산골 집들을 찾아다니며 팔고 다니셨다.

"이거 안사주면 우리 자식들 5남매가 모두 죽어요. 하나라도 사세요. 전쟁 통에 남편과 큰 아들 둘을 잃었습니다."

사실은 구걸하는 것이었다. 저녁에 집에 오실 때에는 광주리에 보리쌀, 좁쌀, 콩 등을 조금씩을 봉투에 넣어 갖고 오셨다. 어머님은 우리 형제들에게 그것으로 죽을 쑤어 주셨다.

나는 물론 우리 형제들은 어머님이 팔러 다니시는 과자를 한 번도 훔쳐 먹은 적이 없었다. 그렇다고 어머님이 과자를 먹으라고 준 적도 없으셨다. 그래서 과자 장사 자식들이 과자 맛을 모르고 지냈다.

게다가 후일 과부가 된 큰 형님의 아내(큰 형수)는 나와 동갑내기 아들이 하나 있었다. 큰 형수는 미모가 출중하여 바로 다른 남자에게 시집을 갔다. 그러나 재가한 시집에서 데려온 아들을 싫어하여 5년 후에는 어머님이 그녀의 아들까지 떠맡아야 했다. 따라서 전체 딸린 식구가 5년 후에는 6명이 되었다.

나는 집안에 혼자 있는 경우가 많았다. 위 형제들과 누나는 부엌에 땔나무라도 주우러 산으로 늘로 나가야 했기 때문이나. 그 내 살아님은 형님들 중 가장 큰 형님(현덕수)의 나이가 만 14세였다. 서울에서 중학교 2학년을 다닐 때 6.25 전쟁이 터졌다.

하루는 추운 겨울에 숯불을 피워놓은 화로 곁에 나 홀로 있었다. 추운 겨울에 웃풍이 센데다가 바닥이 차가워지니 나의 몸은 점점 더 추위를 느꼈다. 그래서 나는 일어나 어린 생각에 엉덩이를 화롯불에 가까이 대다가 뒷발이 화로에 걸려 그만 뒤로 넘어져 화로 위에 주저앉았다. 삽시간에 엉덩이에 불이 붙었고, 내 엉덩이는 숯불에 데어 익어가고 있었다.

나는 어떻게 그 위기를 넘겼는지 잘 기억이 나지 않는다. 아무튼 저녁에 집에 돌아오신 어머님은 기겁을 하며 우셨다. 나의 성기와 고환을 제일 먼저 확인하셨다. 어머님의 가장 큰 걱정은 내가 커서 장가를 갈

수 있을까 하는 것이었다고 하셨다.

다행히 오랜 시간 후에 모든 것은 치료가 되었다. 만약 그 때에 잘못되었다면 현재 4명의 아들들은 있을 수 없었을 것이다. 그래서 나는 아들들의 장래에 대한 기대가 크다. 나는 고향을 찾을 때마다 아들들에게 차안에서 이런 얘기를 반복해 들려주었다. 그리고 이렇게 말했다.

"수많은 여성들 중에 아버지가 가장 존경하는 여자가 누군지 아느냐? 바로 너희 할머니다. 왜냐하면 그분은 대학 출신이 아니라, 광주리 행상을 하며 아버지를 키웠기 때문이다. 나는 너희 할머니를 가장 자랑스럽게 여긴다."

<u>결론적으로</u> 1950년에 발생한 6.25 전쟁은 우리 가족의 모든 것들을 앗아갔다. 아버님과 큰 형님(현창수)은 피난 시절 과로로 병사했다. 둘째 형님(현길수)은 수원 전투에서 대위로 전사했다. 어머님은 세 기둥, 남편과 장남, 그리고 차남을 잃었다. 졸지에 5남매와 손자 1명 도합 6명을 맨손으로 책임져야 할 위기에 처했다.

(저자 주: 이후 어머니와 나의 생존기 그리고 미국에서 성공했던 나의 삶, 하나님으로부터 받았던 소명, 어떻게 내가 유대인 자녀교육을 연구하게 되었는지, 그리고 쉐마사역자가 되었는지는 나의 자서전격인 *'쉐마교육 개척기'*를 참조 바란다. 이 책은 '현용수 교육신학의 사도행전'격이다.)

어머님의 가장 큰 걱정은
내가 커서 장가를 갈 수 있을까 하는 것이었다.

PART 3
미국에서의 자녀교육

Chapter 1 이민 초기 미주생활
Chapter 2 할머니의 신성교육

chapter 01

이민 초기 미국 생활

☆

아파트에서 쫓겨났던 두 사건

나는 이민 초기에는 남미계가 많이 사는 코리아타운에서 살았다. 그 후 몇 개월 후 나는 웨스트 로스앤젤레스 백인 지역으로 이사를 갔다. 나의 영구적인 직장이 그곳에 있었기 때문이다.

그 동네에서는 제법 깨끗한 아파트에 자리를 잡았었다. 한 동안 살고 난 후 아파트 매니저로부터 한 통의 편지를 받았다. 한 달 후에 나가 달라는 퇴거 통지서(30 Days' Notice)였다. 이유는 아내가 임신을 했기 때문이었다.

그것을 어떻게 알았을까? 생각해보니 엘리베이터 안에서 우리 부부와 그 매니저가 만났던 것이 기억났다. 당시 아내는 첫 아기를 임신하여 배가 불러 있었다. 그러나 서로 반갑게 인사를 나누었다.

알고 보니 그 아파트는 성인만 받는 아파트였다. 계약서에 그렇게 적혀있었다. 나와 아내는 어쩔 수 없이 쫓겨나 다른 아파트로 이사를 갔다.

얼마 후 그곳에서도 문제가 생겼다. 나와 아내가 없는 사이 1층에 살고

두려움과 희망을 안고 미국 이민 길에 오른 나와 아내 그리고 어머니. 1975년 출국 직전에 김포공항에서 찍은 사진.

있었던 건장한 남자 매니저가 어머님만 홀로 계셨던 2층 아파트로 노크도 없이 문을 따고 들어갔던 것이다. 그것도 술에 취하여 웃통을 벗은 채로….

그는 어머님에게 삿대질을 하면서 영어로 마구 야단을 쳤다. 영어를 못 알아들었던 어머님은 소스라치게 놀랐다. 너무 무서웠다. 어머님을 성추행을 하러 들어온 줄 알았다고 했다.

나는 늦게 그 사실을 알고 매니저에게 가서 따졌다. 원인을 알고 보니 어머님이 2층에서 조그만 돌절구에 깨소금을 빻고 계셨는데, 쿵쿵하는 소리가 아래층에 들렸기 때문이었다. 즉 층간 소음 때문이었다.

그 일을 겪은 후 내 집을 빨리 사야겠다는 생각이 더 간절해졌다. 다행히 악착같이 돈을 모아 3년 만(1978년)에 3베드룸짜리 가정집을 마련했다. 위치는 아내가 걸어서 출퇴근할 수 있는 병원 근처였다. 뒷마당 정원에는 귤나무, 소파나무, 무화과나무도 있었고, 예쁜 장미들도 있었다.

첫 번째 집을 마련했을 때 모든 식구들이 뛸 듯이 기뻐했다. 그렇게 가난하게 자랐던 나에게 우리 식구가 함께 살 수 있는 보금자리를 마련했다는 것이 꿈만 같았다. 더구나 어머님과 함께…. 아메리칸 드림을 거의 이룬 것 같은 기분이었다.

나는 밤에 홀로 뒷마당 잔디밭을 거닐 곤 했었다. 하늘을 보면 별들이 가득했다. 한국 시골에서 보았던 그 반짝이는 별들이었다. 명상에 잠기며 혼자 웃곤 했었다.

나는 신학교에 가기 전에 경제적으로 부유해졌다. 그 집보다 더 큰 집으로 이사했다. 그리고 여러 채의 다른 집들과 아파트 건물을 소유하고 있었다. 그러나 그 때만큼 기쁘지는 않았다.

3년 반만에 태어난 4아들, 어떻게 키웠나

본서의 주제는 나의 아들들에 관한 자녀교육이다. 특히 한국인의 독수리 인성교육이다. 일단 나의 어머님이 아들들 교육에 얼마나 헌신하셨는지 그리고 그 유익은 무엇인지를 얘기해 보자.

미국 이민 초기의 우리 가정 구성원은 7명이었다. 나는 1975년도에 이민을 온지 1년 후에 1년 후에 당시 70세가 되셨던 어머님을 미국으로 초청했다. 한국에서 고생만 하셨던 어머님에게 세계 최고 선진국 미국이라는 신세계를 빨리 보여드리고 싶었다. 당시 어머님의 모습은 완전히 조선시대의 여인이었다. 한복을 입고 이마 머리를 가르고 뒷머리에 비녀를 꽂았다.

그래서 가족은 어머님과 나, 아내 그리고 첫 아들, 승진(Stephen)이가 있었다. 1년 후 재진(Phillip), 그리고 1년 후 쌍둥이, 상진(Peter)과 호진(Andrew)이가 태어났다. 3년 반 만에 4아들이 태어났다. 그러니 고만고만한 아기들이었다.

아내는 간호사로 일했다. 그리고 나는 스팀 엔지니어로 직장생활을 하면서 에어컨과 냉동기 라이선스를 취득하여 컨트랙터(contractor) 사업도 부업(파트타임)으로 하고 있었다. 두 내외가 한참 돈을 잘 벌고 있을 시기였다.

그런데 몇 년 내에 예기치 않게 네 아들이 태어났다. 나는 셋을 목표로 했는데, 하나님이 하나를 보너스로 더 주셨다. 그 아들들이 후에 이렇게 크게 될 줄은 꿈에도 생각하지 못했다. 다만 아내와 함께 늘 기도 했던 어떤 집사님이 꿈을 꾸었는데, 어린 쌍둥이 둘이 포도송이를 잡고 있었다는 말을 들은 적이 있었다.

포도송이는 성경적으로 이스라엘과 기쁨을 뜻한다(호 9:10). 그리고 예수님은 자신을 포도나무로 성도를 가지로 비유하셨다. 그리고 그 농부는 하나님 아버지로 비유하셨다(요 15:1-5).

이민 초기에 어린 아들 넷을 키운다는 것은 결코 쉬운 일이 아니었다. 어쩔 수 없이 아내는 아들들을 돌보기 위하여 휴직을 할 수밖에 없었다. 그러나 어머님이 완강히 반대하셨다. 그분은 나에게 이렇게 말씀하셨다.

"나의 몸이 부서지는 한이 있더라도 네 아들들을 키워줄 테니, 절대로 네 아내가 휴직하지 못하게 해라."

어머님은 당시 아내가 버는 돈을 한국 돈으로 계산해보시더니 놀라셨다. 그 많은 돈을 왜 포기하느냐는 것이었다. 나는 어머님을 호강시켜 드리려고 모셔왔는데 고생만 시키는 것 같아 몹시 죄송했다.

그래서 어머님에게 매달 3백 불씩 봉급을 드렸다. 그랬더니 그 연세에 한국에 계셨다면 어떻게 그 많은 돈을 벌 수 있겠느냐면서 너무 좋아 하셨다. 한국에 계실 때에도 다른 손자들을 많이 키워주었지만 돈을 받은 적은 한 번도 없다고 하셨다.

어머님은 손이 귀한 집안에 아들만 넷을 얻었다고 기뻐하셨다. 그래서 손자들 키우는데 힘이 드는 줄 모르셨다고 하셨다. 거기다 아들 내외가 돈을 잘 벌어오니 힘이 넘친다고 하셨다. 당시 어머님은 몸과 정신이 건강하시어 뒷마당에 과일 나무도 키우시고 농사를 지으셨다. 항상 부지런하시어 우리 동네에서 가장 일찍 일어나셨다.

후일 어머님은 그분의 인생 중에 가장 행복했던 시기는 충북 보은 시골에서 농사를 지었을 때와 너희 집에서 손주들을 키우고 뒷마당 텃밭을 가꾸던 시기였다고 말씀하셨다.

어머님은 늘 자식이나 손주 키우는 것을 농부가 농사짓는 것에 비유하셨다. 키울 때는 힘이 들지만 그 결과는 기쁨이라는 것이었다. 참으로 성경적이다.

> 눈물을 흘리며 씨를 뿌리는 자는 기쁨으로 거두리로다. 울며 씨를 뿌리러 나가는 자는 정녕 기쁨으로 그 단을 가지고 돌아오리로다. (시 126:5-6)

결국 아내는 낮에 아기들을 더 잘 돌보기 위해 밤 11시부터 시작하여 새벽 7시에 마치는 밤일을 택했다. 나도 낮에는 부업으로 개인 사업을 해

사진은 나의 가장 큰 자산 4boys. 3년 반만에 4아들을 생산했다. 막내가 쌍둥이였다.

야 했기에 저녁 4시부터 시작하여 밤 12시에 마치는 시간대를 택하였다.

어머님과 나 그리고 아내는 그렇게 최선을 다해 살고 있었다. 당시에는 너무 가난하게 살았던 이민자들이었기에 거의 모두 그렇게 전쟁을 하듯이 살고 있었다.

열 받은 아내의 치맛바람, 최하위 아들을 최상위로

아들들이 초등학교에 입학하자 키우기가 더 힘들어졌다. 쌍둥이를 초등학교에 입학시키고 한 학기가 지났을 때였다. 쌍둥이 중 첫째 아이는 책을 잘 읽었는데, 둘째 아이는 ABCD도 모르는 문맹자였다. 의아하게 생각한 아내는 동네 엄마들한테 자문을 구했다.

그 후 아내는 낮에 자지를 않고 '룸마더'(Room Mother)를 자원하여 그 학교에서 봉사했다. 룸 마더는 학생이 많은 학교 교실에서 교사를 무료로 도와주는 보조교사를 말한다. 엄마가 수업 시간에 아이들과 함께 있으면 다른 아이들에게 기가 죽지 않는 효과도 있다.

아내가 교실을 찾아갔을 때 놀라운 사실을 발견했다. 쌍둥이들은 같은 학년인데도 반이 서로 달랐다. 알고 보니 같은 학년에도 반이 여럿 있고 같은 반이라도 똑똑한 아이들 그룹과 그렇지 못한 그룹으로 나뉘어 있었다.

큰 아이는 잘 가르치는 선생님 반의 최상위 그룹에 속해 이미 3학년 수준의 공부를 하고 있었지만, 둘째 아이는 소위 '엉터리 선생님' 반에서 최하위 그룹에 속해 아이들과 줄곧 장난만 치고 있었다. 그러나 누구 한 사람 이를 말리지 않았다.

놀란 아내는 둘째 쌍둥이 아들을 끼고 가르치다가 함께 봉사하는 백인 부모들(동네 이웃들)로부터 어떻게 아들을 좋은 선생님 반으로 옮길 수 있는지를 알아냈다. 그 후 교장 선생님에게 요청하여 다음 해부터 첫째 아들이 속한 좋은 선생님 반에서 함께 공부하도록 했다. 그 결과 이듬해 초기에는 최하위 그룹에 속했던 둘째 쌍둥이가 몇 달 뒤 중간 그룹으로 올라가고, 9개월이 지나자 최상위 그룹에 속하게 되었다.

그 뒤 계속 두 아들은 대학에 진학할 때까지 상위 그룹에서 공부했다. 물론 아내가 교장 선생님에게 아들을 좋은 선생님 반으로 옮겨 달라고 부탁했을 때 촌지를 전하거나 물질적으로 감사 표시를 한 적은 전혀 없었다.

아내는 밤일을 하고 아침에 와서 4아들들을 목욕시킬 때가 가장 행복했다고 했다(좌). 아래는 가족 사진

성공 뒤에 아내의 헌신이

　물론 아내의 공헌도 빼놓을 수 없다. 생각해 보라. 아들만 넷인데 할머니의 도움만으로 그 아이들 육아가 가능한 일인가? 아내도 최선을 다해 1인 3역을 하며 살았다. 아들 넷을 키우기 위해 일부러 병원에서 밤일을 택했다. 낮에 시간을 내기 위함이었다.

　아무리 어머님이 손자들을 키워주신다고 해도 아내의 일은 따로 있었다. 아들 넷의 목욕은 아내가 시켰다. 아내는 키도 나보다 3cm나 더 크고 인물도 예쁘고 신체도 매우 건강하였다. 아내는 벗은 아들 넷을 목욕시킬 때가 가장 행복했다고 회상했다. 야간근무를 하고 와서 아무리 힘들어도 아들 넷을 보면 힘이 넘쳤다고 했다.

나의 어머님은 나에게 이렇게 말씀하시곤 했다.

"약한 여자 같으면 힘들어서 한꺼번에 아들 넷 목욕도 못 시킨다. 네 각시에게 잘해줘라."

뿐만이 아니다. 나의 비즈니스가 번창하면서 낮에 잠을 자다가도 외부에서 전화가 더 많이 왔다. 그 전화들을 받아야 했다. 나는 아내에게 고마운 것 여러 가지가 있지만 그 중에 하나가 영어를 할 줄 아는 똑똑한(?) 여자라는 것이다.

만약 그렇지 못한 여자와 결혼을 했다면 내가 얼마나 힘들었겠는가! 쓰기나 말하기는 나보다 못하지만 듣는 것은 나보다 잘하는 경우가 많다. 병원에서 늘 미국인들과 대화를 했기 때문이다.

야간근무를 하고 와서도 주말에 아들들이 공원에서 동네별로 야구나 축구를 할 때면 자지 않고라도 꼭 아들들을 데리고 모든 시중을 다 들어 주었다. 엄마들이 매주일 돌아가며 전체 팀 아이들의 점심식사를 해주는 것도 있는데 그런 것들도 잘해 내었다.

반면 나는 내 생업에 치중하다보니 아들들 돌보는 일을 소홀히 했다. 우리시대에는 자녀 키우는 것과 밥하는 일은 여자들만 하는 줄 알고 컸기 때문이기도 하다. 어머님과 아내에게 미안함을 느끼고 정중하게 사과를 드린다.

이 글을 쓰다 보니 어느새 나는 팔불출(八不出)이 되었다. 내 자랑, 아내 자랑, 자식 자랑을 했으니 말이다. 누구나 흠이 있기 마련이다. 그러나 글을 쓰다 보니 좋은 점만 쓰게 되었다. 독자들의 이해를 구한다.

chapter
02

할머니의 인성교육

☆

할머니 인성교육의 유익

어머님은 꼭 10년 동안 우리와 함께 사셨다. 나는 후일 우리 집 아들들이 잘 된 데는 할머니 교육이 큰 역할을 했다는 것을 깨닫게 되었다. 교육학적인 입장에서 손자에게 할머니 교육은 어떤 유익을 주었는가?

첫째, 할머니의 진정한 사랑을 듬뿍 받아 EQ 교육에 매우 유익했다. 할머니의 사랑은 다른 베이비시터의 사랑과 차이가 있었을 것이다.

둘째, 3대가 함께 살면서 아들들은 할머니의 충청도 문화와 예법을 자연스럽게 전수 받을 수 있었다. 세대차이를 줄이는 데 큰 기여를 했다.

셋째, 미국에 살면서도 한국의 전통 음식을 어려서부터 습관적으로 먹을 수 있어서 좋았다. 지금도 우리 애들은 한국 음식을 좋아한다. 음식의 세대차이가 없다.

넷째, 손자들이 태어나면서부터 한국말을 거부감 없이 배울 수 있었다. 왜냐하면 할머니가 영어를 전혀 하시지 못했기 때문이다.

다섯째, 손자들이 어른 존경을 배우게 되었다.

우리 세대에는 효사상이 강하게 배어 있었다. 당연히 할머니를 존경하도록 교육을 시켰다. 그래서 아들들이 크면서 할머니가 필요한 것을 도와드리기 시작했다. 당시에는 우리 집 이웃에는 한국인들이 거의 없었다. 백인들뿐이었다. 그래서 어머님은 창살 없는 감옥이라고 하셨다. 무척 외로워하셨다.

그래서 우리는 코리아타운에 가서 한국의 연속극 비디오를 빌려다 드리곤 했다. 그런데 어머님은 그 비디오를 어떻게 켜는지를 모르셨다. 그러면 큰 손자들이 그것을 도와드리곤 했다. 얼마나 아름다운 가족애인가!

유대인의 성경 창세기에는 족장시대를 3대로 끊는다. 아브라함과 이삭과 야곱이다. 왜 3대인가? 3대가 세대차이가 없으면 영원히 세대차이가 없기 때문이다. 하나님의 말씀과 역사 및 전통에서 세대차이가 없다.

따라서 우리 집에 할머니가 계셔서 손자들을 돌보아 주신 것은 너무나 큰 행운이었다. 이를 어떻게 돈을 주고 살 수 있겠는가! 현대 여성들이 할아버지 할머니와 살지 않겠다고 하는 것은 이런 귀한 가치를 모르고 하는 행동이다.

〈교육학적 분석: EQ 교육, 모국어 교육, 효교육, 공동체 교육, 한국인의 정체성 교육, 즉 한국인의 인성교육에 매우 유익하다.〉

영어 모르는 할머니 교육, 왜 유익한가

모국어(한국어) 교육에 대한 얘기를 더 해보자.

우리 애들은 유치원에 갈 때까지 영어를 몰랐다. 할머니와 한국어만 사용했기 때문이다. 따라서 영어는 유치원에서 미국 교사와 다른 원생들에게 배웠다. 마치 한국에서 처음 이민 온 애들 같았다. 물론 초등학교에 입학을 하고 나서도 영어는 서툴렀었다.

그래서 입학을 하고 1년 후에 학교에서 아들에게 IQ 테스트를 했을 때 최하위를 받았다. 무엇을 묻는 질문인지를 모르니 답을 제대로 쓸 수가 없었기 때문이었다. 나는 이때도 결코 조급하게 생각하지 않았다. 몇 년 지나면 곧 따라잡을 수 있다고 확신했기 때문이다.

그래서 나는 아내에게도 집에서 아이들과 대화를 할 때에 한국어를 사용하라고 했다. 그러나 아내는 조급하게 생각하고 영어로만 대화를 하여 애들이 한국어를 더 잘 할 수 있었던 절호의 기회를 놓쳤다. 지금 생각해도 너무나 억울하다.

할머니와 아들들이 한국어로만 대화를 했다는 것은 매우 좋은 교육이다. 당시 할머니의 말씀들은 한국인이 꼭 알아야 할 한국인의 고전과 지혜, 즉 수직문화 교육이다. 자녀들이 한국어를 많이 할수록 그만큼 더 많은 한국인의 정체성이 형성된다. 언어뿐만이 아니라 행동 양식도 한국인의 전통적인 귀한 습관이었다.

그 대표적인 예가 트롯 가수 정동원이다. 그는 매우 어린 나이, 13세(2020년)에 미스터 트롯에 데뷔했다. 그런데도 그가 다른 아이들보다 어른스러운 것은 그가 할아버지와 함께 생활했기 때문이다. 그는 '보릿고개'

어머님은 손자들 키우는데 최선을 다하셨다.
사진은 어머님과 네 손자들.

(노래, 진성)라는 노래를 불러도 그 감정을 잘 표현했다. 그 이유는 할아버지로부터 1980년대 이전 가난했던 시절의 이야기를 수없이 들어왔기 때문이다.

그가 2022년 현재 엄청난 인기를 얻었는데도 아직까지 교만하거나 타락하지 않는 이유도 어린 시절 할아버지와 함께 생활을 했고, 또한 고난도 함께 겪었기 때문이다. 이것이 할아버지 할머니 교육의 파워다.

현재 젊은이들은 조부모를 너무 업신여기는 것이 아닌가 싶다. 안타까운 현실이다. 교육이란 강의실에서만 이루어지는 것이 아니라는 것을 알아야 한다. 특히 인성교육은 더 그렇다.

유대인의 언어 정책과 한국인의 잘못된 언어 정책

전 세계 유대인은 3개국 언어를 동시에 배운다. 자신들의 모국어인 히브리어, 자신들이 거주하는 지역의 언어 그리고 세계인이 공통적으로 사용하는 영어를 배운다. 그래서 브라질에 거주하고 있는 유대인은 거의 모두 히브리어, 브라질인이 사용하는 포트키어와 영어 등을 구사할 줄 안다.

따라서 모든 유대인은 영어를 할 줄 안다. 현재 이스라엘의 공용어는 히브리어이지만 아랍어, 영어 및 러시아어도 함께 사용한다. 한 인간이 어릴 때부터 다양한 언어를 구사할 줄 안다는 것은 그만큼 좋은 무형의 자산을 축적하는 것이다. 세계 경쟁력을 그만큼 키웠다는 것을 뜻한다.

이명박 전 대통령 시대에 한국에서도 영어를 공용어로 사용하려고 시도했었다. 그러나 좌파들의 잘못된 민족주의 선전선동에 밀리어 포기하고 말았다. 매우 안타까운 일이다. 싱가포르나 홍콩도 영어를 공용어로 사용한다. 그들이 국제화에 앞서가는 이유다.

실제로 한국 간호사들은 전 세계 어디를 가나 부지런하고 눈치 빠르고 똑똑한 것으로 평가 받는다. 그런데도 미국에서 대부분 필리핀 간호사들과의 경쟁에서 밀린다. 영어를 그들만큼 못하기 때문이다. 안타까운 일이다.

이제 북한마저 러시아어 대신에 영어 학습을 강조하는 마당에 한국에서 한국어만 고집하는 것은 잘못된 민족주의이다. 따라서 한국인도 꼭 배워야 할 3개 국어가 있다. 1) 한국어, 2) 한자, 3) 영어다.

한국인이 한자를 모르면 일단 자신의 한자 이름과 족보를 읽지 못한다. 그리고 약 70%의 한국어 뿌리가 한자에서 나왔다고 한다. 따라서 한자를 더 많이 알면 알수록 한국어를 더 잘 이해할 수 있다는 것이다. 이것은 한국인의 정체성인 수직문화를 이해하는 데도 매우 유익하다.

나는 대학교 시절에 일본어를 배울 수 있는 기회가 있었다. 그러나 당시 나의 잘못된 민족주의 때문에 일본어와 왜색을 싫어해서 배우지 않았다. 그러나 나중에 후회하게 되었다.

그러나 한자는 초등학교 때부터 붓글씨와 함께 배웠다. 그 한자 덕에 미국에서도 중국인이나 일본인을 만나면 한자로 일부 소통이 가능하다. 중국에 갔을 때에도 말은 하지 못했지만 일부 글씨는 읽을 수 있어서 매우 편리했다.

쉬었다 갑시다

영어도 모르는 어머님이 미국인과 소통 방법

나의 어머님은 연세가 70세에 미국에 오셨다. 충청북도 보은 토박이에 산골에서 농사만 지으셨던 분이셨다. 그 습관은 미국에서도 변함이 없으셨다. 우리 집 뒷마당 잔디 일부를 갈아 없애고 채소 씨를 뿌리셨다.

매일 새벽에 채소를 가꾸시느라 동네에서 가장 일찍 일어나셨다. 옆집 백인 할머니는 인사성이 매우 밝다. 새벽에 나의 어머님을 만나면 활짝 웃으며 인사를 건넸다.

"Good morning, Grand Ma!" (좋은 아침이에요. 할머니!)
어머님은 함박 웃으며 충청도 말로 이렇게 말씀하셨다.
"나 영어 몰라유. 한국말로 해야 알아 들어유--."
"Excuse me, What?" (미안해요, 뭐라고요?)
(손을 가로 저으시며) "나 영어 모른 데두 그라네유--. 한국말로 하라니까유--."
백인 할머니도 눈을 깜박이며 손을 귀에 대고 말했다.
"I am sorry, I can not understand you, Say again please?" (미안해요, 못 알아들었어요. 다시 말해 줄래요?)
그러면 어머님은 중얼거리며 "저 늙은이 한국말로 하래도 그라네…. 나 영어 몰라유--"

어머님이 아침식사 중에 내게 이렇게 말씀하셨다.

"얘, 너 옆집 할망구한테 한국말 좀 가르쳐 줘라. 새벽에 뭐라고 어쩌고 저쩌고 하는 데 무슨 말인지 못 알아듣겠다."

나는 옆집 할머니에게 가서 한국말 인사법을 몇 번이고 반복해서 가르쳐 드렸다. 다음날 새벽 두 분이 만나서 인사를 나눈다. 이번에는 서툰 한국말이 나온다.

"안-녕-, 하세요. 할머니-."

"난 잘 잤써유-. 댁에도 안녕하시유-?"

어머님의 의도는 무엇인가?

"당신이 나와 얘기하고 싶으면 한국말을 배우라."는 것이었다. 즉 내면적 자신감이 강하니 설사 영어(외면적 자신감)를 못 해도 기죽지 않고 당당하셨던 것이다.

영어를 못하는 것은 불편한 것이지 죄는 아니다. 그런데도 한국인은 영어 때문에 너무 기가 죽어 있고 수치를 느끼는 사람들이 많다. 그렇다고 영어를 배우지 말라는 얘기는 더욱 아니다. 인간에게 내면적 자신감이 그만큼 중요하다는 예화다. 내면적 자신감은 수직문화가 강할수록 더 강해진다.

PART 4
한국 촌놈의 수직문화 교육
〈한국인의 정체성 교육〉

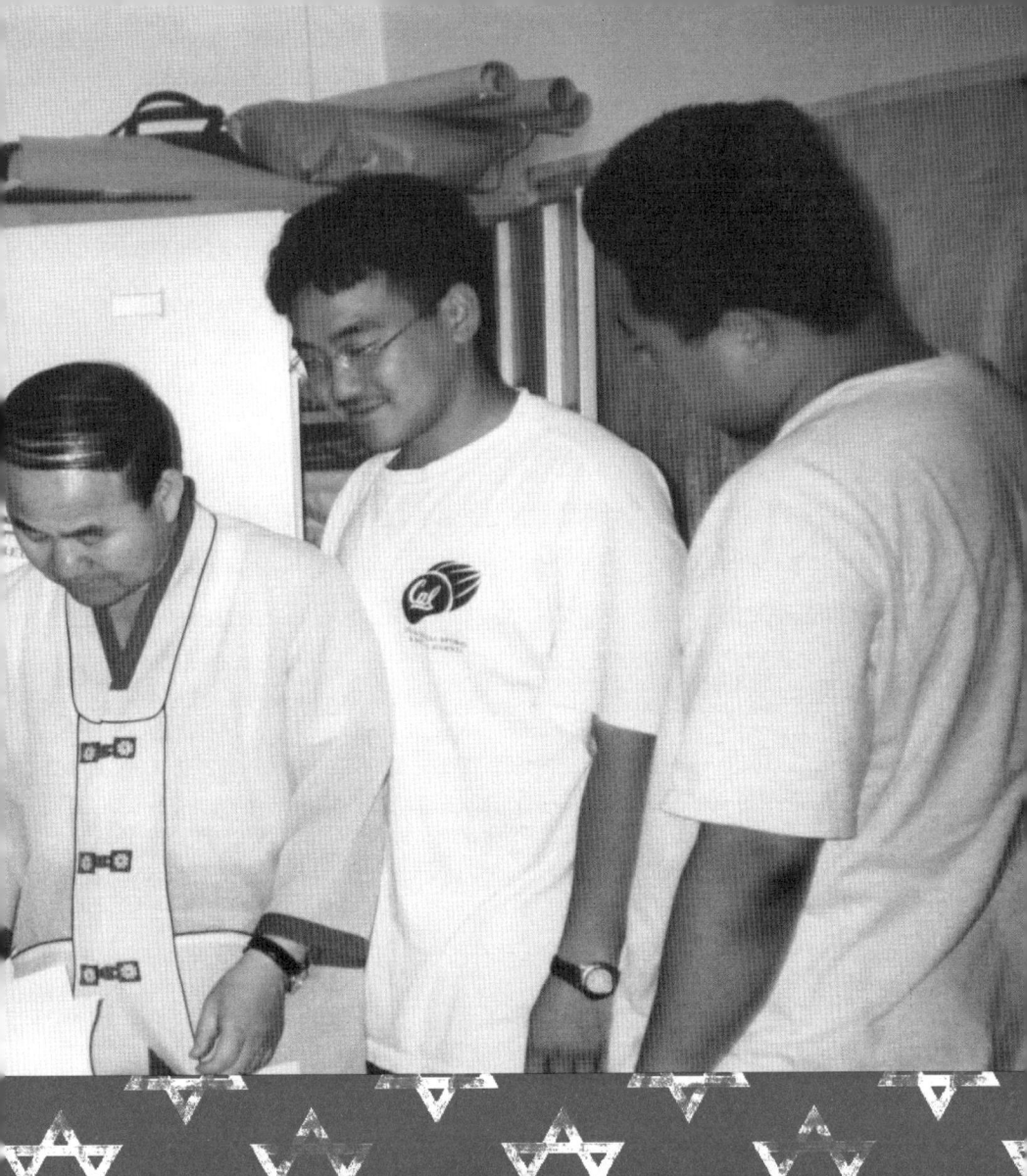

Chapter 1 현 씨네 족보교육

Chapter 2 한국인의 언어와 예절 및 전통 교육

Chapter 3 효(孝)교육, 유대인 교육을 연구한 이후 다시 시작

Chapter 4 제4부를 마치며, 마침내 승리한 나의 자녀교육 방식

〈저자 주〉

우리 시대는 국민 대다수가 애국, 애족자였다. 나는 아들들이 미국 학교에서 미국 교육을 받을 경우 미국 문화에 완전히 동화되어 한국인의 정체성을 잊어버리지 않을까를 염려했다. 그렇게 되면 그들이 장성하여 한국인인 나와 아내도 그리고 나의 조국 대한민국도 잊어버릴 것이 아닌가! 그러면 물론 현 씨네 가문도 문을 닫게 될 것이다.

그래서 나는 한국인의 인성교육을 시키기 위하여 한국인의 전통 수직문화 교육, 즉 뿌리 교육에 힘썼다. 나중에 나의 박사학위 논문 결과와 정통파 유대인 교육을 연구한 이후 나의 생각이 옳았다는 것을 확인했다. 그 예로 유대인 가정에서 자랐던 한국계 유대인의 스토리를 소개한다.

유대계 미국인에게 입양된 한국인 이야기
〈유대인의 정체성 교육의 예〉

미국에 골드만삭스라는 금융회사가 있다. 유대인이 창립한 유대계 회사다. 그 회사의 한국 지부 전 총괄대표이사가 호바트 리 엡스타인(2022년 기준 65세, 한국명 이병호)이라는 유대계 미국인이다. 그러나 그의 혈통은 100% 한국인이다. 한국에서 13세 때에 유대계 미국인에게 입양되어 갔다. 양부(養父)는 시카고대 화학과 교수였다.

그가 처음으로 유대인 가정에서 받은 교육은 무엇이었나? 시카고 공항에 내린 후 추수감사절 공휴일 이틀간을 집안에서 지냈다. 그 다음날 양부는 영어도 모르는 양아들에게 차를 타라고 손짓을 하더란다.

자신의 집에서 30분을 드라이브를 해 간 곳은 한국일보 미주 시카고 지사였다. 영어간판은 'Korea Times'였다. 주차를 한 후 양부와 함께 사무실로 들어갔다. 한국인 사장과 다른 간부가 기다리고 있었다. 아마도 전에 일면식이 있었던 것 같았다.

잠시 후 양부는 13세 양아들에게 이렇게 말했다. (자신에게 한국말 통역은 신문사 사장이 해주었다.)

"너는 매일 한국일보를 읽어라. 너는 내 아들 이전에 한국인이다. 한국인은 한국인의 뿌리를 알아야 한다. 한국인의 뿌리를 아는 방법은 너의 민족 언어인 한국어와 한글을 배우는 것이다."

당시 그는 매우 당황했다고 했다.

"미국에 막 도착해 영어를 하나도 모르는 판에 빨리 영어를 배우라고 하지 않고, 한국어와 한글을 배우라니! 더구나 당시 한국 신문에는 한자(漢字)도 많아 읽기가 쉽지 않았다. 그런 신문을 읽으라니…."

그가 유대인 가정에서 함께 살면서 깨달은 것은 유대인은 전 세계 어디를 가나 꼭 자신들의 뿌리인 족보와 언어를 가르친다는 것이다. 그 결과 그 민족은 아직도 생존할 수 있다는 것이었다. 〈출처: *이남우의 좋은 주식 연구소*, 유대인 바로알기 제1부〉

그가 50여년이 지난 현재에도 한국어 인터뷰를 거침없이 하는 것은 그가 한국 신문을 매일 읽고 한국어를 잊어버리지 않으려고 노력을 했기 때문이었다. 물론 그는 유대인 양부의 뿌리인 성경도 알고 유대인의 고난의 역사도 통달하고 있었다.

chapter
01

현 씨네 족보교육

☆

〈앞에서 한국 골드만삭스 지부 전 총괄대표이사인 호바트 리 엡스타인에 대해 언급한 바 있다. 그는 한국에서 13세 때에 유대계 미국인에게 입양되어 간 한국인이다. 그가 유대인 가정에서 배웠던 가장 인상 깊었던 교육은 '족보' 교육이라고 했다.〉

큰 손자 돌잔치 설교에 사용한 현 씨네 족보 책

미국에서 큰 손자 돌잔치 예배를 사돈집에서 드렸을 때였다. 당시 설교를 맡았던 나는 설교를 하기 위하여 성경책과 현 씨네 족보책을 가져갔다. 그곳에는 6.25 전쟁 때 이북에서 남한으로 피난을 왔던 사돈 가족들 십여 명이 함께 참석했다. 그분들은 서울 영락교회 장로와 권사 출신들이었다.

성경 본문 말씀은 마태복음 제1장과 누가복음 제3장 23-38절이었다. 모두 예수님의 족보다. 성경을 봉독한 후 아들과 며느리에게 물었다.

"이 이름들이 어떻게 성경에 있겠니? 누가 기록을 했기에 여기에 있지 않겠니? 만약 그들이 기록을 하지 않았다면 후대에 유대인들과 우리

나는 미국에 현씨네 족보 책을 가지고 갔다. 사진은 미국의 우리 집에 있는 족보책 1질(좌). 생각해 보라. 진돗개(우)도 족보가 있는데, 인간에게 족보가 없으면 되겠는가!

들이 어떻게 예수님의 족보를 알겠니?"

나는 이처럼 미국에 있는 현 씨네도 후대에 뿌리를 알게 하기 위해서는 너희들이 내가 죽은 후에라도 현 씨네 족보 책에 기록을 해야 하지 않겠느냐고 물었다. 그리고 아들에게 물었다.

"나는 연주 현씨 병사공파 27대손이다. 너는 몇 대손이고 너의 아들은 몇 대손이냐?"

"저는 28대손이고 저의 아들은 29대손입니다."

나는 이어서 이렇게 말했다.

"많은 이들이 애완견을 키우는데, 그 개들을 살 때에도 족보가 있는 개를 선호한다. 족보가 순종이면 더 비싸다. 하물며 하나님의 형상대로 지음 받은 인간에게 족보가 없다면 말이 되겠는가!"

서울 연주 현씨 대종회에서 족보교육

유대인이 쓴 신약성경도 예수님의 족보로 시작된다(마태복음 제1장). 그만큼 성경은 족보를 중요하게 취급한다. 〈왜 한인 기독교인에게 족보가 중요한지에 대해서는 이어지는 '자녀에게 족보를 가르쳐야 하는 이유' 참조〉

나는 유대인 교육을 연구하기 이전에도 현 씨네 족보를 가르쳤다. 이것을 보면 보수 유대인 교육과 한국의 보수 교육은 비슷한 것들이 많다.

〈저자 주: 나는 유대인 교육을 연구하면서 '*제2의 이스라엘 민족 한국인*'(부제: 유대인과 한국인의 유사점 107 가지)이라는 저서를 펴낸 바 있다.〉

나는 남들 보기에 내세울 것이 없는 한 농부의 아들로 태어났다. 그러나 아들들에게 자신들의 정체성, 즉 뿌리를 알게 하기 위해서는 현씨(玄氏)네 혈통을 알려주어야겠다는 생각을 강하게 했다.

나는 1970년대 후반에 한국을 방문했을 때 '연주 현씨(延州 玄氏)'네 족보 한 질을 사와서 미국의 나의 가정 책장에 진열해 놓았다. 현씨는 본(本)이 하나다. 그리고 아들들에게 족보를 가르쳤다.

뿐만 아니라 아들들이 중·고등학교를 다닐 때는 그들을 한국에 데리고 가서 '연주 현씨네 대종회(大宗會)' 사무실에 데리고 갔었다. 거기서 족보 편집 담당자에게 현 씨네 병사공파 27대손이 있는 족보책을 달라고 했다.

나는 그 책에서 나의 이름 '현용수'를 찾았다. 그리고 그 밑에 있는 아들들의 이름들을 보여주었다. 그들은 깜짝 놀라서 나에게 물었다.

"아버지, 우리 이름이 어떻게 이 책에 있지요?"

나는 자세하게 설명해 주었다.

저자는 아들들에게 족보 교육을 시켰다. 방학 때 한국의 현씨네 종친회 본부에 데리고 가 족보 만드는 과정도 견학시켰다.

사진, 연주현씨 대종회 간판 앞에서 (상), 내가 족보 책을 꺼내 나와 아들들의 이름들을 보여주는 장면(중), 그곳 직원들이 족보 만드는 과정을 설명하는 모습(하).

"너희가 태어났을 때마다 내가 너희 이름을 이곳에 보고했기 때문에 여기에 있지. 아버지가 죽으면 어떻게 해야 하겠니? 너희들이 대신 너희 자녀들의 이름을 이곳에 알려 올려야 하겠지. 그래야 우리 현 씨네 자손 대대로 자신들이 누구인지를 알겠지."

"〈뿌리〉(1976)의 저자 흑인(African American) 엘렉스 헤일리(1921~1992)는 자신의 뿌리를 찾기 위하여 일평생 아프리카 대륙을 찾아 헤매었다. 그런데 너희는 아비를 잘 만나 이렇게 쉽게 너희의 뿌리를 알게 되니 얼마나 감사하니!"

그리고 족보 편집자에게 현 씨네 족보를 어떻게 만드는지 그 과정을 설명해 달라고 부탁드렸다. 인성교육은 경험, 즉 실천이 중요하다. 아들들에게는 큰 감동이었을 것이고, 후일 이것을 기억할 것이다.

그 후 대학을 졸업한 둘째 아들이 사업차 한국에 왔을 때(2022)에도 그를 데리고 또 현 씨네 대종회를 찾았다. 당시 아들은 후원금 명목으로 금일봉을 사무실 총무국장에게 전했다. 주변 분들은 깜짝 놀랐다.

한국에 있는 애들도 서울 사무실에 안 찾아오는데 미국에서 찾아온 것만도 고마운데, 거기다 금일봉까지 주니 너무 대견스럽다고 했다. 이것은 아들들의 인성교육에 필수 코스다. 학교의 IQ교육만 시키면 안 된다.

자녀에게 족보를 가르쳐야 하는 이유

(저자 주: 본 내용은 '*현용수의 인성교육 노하우*' 제2권 제2부 제3장 Ⅲ. '왜 부모가 자녀에게 족보를 가르쳐야 하는가'에 있는 것을 요약한 것이다.)

미국을 포함한 해외 한인 대학생들의 68%가 성씨와 본관을 모른다. 재외동포재단(이사장 김봉규)의 '해외동포 대학생 모국순례 연수' 프로그램에 따라 2000년 8월 8일부터 17일까지 방학을 이용해 한국을 방문한 미국, 러시아, 독일 및 스페인 등 141명을 조사한 결과다. 이 중 성씨나 본관을 제대로 아는 학생은 32%에 불과했다. 한국 태생인 학생 중에도 출생지를 아는 학생이 40%에 그쳤다(중앙일보, *68%가 성씨와 본관을 모른다*, 2000년 8월 17일).

해외동포뿐만 아니라 한국에서도 점점 족보에 대한 관심도가 낮아지고 있다. 가정이나 학교에서 IQ교육만 시켰지 인성교육에 필요한 족보나 뿌리교육을 시키지 않았기 때문이다. 실로 엄청난 민족적인 손실이다.

특히 현재 서양 교육의 영향이나 기독교인의 가정에서 자란 자녀들은 자신들의 뿌리인 족보를 모르는 이들이 많다. 부모들이 복음만 강조하고 육적 뿌리인 족보는 가르치지 않았기 때문이다.

흔히 기독교인 중 많은 이들이 "예수님만 믿어 '예수님 족보'를 가졌으면 되지 왜 육신의 족보가 필요한가?"라고 반문한다. 그러나 이것은 잘못된 생각이다. 왜 잘못인가? 왜 혈통적 족보를 자녀들에게 가르쳐야 하는지 그 이유를 질문과 답변 형식으로 알아보자.

질문 1: 인간에게 왜 족보교육이 필요한가?
(왜 한인 기독교인도 자녀에게 족보교육을 해야 하는가?)

1. 윤리학적 답변

"나는 누구인가?" 자신의 뿌리(족보)에 대해 생각하는 사람은 깊이 있는 사람이다. 족보는 인성교육의 본질적인 수직문화에 속한다. 그리고 효자가 갖춰야 할 가장 중요한 인성의 요소다.

2. 종교심리학적 답변

육적 자아를 잘 알고 강한 사람이 영적 자아도 모세나 바울처럼 강하다.

3. 신학적 답변

예수님의 족보면 족하다고? 예수님도 영적 하늘의 족보와 육신의 족보를 가지셨다는 사실을 아는가?

질문 2: 유대인은 아브라함의 조상으로 선민의 족보를 잘 가르칠 수 있지만 한국인은 기독교 역사가 짧아 위의 조상들이 모두 우상숭배자들이었는데 어떻게 그들의 족보를 가르칠 수 있는가?

유대인은 아브라함의 아버지 데라(우상을 만들어 파는 장사꾼)와 그 위의 족보도 모두 가르친다.

질문 3: 자신의 족보가 다른 성씨보다 자랑스럽지 못해도 가르쳐야 하는가?

물론이다. 자신의 족보가 다른 성씨보다 자랑스럽지 못해도 가르쳐야 한다. 그래도 예수님의 족보보다는 좋지 않겠는가?

질문 4: 족보가 없는 사람은 어떻게 해야 하는가?

족보가 없는 사람은 자기 대에서부터 새로 족보를 만들면 된다. 예를 들어 해외동포라면 뉴욕 이씨, 댈러스 김씨, 또는 상파울로 박씨 등등.

질문 5: 바울은 그리스도를 안 이후 자신의 자랑스러운 족보를 배설물 처럼 여겼다고 말했다(빌 3:8). 그런데도 왜 족보교육이 필요한가?

육체의 족보교육은 절대로 구원에 이르게 할 수는 없다. 그러나 인성교육학적인 입장에서 훌륭한 기독교인이 되는 데 꼭 필요한 교육(pre-evangelism)임에는 틀림없다.

바울이 거듭난 뒤 다른 기독교인들보다도 모범 기독교인이 된 이유는 교육학적인 관점에서 유대인의 훌륭한 족보는 물론 율법에 흠이 없는 교육을 받았기 때문이다.

> **알고 갑시다**

'친부모 얼굴 한 번만이라도…'
한인 혼혈 입양 출신 김군자 씨

한인 혼혈 입양 출신 김군자 씨, 한국서도 수소문해 봤으나 허탕

"다른 건 없습니다. 저를 낳아 주신 부모님 얼굴 한 번 보는 것이 평생소원입니다."

현재 미국은 물론 세계 곳곳에서 적지 않은 한인 입양아들이 생활하고 있다. 이들 중 대부분은 부모에 대한 기억조차 없지만 점차 나이가 들어가며 친부모에 대한 그리움을 마음속으로 삭여가며 살아가고 있는 실정이다. 특히 김군자(여, 미국명 킴벌리) 씨는 50세라는 나이에도 불구하고 요즘 친부모를 찾기 위해 온갖 애를 쓰고 있다.

김 씨가 태어난 때는 한국전쟁 직후인 1955년 12월. 살을 에는 추위 속에 태어난 김 씨는 주위의 축복도 채 받기 전인 세 살 때 홀트아동복지회를 통해 미국으로 입양됐다. 너무 어린 나이여서 당연히 부모님에 대한 기억은 전혀 없다. 자신이 혼혈아인 것은 알지만 아버지와 어머니 중 누가 미국 사람이고 누가 한국 사람인지조차 모른다. 단지 입양 당시 서류에 이름은 '김군자'로 되어 있었다는 것만 알고 있다.

김 씨는 "친부모가 어느 나라 사람인가보다는 나를 낳아준 분들이 누구인지를 찾고 싶다."며 "양부 양모의 사랑으로 잘 성장했지만 친부모에 대한 그리움을 떨칠 수 없었다."고 흐느꼈다. 친부모를 찾겠다고 나선 지 수년이 지났지만 아직 아무와도 연락이 닿지 않았다. 그동안 한국까지 가서 수소문도 해봤지만 서류 몇 장만 얻었을 뿐 아무런 성과가 없었다.

김 씨의 기억 속에 희미하게나마 있는 것은 입양을 위해 홀트아동복지회에 넘겨지는 순간이다. 눈물을 흘리는 어머니와 뒤를 돌아서 뛰어가다 모퉁이에서 자신을 지켜보던 어머니의 눈이 기억난다고 했다. 김 씨는 "이 기억이 꿈에서 나온 것인지 정말 나의 기억인지는 모르겠지만 어렴풋이나마 나를 꼭 끌어안던 어머니의 품이 느껴진다."며 "그 생각을 하면 가슴이 미어진다."고 말했다.

김 씨는 현재 카이저 퍼머넌트 병원 행정 매니저로 일하고 있다. 양부모의 사랑을 받으면서 그리고 언젠가 만날 친부모에게 부끄럽지 않은 딸의 모습을 보여 주기 위해서라도 이를 악물고 열심히 살았다.

김 씨는 "하루하루 보람 있게 열심히 살아왔지만 아무리 노력해도 채워지지 않는 허전함이 마음속 깊은 곳에 자리 잡고 있다."며 "혹시 있을 수 있는 내 형제들과라도 연락이 닿을 수 있었으면 하는 바람"이라고 고개를 떨궜다.

〈출처: 중앙일보 미주판, 2005년 12월 14일.〉

〈저자 주: 다문화권에서 자녀교육 어떻게 시킬까에 대해서는 '*현용수의 인성교육 노하우*' 제4권에 있다. 참고로 그 차례만을 싣는다.〉

제4장
한인 기독교인은 예수님을 안 믿는 동족보다 예수님을 믿는 타인종을 더 사랑해야 하는가

I. 문제 제기 · 181

    1. 한인 1세들의 강한 민족주의 · 181

    2. 한인 2세들의 약한 민족의식 · 182

II. 예수님의 동족, 유대인 사랑의 예 · 185

    [질문] 예수님은 동족인 유대인과 이방인 중 누구를

    더 사랑하셨는가? · 185

III. 정통파 유대인 바울의 동족 사랑의 예 · 190

    [질문] 정통파 유대인이었던 바울은 비기독교인 유대인과

    기독교인인 헬라인이나 로마인 중 누구를 더 사랑하였는가? · 190

제5장
대한민국 국민의 민족관과 국가관 그리고 세계화

I. 다문화권에서 사랑의 우선순위 · 199

II. 국수주의의 위험성과 샐러드 볼 이론 · 204

    1. 기독교인과 비기독교인의 민족주의의 차이점 · 204

    2. 다문화 속에서 함께 사는 샐러드 볼 이론 · 207

    3. 한국인의 국제결혼 열풍, 세계화에 도움이 되는가? · 212

A. 문제 제기: 한국에 급증하는 외국인 이주자들,

이대로 좋은가? · 212

B. 이스라엘의 다문화 사회 대처 방법 · 215

C. 한국의 급속한 다문화 사회, 어떻게 대처해야 하나? · 219

4. 국수주의는 세계 평화의 적이다 · 228

Ⅲ. 대한민국 국민의 민족관과 국가관 · 234

1. 올바른 국가관: 이웃과 이웃 사이, 국가와 국가 사이의 차이점

(국가관의 시각에서 9·11 테러 후 미국의 대응은 어느 것이 옳은가)

2. 한국인은 왜 미국 편에 서야 하는가 · 239

Ⅳ. 분단 상황에서 대한민국 국민의 국가관과 대북관계 · 244

1. 왜 한국의 국가 정체성이 흔들리는가 · 244

2. 성공한 대한민국의 건국과 정체성:

보수 한국인의 국가관이 옳은 이유 · 247

3. 흔들리는 한국인의 국가관을 바로잡을 논리 · 249

A. 한국은 '민족 사랑'과 '대한민국 국가를 지키는 것' 중

어느 것이 우선인가 · 250

B. 한국은 '남북통일'과 '대한민국 국가를 지키는 것' 중

어느 것이 우선인가 · 252

C. 통일은 언제 해야 하는가 · 254

D. 전후 한국에 50년간 평화가 유지된 것은 햇볕정책

때문인가 · 255

E. 1919년 건국설을 주장하면 생기는 모순들

4. 유대인의 시각에서 본 북한의 인권 · 258

5. 역사의 심판은 반드시 온다 · 261

chapter 02

한국인의 언어, 예절 및 전통 교육

☆

〈저자 주: 이 주제도 한국인의 정체성을 세우는데 필요한 수직문화의 핵심 가치다. 그러나 아내의 교육 철학은 나와 달랐다. 독자들에게 도움을 주기 위하여, 그리고 하나님의 영광을 위하여 이로 인한 아내와의 갈등도 그대로 싣는다. 아내에게는 미리 양해를 구했다.〉

한국인의 언어와 예절교육에 아내의 반대

한국인의 정체성 교육은 자녀들을 미국에서 어떻게 한국인으로 키우느냐는 것이다. 한국인의 가장 중요한 정체성 교육 중에 하나가 한국말 교육이다.

나는 아들들에게 한국말을 가르치려고 무던히 노력했다. 그런데도 아들들이 기대만큼 잘 하지 못하는 이유는 아내의 잘못된 고집 때문이었다. 앞에서 언급했듯이 내가 집안에서는 영어 사용을 금했는데도 아내는 계속 아들들과 영어로 소통을 했다. 한국어보다는 영어가 더 중요하다는 것이었다.

따라서 아들들이 그나마 할머니에게 배웠던 한국말도 점점 잊어버리게 되었다. 아내는 이제야 자신의 잘못을 깨닫고 있지만 이미 때를 놓쳤다. 내가 학부모들에게 강조하는 것 중에 하나가 "자신의 자녀교육에는 연습이 없다"는 것이다.

그 다음 한국인의 정체성 교육은 한국인의 효와 예절교육이다. 한국인의 예절교육은 기본적으로 자녀들이 위 어른을 존경하고 사랑하는 데서부터 시작된다. 이것은 모든 인류가 자녀들에게 가르쳐야 할 보편적 윤리에 속한다. 그러나 한국인은 다른 민족과 다르게 어른을 존경하는 방법이 다르다.

우리 집에서는 충청도 예절이 몸에 배어 있었던 할머니가 손자들에게 집안 어른들과 아버지의 권위를 세워주셨다.

먼저 한국식 식사 예절부터 가르치셨다. 집안의 가장이 수저를 들어야 너희들도 수저를 들 수 있다. "식사 중 가장이 수저를 놓지 않으면, 너희들은 먼저 일어나지 마라." "어른들에게 인사를 할 때는 배꼽인사를 해라." "어른들이 밖에 나가셨다가 돌아오시면 문간으로 나가 '이제 돌아오셨어요.'하고 배꼽 인사를 해라." "가장이 나갈 때에는 문간에 나가서 '잘 다녀오세요.'라고 인사를 해라." "어른들로부터 무엇을 받거나 드릴 때는 꼭 두 손을 모아라." 언어는 "존댓말을 사용하고 대답이나 행동은 공손하게 해라" 등이다. 여기까지는 아내와 별 문제가 없었다.

그러나 다음 예절을 이해하지 못했다. 한국인은 전통적으로 자녀들이 3일 이상 집을 떠날 경우에는 떠날 때나 돌아 올 때 어른들에게 큰절을 한다. 예를 들어 자녀들이 교회 수양회를 가게 되면 3일 동안 집을 떠나 있어야 한다. 그럴 경우 자녀들이 떠나기 전에, 그리고 돌아온 후 어른들에게 이렇게 해야 한다.

"할머니, 아버지, 어머니, 큰절 받으세요."

큰절을 받은 어른들은 이런 덕담을 한다.

"그래 가서 목사님 말씀 잘 듣고 은혜 많이 받고 오너라. 기도도 많이 하고…. 우리도 너희를 위해 기도할게."

왜 미국까지 와서 큰절을 시켜

내가 아들들이 수양회를 갈 때 큰 절을 시키려하자 전혀 예상 밖의 사건이 벌어졌다. 아내가 이를 막았다.

"뭐, 미국까지 와서 이러세요."

아내는 바쁜 미국에서 미국식으로 좀 편하게 살자고 했다. 한국의 전통 예법이 미국 이민 생활에 방해가 된다는 것이다. 애들이 어른들에게 인사를 할 때도 그냥 미국식으로 '하이(Hi)!'라고 하면 된다고 했다.

나는 아내의 행동이 도저히 이해가 되지를 않았다. 그러나 어찌하랴, 설득을 시켜야지. 아내와 아들들에게 왜 그렇게 해야 하는지 그 이유를 설명했다. 인간에게는 마땅히 해야 할 인성교육의 도리가 있다. 부모를 존경하고 사랑해야 하는 것은 모든 인류의 보편적 가치다. 그런데 인성

나는 아내의 반대에도 불구하고 이민 초기부터 아들들에게 명절이나 아들들이 외박을 하기 전 후에 할머니나 부모에게 큰절을 하도록 가르쳤다. 이 전통은 아직도 이어지고 있다.

사진은 최근 2021년 명절에 온 가족이 한복을 입고 손자들이 조부모에게 큰절을 하는 모습(상)과 아들들이 어렸을 때 명절에 미국의 한국의 전통 윷놀이를 했던 모습.

교육에는 내용과 형식이 있다. 어떻게 존경하고 사랑해야 하는지, 그 방법은 인종마다 다르다. 즉 한국인에게는 한국식 형식(방법)이 따로 있다.

한국인 자녀들이 3일 이상 집을 비울 경우 가기 전과 갔다 온 후에 조부님이나 부모님에게 큰절을 하는 것은 너희가 부모님을 존경하느냐, 그러면 그 방법(표시)으로 큰절을 하라는 것이다. 전자가 인성교육의 내용(contents)이라면 후자는 형식(forms)이다.

그래도 아내는 계속 반대를 했다. 아들들은 중간에서 어리둥절해 했다. 그래서 할머니와 나만 큰절을 받았다. 우리 집에는 부부 싸움을 할 이유가 별로 없었다. 각자 바쁘기 때문에 맡은 일만 하면 되었다. 그런데 자녀교육의 방법이 달라 가끔 곤혹을 치렀다.

나는 고민에 빠졌다. 어머님과 나에게는 이것이 당연한 것인데 왜 아내는 이해를 하지 못할까? 나와 불과 3살 차이인데, 세대차이도 아니고…. 이것은 지금부터 약 45년 전 1970년대 후반의 일이다.

그 답을 찾는 데는 참으로 오랜 시간이 걸렸다.

한국인의 전통문화 교육과 아내의 반대

아들들 교육에 대한 아내와의 의견 충돌은 예절뿐만이 아니었다. 한국인의 전통문화의 차이도 컸다. 나는 명절에 한복을 입으려고 했다. 그리고 아들들에게도 한복을 입히고 싶어 했다. 어머님은 물론 평소에도 한복을 즐겨 입으셨다.

그런데 아내가 앞장서서 반대를 했다. 물론 자신은 한복이 없었을 뿐만 아니라 나중에 구입을 하고도 잘 입지를 않았다. 부엌일을 하는데 불

나는 아들들에게 한국인과 두고 온 조국 대한민국의 정체성을 가지게 하기 위하여 한복과 태극기 교육을 시켰다. 다행히 할머니는 늘 미국에서도 한복을 입으시고 손자에게도 전통 한복을 입혔다.

사진은 큰 손주와 함께 하신 할머니(상), 그리고 학교에서 각 인종별로 자기 나라 국기를 그리어 자기의 정체성을 가르치는 국제의 날 행사에 큰 아들과 둘째 아들의 모습(하).

편하다는 것이 이유였다. 나중에 안 사실이지만 일평생 친정집에서 한복을 입어본 적이 없었으니 당연한 결과였다.

충청도 시골 출신 아내라면 아들들이 어디 멀리 가기 전에 그들을 모두 불러 모아 "아버지에게 큰절하고 떠나라"고 준비를 시켰을 것이다. 그리고 명절에는 미리 깨끗한 한복을 준비하고 그것을 입혔을 것이다. 이것이 조상님들에 대한 예의다. 기독교식으로 설명하면 하나님에 대한 예의다. 그리고 이것은 명절 기분을 한층 북돋게 한다. 이것은 한국인의 인성에 매우 유익한 것들이다.

한국의 전통문화가 살아있는 시골에서는 이런 일에 아내는 남편이 나서기 전에 미리 알아서 하는 것이 당연한 도리다. 설사 남편이 반대를 하더라도 자녀들의 인성교육을 위해 아내는 그렇게 해야 한다고 남편을 설득해야 한다.

그런데 아내가 앞장서서 반대를 하니 마침내 아들들도 아내 편으로 돌아서기 시작했다. 더구나 내가 아들들을 고생을 시켜야 큰 인물이 된다고 하면 아내는 그냥 편하게 놔두자고 했다. 나는 아들들을 가끔 굶겨야 한다고 했지만 아내는 아들들이 한 끼라도 굶으면 죽는 줄 알고 기겁을 했다. 그러니 아들들은 아내편을 더 들 수밖에 없었다.

아내는 모성애(EQ)와 교육(IQ, 이성)을 구분하지 못했던 것이다. 나는 냉정하게 보이더라도 아들들의 교육에 유익한 것이라면 그것을 아내에게 양보할 수가 없었다. 아들들의 장래와 현 씨 가문을 세우는 일이기 때문이다. 그래서 나(1)는 아내와 아들들(4+1), 즉 1:5로 외로운 투쟁(?)을 해야 했다.

나는 나의 주장을 관철시키기 위하여, 즉 아들들에게 큰절을 시키고 한복을 입히기 위하여 어쩔 수 없이 더 강압적인 방법을 쓰는 경우가 많

있다. 상대적으로 목소리는 더 높아졌고 더욱 독재를 쓰게 되었다.

그 결과 나는 남들의 눈에는 나쁜 남편이요, 아들들에게는 더 나쁜 아버지로 비치기도 했다. 나는 이것이 너무 억울했다. 무엇보다 아들들이 나에 대해 노골적으로 싫어하는 모습을 보였을 때 가슴이 아팠다.

만약 아내가 나와 같은 시골 여자였다면, 잘 협조하여 나의 목소리는 낮아졌을 텐데…. 그러면 아내와 아들들 그리고 남들 눈에 더 부드러운 남자로 비쳐졌을 텐데…. 나는 오래 전에 아내에게 이렇게 말한 적이 있다. "내가 이렇게 성격이 나빠진 것은 당신 책임도 크다."고….

시골 여자가 아니었다고 하더라도 현명한 아내였다면 남편(아버지)의 권위를 세워주었어야 했다. 그래서 무조건 남편의 편에 섰어야 했다. 그리고 아들들이 아버지로부터 야단을 덜 맞게 하려면 나를 대신해 엄마가 아들들에게 아버지 말을 들으라고 먼저 꾸짖었어야 했다. 그러면 나는 오히려 아내와 아들들에게 더 관대해졌을 것이다. 그랬다면 나의 성격도 더 온순해지고 아들들도 나를 더 따랐을 것이다.

이 문제들은 언제 어떻게 해결되는지에 대해서는 제7부 '유대인 교육 연구 이전과 이후의 차이'에서 설명한다.

한국인의 전통 음식문화 교육과 아내의 반대

유대인에게는 아브라함부터 현재까지 4000년 동안 토라, 전통 및 역사에 세대차이가 없다. 왜 유대인의 족장시대는 아브라함과 이삭과 야곱 3대로 끝나나? 3대가 세대차이가 없으면 영원히 세대차이가 없기 때문이다.

세대차이는 이 외에도 여러 가지 영역에서도 동일하게 적용된다. 언어, 효, 예절, 음식, 복장, 음악, 놀이문화 및 절기 등이다. 따라서 유대인은 하나님의 말씀인 토라뿐만 아니라 모든 영역에서 세대차이를 허락하지 않는다. 그만큼 3대가 세대차이를 막는 데 사력을 다한다.

여기에서 재미 한국인의 세대차이 중 음식문화의 세대차이를 예로 들어 보자. 내가 후일 목사가 된 후 어느 교회 구역 예배에 참석했을 때였다. 여 집사들은 저녁식사 때 아이들을 위해서는 미국식 맥도널드 햄버거를, 어른들을 위해서는 김치찌개를 준비했다. 음식을 준비한 분들에게 물었다.

"왜 아이들의 음식과 어른들의 음식이 다릅니까?"
"아니 목사님, 여기서 자란 아이들이 한식을 먹습니까?"

그분들은 웃으면서 이렇게 합창을 했다. 물론 이러한 일은 나의 집에서도 마찬가지였다. 아내는 저녁상을 차릴 때 번거롭게 두 개의 상을 차렸다. 하나는 어머니와 나를 위해 된장국, 청국장, 김치찌개 등을 준비했고, 다른 하나는 아이들을 위해 미국식 스파게티, 피자, 라자니아 등을 준비했다.

나는 아내에게 이렇게 물었다.

"아니, 한 가정에서 왜 3대가 음식이 다른가요?"

아내의 답은 앞서 언급한 여 집사들과 같았다. 이때 나는 깨달았다.

"아하, 세대차이를 만드는 가장 큰 원인이 어머니들에게 있구나!"

유대인의 자녀들은 모계(母系)를 따라 유대인이냐 아니냐가 결정된다. 아버지가 이방인이라도 어머니가 유대인이면 그 자녀는 유대인이다. 그 이유는 유대인다운 유대인은 어머니에 의하여 만들어지기 때문이다.

그렇다면 한국인도 자녀를 한국인다운 한국인으로 키우지 못했다면 마땅히 어머니의 책임이 큰 것이다.

미국 이민 가정의 경우, 어머니가 일상생활에서 한국말을 사용하면 자녀들이 한국말을 잘하고, 영어만 사용하면 한국말을 못하는 경우가 많다. 물론 정통파 유대인은 언어에도 세대차이가 없이 모두 히브리어를 쓴다. 유대인 어머니의 교육 덕분이다. 한 가정의 생활 문화에 세대차이가 있느냐 없느냐는 대부분 그 가정의 어머니가 좌우한다.

샘 리라는 재미동포 3세가 있었다. 그는 성공한 한국계 미국인이었다. 다이빙 미국 대표선수로 올림픽 금메달을 몇 개씩 딴 이비인후과 의사였다. 그는 거의 미국에 동화된 사람이었다.

그러나 가끔 한인타운에 나타났다. 어렸을 때 어머니가 해 주셨던 김치찌개가 먹고 싶어서라고 했다. 음식문화가 세대 간의 차이를 좁히는 데 그만큼 커다란 영향을 미친다는 것을 증명한다.

나는 당시 아들들이 결혼을 한 후라도 어릴 적 먹었던 그 김치찌개 맛이 생각나서, 우리를 자주 찾아오기를 소원했다. 그래서 아들들에게 한국음식을 먹여야 한다고 생각했다.

나는 애들이 김치찌개와 된장찌개를 안 먹기 때문에 안 먹인다는 아내와 타협을 했다. 만드는 것은 당신이 하고 먹이는 것은 내가 책임지겠다고 했다. 나는 어떻게 먹였는가? 처음에는 강압적으로 먹였다. 그러나 나중에는 스스로 한국음식을 즐겼다.

분명한 것은 식성은 타고나는 게 아니라 습관에 의해 길들여진다는 사실이다. 마흔이 넘은 아들들은 지금도 어머니가 만든 한식이 제일 맛있다고 한다.

> "왜 아이들의 음식과 어른들의 음식이 다릅니까?"
> "아니 목사님, 여기서 자란 아이들이 한식을 먹습니까?"

아하, 촌놈과 도시 엘리트 집안의 차이구나!

아내와 나의 자녀교육에 대한 갈등은 부부 싸움으로 이어지기도 했다. 아내는 남에게는 너무나 착하게 보였지만 나에게는 그렇지 않았다. 결코 지지 않는 고집이 있었다. 그렇다고 아내는 결코 악한 여자는 아니었다. 무척 착한 여자였다.

더구나 아들들 앞에서 본인의 자존심을 지키기 위함인지 더 극렬히 반대를 했다. 나는 아내에게 설사 자신이 옳다고 생각해도 애들 앞에서 남편의 권위를 세워주기 위하여 내 방법을 따라줄 수는 없는지 사정도 했지만 막무가내였다.

나는 고민에 빠졌다. 분명히 내가 옳은데 왜 아내는 극렬하게 반대를 할까? 아내도 분명 100% 한국인인데…. 오랜 고민 끝에 마침내 답을 찾았다.

"이것은 촌놈과 도시 엘리트 집안 여자의 차이구나!"

이것은 위대한 발견이었다. 왜 아내는 한국의 전통을 그토록 싫어했는가? 그녀의 부모님이 서구 문화에 동화되었기 때문이었다. 그 때 처음으로 깨달은 것은 아내 가정과 나의 가정의 교육 환경이 정반대였다는 것이다.

아내는 서울 종로 토박이, 교동국민학교 출신이다. 일제시대 명문고인 제일고보(경기중고 전신)와 경성제대(서울대 전신) 의학부 출신이었다. 재학 시절 축구선수였으며 성악 및 악기 연주 등 음악도 잘 하셨다.

그 집안 식구들 모두 키가 나보다 크다. 심성은 착하지만 자존심도 강하고 고집은 매우 센 집안이었다. 아내 역시 겉으론 예쁘고 부드럽고 남편에게 순종적으로 보이지만 실제로 살아보면 그게 아니었다.

처가 집은 무엇보다 한국의 엘리트 중에 엘리트 가문이었다. 따라서 일찍 미국 문화에 동화되어 있었다. 장인어른이 한복을 입은 모습을 한 번도 본 적이 없었다. 음악도 서양곡은 좋아하셨지만 국악은 즐기지 않으셨다. 물론 가정에서도 자녀들에게 서구식으로 가르치셨다. 아내가 어렸을 때 이미 영어로 된 미국의 뽀빠이 만화나 초콜릿을 사 줄 정도였다.

왜정시대 말기부터 도시에는 서구 문화가 들어오기 시작했다. 그러면서 한국의 전통이 점점 사라지기 시작했다. 특히 일본이나 미국 교육을 받았던 지식인들 중에 서양식을 선호하는 이들이 많았다.

그들은 한국인의 옛 전통을 천하게 여기고 서구의 것이 세련된 것으로 여겼다. 전자는 시대에 뒤떨어지는 낡은 것이고 후자는 새로운 것, 그리고 전자는 버려야 할 것이고, 후자는 한국인이 앞으로 본받아야 할 것으로 여기는 경우가 많았다.

지금부터 70여년 전 동시대에 태어났던 나와 아내의 자라났던 교육환경은 이렇게 달랐다. 이것을 깨달은 후 우리 가정은 어떻게 변했을까? 나는 끊임없이 나의 논리를 반복하여 설득했다. 그러나 아내의 고집은 여전했었다.

나는 지지 않고 아내와 순교의 각오로 싸웠다. 아내가 나를 이해하고 따라오기까지는 약 30년이 걸렸다. 그러나 그 동안 나와 아내 그리고 아들들이 겪었던 상처는 너무나 컸었다. 그런 와중에도 이혼을 하지 않은 것은 하나님의 은혜였다.

나는 지금 생각해도 내가 그 당시 아내에게 나의 주장을 포기하지 않았던 것에 대해 너무나 감사한다. 만약 내가 아내와 싸우기 싫어 나의 주장을 포기했다면, 그리고 아내가 원하는 대로 방치했다면 오늘날과 같은 아들들의 성공은 기대하기 힘들었을 것이다.

> **나의 위대한 발견.**
> 장인어른은 서울 토박이, 왜정시대 경기중학교와
> 경성제대(서울대 전신) 출신.
> 그들이 촌놈 문화가 옳다는 것을 어찌 알겠는가!

아하, 그래서 촌놈 출신 중에 큰 인물이 많구나!

촌놈과 도시인의 차이를 깨달은 것은 나에게 하나님이 주신 행운이었다. 만약 내가 나와 동일한 문화를 가진 농촌 여자를 아내로 맞이했다면 이런 귀한 진리를 어떻게 깨달았을 수 있었겠는가!

그래서 처음에는 이런 아내와 사는 것에 불평도 했지만 나중에는 감사로 변했다. 하나님께서는 왜 나에게 도회지 엘리트 집안 여자를 준비하셨다가 아내로 붙여주셨는지 그 이유를 알게 되었다.

유대인을 모델로 한 '인성교육론'이란 새로운 학문의 영역을 개발하기 위함이었다. 그 발견은 이 학문을 개발하는데 매우 중요한 단서가 되었다. 책에서 얻은 진리가 아니라 아내와의 갈등에서 얻은 체험적 단서였다.

이것은 수많은 부부간의 문제뿐만 아니라 수많은 자녀 인성 문제의 원인을 발견하는데 큰 도움을 주었다. 그리고 후일 나의 이런 발견은 많은 가족을 치유하게 되었다.

나의 발견이 옳다는 것이 과학적으로도 증명되었다. 나는 미국 바이올라 대학교 탈봇신학대학원에서 박사학위 논문 주제를 한국의 '전통문화 가치'와 '종교성과 영적 만족감'의 상관관계에 대하여 썼다.

그 결과 다음과 같은 결론을 얻었다.

한국인 중에 미국 문화 가치보다 한국의 전통문화 가치를 더 많이 가지고 있는 사람일수록 사도 바울처럼 내재적 종교성(Intrinsic Religiosity)과 종교적 만족감(Religious Well-Being, RWB)이 훨씬 더 높았다.

반면 한국인 중에 한국의 전통문화 가치보다 미국 문화 가치를 더 많이 가지고 있는 사람일수록 바리새인처럼 외재적 종교성(Extrinsic Religiosity)과 실존적 만족감(Existential Well-Being, EWB)이 훨씬 더 높았다. 〈저자 주: 자세한 것은 저자의 박사학위 논문을 한국어로 번역한 '*문화와 종교교육*' 참조〉

쉽게 표현하자면 한국인의 전통을 많이 지닌 촌놈은 한국인의 정체성이 강하고, 강한 것만큼 내면적 자존감도 높다는 것이다.

나는 이 때 깨달았다.

"아하, 그래서 큰 인물들은 촌놈 출신 중에서 많이 나타나는구나!"

예를 들어 한국의 대부분 대통령은 거의 모두 고향이 촌놈(?) 출신들이었다. 박정희(경북 구미), 전두환(대구), 노태우(대구), 김영삼(경남 거제도), 김대중(전남 신안), 노무현(경남 봉화), 이명박(경북 포항), 문재인(부산 거제도) 및 윤석열(충남 논산) 등이다.

혹자는 이승만 전 대통령은 한성(서울) 출신이라고 반론을 제기 할 수 있을 것이다. 그러나 그분의 어린 시절인 1900년대 초기에는 서구 문화가 수입되기 이전의, 즉 한국인의 수직문화가 매우 강했던 시절이었다는 것을 알아야 한다. 그 당시에는 서울이나 지방이나 전통적인 한국의 수직문화에 큰 차이가 거의 없었다.

그 분은 미국에서 그렇게 오랫동안 생활을 하셨지만 대중에게 나설 때에는 꼭 한복을 입으셨다. 그리고 한국의 도덕과 윤리의 가치관 그리고 예절을 매우 강조하셨다.

한 번 생각해 보라. 세계적으로 역사에 남는 큰 인물들도 거의 시골에서 자신들의 전통적인 수직문화 교육을 많이 받았던 촌놈 출신들이었다.

전문 부부 상담 카운슬러가 자신이 겪었던 경험한 데이터를 토대로 흥미로운 현상을 발표했다. 한국에서 자녀들의 잘못된 인성 때문에 가장 고통을 당하는 직업군을 세 그룹으로 나누었다. 제1순위는 교수, 박사, 의사, 판사, 검사, 변호사 등 일류대학교 출신들의 전문가 그룹이다. 물론 목사도 포함되었다.

제2순위는 초중고 교사 가정들이다. 그래도 상대적으로 인성이 괜찮은 자녀를 둔 그룹이 있다. 즉 제3순위는 식당 아줌마 가정 그룹이다(그분의 표현이었다)(이병준 박사, 2015년 여름 서울 염창동 쉐마지도자클리닉에서 강의).

나는 그분의 강의를 듣고 그 원인을 금방 눈치 챌 수 있었다.

한 나라의 대통령은 좌우 이념을 떠나 큰 인물이다. 한국의 대부분 대통령들은 시골 출신들이다. 박정희(경북 구미), 전두환(대구), 노태우(대구), 김영삼(경남 거제도), 김대중(전남 신안), 노무현(경남 봉화), 이명박(경북 포항), 문재인(부산, 거제도) 및 윤석열(충남 논산)

"맞아, 1순위 전문 그룹은 서양 학교교육(IQ교육)을 많이 받은 이들이야. 그들 대부분은 한국의 전통 수직문화를 멀리하지, 그리고 서양문화를 더 선호하지. 그들이 자녀들에게 한국인의 정체성을 가르치지 않았는데 자녀들의 인성이 제대로 될 리가 있겠나!"

참으로 놀라운 발견이었다. 그들은 거의 학군이 좋은 강남에 살고 있다. 그 동네에서는 상대적이지만 큰 리더 밑에서 일하는 참모형 똘똘이는 배출할 수 있을지 모르지만 큰 인물들은 배출하기 힘들 것이다.

물론 그들 중에도 유대인이나 저자처럼 자기 민족의 전통적인 수직문화를 중요하게 가르치면서도 IQ 교육을 잘 시킨 이들도 간혹 있을 것이다. 그들 자녀들 중에서는 큰 인물을 배출할 수 있다는 희망도 있을 수 있다.

〈저자 주: 참고로 나는 아내와 처갓집에 가서도 매우 당당했다. 기가 죽지 않았다. 그런데 어떻게 아내와 결혼을 하게 되었는지에 대해서는 '*쉐마교육 개척기*' 제1부 제5장 '연애와 결혼' 중 '만나게 된 동기'와 '반대에 부딪친 결혼의 위기' 참조 바람〉

한국에서 가장 자녀의 인성에 실패한 제1순위 직업군은? 왜?
아내 덕에 나는 '인성교육론'이란
새로운 학문을 개발하게 되었다.

아내와의 갈등을 밝히는 이유

나는 한 동안 아내와의 갈등을 남에게 밝히지 않고 살았다. 아내의 입장도 고려하고 남에게 덕을 세우기 위함이었다. 그런데 이제 이렇게 우리 부부의 자녀교육과 문화 갈등을 자세하게 숨기지 않고 밝히는 이유는 무엇인가?

가장 큰 이유는 우리 집 같은 가정이 상당히 많기 때문이다. 그들에게 옳고 그름이 무엇인지를 알려주고 주고 싶기 때문이다. 그래서 잘못된 가정, 잘못된 교회 그리고 망해가는 나라를 하나님이 창조하신 원형대로 회복시키고 싶기 때문이다.

특히 본서는 유대인을 모델로 한 나의 자녀 교육관에 대해 다룬다. 이 책으로 잘못된 역기능의 가정을 바로 잡는 것이 하나님께 얼마나 큰 영광을 돌리는 일인가! 그래서 나는 아내에게 말했다.

"당신과 같은 이들이 수없이 많다. 그들의 가정을 바로 잡기 위하여 이 글을 쓰니, 즉 하나님의 영광을 위하여 쓰니 당신의 잘못을 밝히더라도 이해해 주세요."

다행히 아내는 흔쾌히 허락을 해주었다. 물론 본서에서 나의 잘못도 여러 번 고백한다. 따라서 우리 부부의 경험을 바탕으로 자녀교육 철학으로 인한 부부 갈등 모델을 4가지로 정리할 수 있을 것이다.

제1 부부모델: 나와 같은 자녀교육 철학, 즉 남편과 아내가 자녀에게 한국인의 수직문화를 가르치는 부부다. 제일 좋은 부부모델이다. 갈등이 없는 모델이다.

제2 부부모델: 어떤 가정에서는 남편이, 혹은 아내가 나와 같은 자녀교육 철학을 가지고 있지만 배우자가 반대편에 있어서 고통을 당하는 이들이다. 차선의 부부모델이다. 나는 나와 같은 자녀교육 철학을 가지고 있는 이들에게 자신의 주장을 결코 포기하지 말 것을 권한다. 나중에 교육의 열매는 매우 다르게 나타날 것이기 때문이다. 그리고 반대편에 있는 이들은 상대방에 서둘러 협조하기 바란다.

제3 부부모델: 어떤 부부는 두 사람 모두 나의 아내와 같은 자녀교육 철학, 즉 서양문화를 선호하는 이들이다. 가장 나쁜 부부모델이다. 그들은 이 책을 읽기 전에는 스스로 자신들의 교육관이 왜, 무엇이 잘못되었는지를 모르고 지낼 것이다. 나는 그들에게 본서가 도움이 되기를 소원한다. 물론 이들 자녀들 중에도 착하게 자랄 수는 있을 것이다. 그러나 큰 인물은 되기는 힘들 것이다.

제4 부부모델: 어떤 자녀교육 철학도 가지지 않는 부부 모델이다. 즉 교육에 주관이 없는 이들이다. 이런 이들의 자녀들은 좋은 친구를 만나면 다행이지만 나쁜 친구를 만나면 잘못될 수 있다. 따라서 본서가 그들에게 도움이 되기를 소원한다.

실제로 경상남도 진주 시골 출신 A의사 가정을 소개한다. 그는 도회지 출신 아내와 결혼하여 두 자녀를 얻었다. 그 집은 우리 집과 동일한 문제를 가지고 있었다. 그런데 그 집 식구 네 명이 쉐마지도자클리닉에 모두 참여했다.

그들은 강의를 들은 후 아내와 두 자녀들은 자신들의 행동이 잘못되었음을 깨닫고 자신들의 주장을 철회했다. 그리고 그 가정은 아버지가 주축이 되어 쉐마교육을 잘 실천하고 있다. 그 의사 가정은 쉐마교육연구원의 찐팬이 되었다.

이런 예는 수없이 많다. 자세한 것은 쉐마교육연구원 홈페이지(www.shemaiqeq.org)에서 *"쉐마교육을 아십니까?"*를 클릭하면 확인할 수 있다.

내가 학부모들에게 자주 하는 말이 있다.

"자녀교육에는 연습이 없습니다."

이 교육 원리를 빨리 깨달으면 깨달을수록 그만큼 더 많은 효과를 볼 수 있다. 자녀들이 성장한 후에는 바로잡기가 더욱 힘들다.

나는 한 동안 남에게 덕을 세우기 위해
아내와의 갈등을 밝히지 않았다. 그런데….

chapter 03

효(孝)교육,
유대인 교육을 연구한 이후 다시 시작

☆

〈인성교육에서 가장 중요한 것 중 하나가 효(孝)다. 그리고 한국인의 효는 세계적인 정신 유산이다. 영국의 역사철학자 아놀드 토인비(Arnold Joseph Toynbee, 1889-1975)가 한국에 왔을 때 "한국이 미래 인류에 기여할 것을 꼽으라면 바로 효사상일 것이다."라고 말했다. 나는 그런 효를 아들들에게 가르쳤다. 그러나 본격적인 효는 유대인 자녀교육을 연구한 이후에 다시 가르쳤다. 그 이론과 방법을 몇 가지 소개한다.〉

한국인의 상식적인 효교육

나는 충북 산골에서 어른 존경과 효는 머리에 세뇌가 될 정도로 입력이 되어 있었다. 당시 우리 고장에는 교회가 없었다. 따라서 한국의 유교와 무속 신앙이 성행하고 있었다. 한국인은 조상님(신)들을 잘 섬겨야 가문에 자식이 번성하고 복을 받는다고 믿었다. 즉 복의 근원이 여호와 하나님이 아니고 조상신들이었다.

그래서 조상들의 묘 자리와 제사가 가장 중요하다고 가르쳤다. 실제로 당시에 집안에 안 좋은 일이 생기면 무당을 찾아가 그 원인을 물었는데, 무당은 귀신의 말을 빌려 조상들이 노(怒)해서 그랬다고 알려주었다. 우리 집 어머님도 예외는 아니었다.

어머님은 자식의 도리를 매우 강조하셨다. 그 중에 하나가 자식은 천리 길을 나갔다가도 조상님들 제사에는 꼭 돌아와야 한다고 가르치셨다. 돌아가신 조상님들뿐만 아니라 생전에도 그 이상으로 어른들을 공경해야 했다. 이런 풍토는 모든 공동체가 동일했었다. 물론 학교에서도 이런 전통이 당연히 지켜졌었다.

우리는 어렸을 때부터 동네 어른들에게 인사성 밝다는 얘기를 들어야 했다. 더구나 나의 경우는 부친이 안 계셨기 때문에 어머님이 내가 남에게 손가락질을 당하면 애비 없는 호래자식이란 말을 듣는다며 어른들에게 인사를 잘 하라고 하셨다.

그래서 나는 장날 어른들이 보은 5일장에 가셨다가 돌아오실 때에는 멀리 있다가도 그 분들 근처에 가서 배꼽 인사를 했었다. 그러면 그들이 "뉘 집 애인지 인사성이 밝구나!"라고 칭찬해 주었다.

그러나 요즘 세상에는 자녀들에게 효교육을 시키는 것은 생각처럼 쉽지가 않다. 더구나 미국에서는 더 힘들다. 또한 효교육의 내용도 예화 같은 것 몇 가지가 전부인 경우가 많다. 그럴지라도 나는 아들들이 어렸을 때에는 그들에게 들은풍월로 상식적인 한국의 효를 가르쳤다.

그리고 무엇보다도 나 자신이 나의 어머니에게 몸소 효를 행하는 모습을 보여주었다. 후일 아들들이 나에게 이런 말을 했다.

"아버지 같이 엄한 분이 할머니에게 고분고분 말을 잘 듣는 것이 신기했습니다."

내가 집의 아내와 아들들에게는 독재(?)를 했는데, 할머님에게는 말을 잘 들었던 것이 신기했던 모양이었다. 나는 어머님이 나에게 무엇을 시키면 대꾸하지 않고 무조건 즉시 순종하는 모습을 보여주었다.

연세 많으신 어머님은 웬만하면 남에게 부탁하지 않으시는 분이셨다. 그런데 "얼마나 답답하셨으면 그것을 나에게 부탁을 하셨을까?"를 생각했었다.

〈저자 주: 여기에서는 아들들에게 시켰던 나의 효교육에 대해 설명한다. 효에 관한 자세한 이론과 "유대인의 효는 한국인의 효와 무엇이 다른가?"에 대해서는 저자의 저서, '자녀의 효도교육 이렇게 시켜라'(전3권)를 참조 바란다.〉

유대인의 구약의 지상명령과 제5계명의 관계
〈효는 구약의 지상명령 성취에 가장 중요한 도구다〉

사실 나의 아들들에 대한 유교와 조상신에 기초한 효교육은 그 이론이나 방법 면에서 한계가 많았다. 현대에 맞지 않는 것도 너무나 많았다. 더구나 나는 기독교인이 아닌가.

그런데 유대인의 쉐마교육을 연구한 이후에 놀라지 않을 수가 없었다. 성경에 기초한 효(제5계명)에 대한 내용이 너무 논리적이고 구체적이었다. 그리고 방대했다. 효신학 시리즈 책을 무려 3권을 썼을 정도였다.

당시 아들 넷은 모두 중·고등학생들이었다. 나는 미국 교육을 받은 그들을 어떻게 효자로 만들 수 있느냐가 가장 중요한 과제였다. 일단 그들에게 왜 너희들이 효자가 되어야 하는지를 설득해야 했다. 이를 위하여 유대인의 효의 논리부터 가르쳐야 했다.

십계명의 두 돌판의 연결 고리

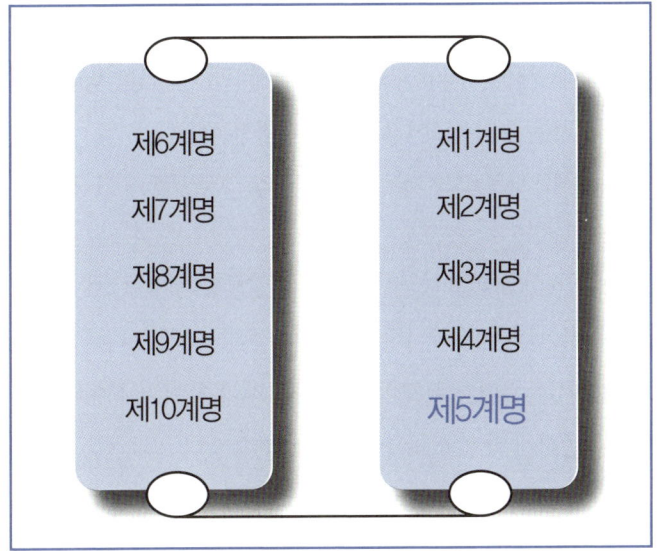

　하나님은 십계명을 손수 두 돌판에 새기셨다. 첫 번째 돌판에는 인간이 하나님에게 해야 할 5가지 계명이 있고, 두 번째 돌판에는 인간과 인간 사이에 지켜야 할 5가지 계명이 있다. 두 돌판은 서로 사이를 두고 떨어져 있다.

　왜 하나님께서는 십계명의 두 돌판 중 제5계명(효)을 인간에 대한 돌판에 새기지 않으시고 하나님에 대한 돌판에 새기셨는가? 왜 제5계명이 하나님에 대한 돌판과 인간에 대한 돌판을 연결하는 연결 고리인가?

　나는 먼저 이 질문에 답변하기 위하여 하나님이 유대인의 조상 아브라함에게 주셨던 구약의 지상명령을 설명했다. 그것은 아버지가 가정에서 자손대대로 자녀들에게 토라를 가르쳐 다음 세대에 전수하라(창 18:19; 신 6:4-9)는 쉐마교육이다. 그래야 유대인을 통하여 하나님의 말씀이 자손대대로 전수되어 메시아이신 예수님이 오실 수 있기 때문이다(요 4:22).

따라서 구약의 지상명령은 예수님의 초림을 준비하는 지상명령이다. 이것은 만방에 복음을 전파하라는 신약의 예수님의 지상명령(마 28:19)과 대조된다. 전자는 수직선교이고 후자는 수평선교다.

〈저자 주: 자세한 것은 저자의 저서 '잃어버린 구약의 지상명령' 제1권 참조〉

그런데 이 지상명령을 실천하는데 가장 중요한 계명이 "네 부모를 공경하라"는 제5계명이다. 왜냐하면 부모가 자녀들에게 토라를 가르쳐 전수하기 위해서는 자녀가 부모에게 순종을 해야 하기 때문이다. 자녀가 부모에게 순종하지 않으면 교육이 이루어질 수 없다.

자녀가 부모에게 순종하게 만드는 계명이 바로 효계명이다. 자녀가 부모를 공경해야 부모에게 순종을 하고, 순종을 해야 조상 대대로 내려오는 토라를 부모로부터 전수 받을 수 있다. 그래야 그들은 '말씀을 맡은 자'(롬 3:2)가 될 수 있다. 그리고 하나님께서 주신 영원한 가나안 땅에서 장수 할 수 있다.

다시 말하면 유대인 자녀가 부모에게 순종하지 않으면 부모로부터 토라를 전수받을 수 없다. 그러면 그들은 하나님의 '말씀을 맡은 자'(롬 3:2)가 될 수 없고, 그렇게 되면 유대인의 정체성을 잃게 된다. 그리고 영원한 가나안 땅에서 쫓겨날 수 있다는 것이다. 구약신학의 입장에서 구원을 받을 수 없다는 것이다.

따라서 성경의 효는 윤리 이전에 다음세대에 하나님의 말씀전수 측면에서 다루어야 한다는 것이다. 이것은 기독교 2000년 동안 윤리적 측면에서만 강조했던 효를 구원론적 측면에서 설명했다는 점에서 획기적인 발견이다.

이 난제에 대한 답을 얻으니 나머지 1) 왜 하나님께서는 제5계명을 지키지 않으면 반드시 죽이라(출 21:15-17)고 명령하셨는지, 2) 왜 하나님은 제5계명을 지켜야 "네 하나님 여호와가 네게 준 땅에서 네 생명이 길고 복을 누리리라"(신 5:16)라고 말씀을 하셨는지, 3) 왜 제5계명이 약속 있는 첫 계명(엡 6:2)인지, 그리고 왜 예수님은 돌아가시기 전에 십자가에서 어머니의 노후대책을 요한에게 부탁하셨는지(요 19:25-27), 등등의 성경의 난제들을 풀 수 있었다.

물론 하나님은 윤리적인 입장에서도 제5계명을 매우 강하게 권면하셨다. 탈무드에는 제5계명을 지키는 데 실패한 사람은 십계명 전체를 지키는 데 실패한 것으로 간주하신다(Batei Medrashos, I-end of Pirkei D'Rabbi Eliezer). 집에 음식을 갖고 있으면서도 자신의 부모에게 음식과 생필품(sustenance)을 공급하지 않는 사람을 하나님의 눈에는 일생동안 살인에 관여한 것처럼, 일생동안 음란에 관여한 것처럼, 일생동안 납치에 관여한 것처럼, 일생동안 거짓증거에 관여한 것처럼, 일생동안 남의 물건을 탐한 것처럼 보인다(Wax, The Ten Commandments, 2005, p. 264). 그래서 제5계명이 하나님 섬김과 인간 섬김의 기본이며 출발점이 된다는 것이다.

나는 이것을 깨달은 후 제일 먼저 내 아들들에게 이것을 가르쳐야 하겠다는 사명에 불탔다. 그리고 효의 이론을 시간만 나면 칠판에 도표를 그려가며 가르치기 시작했다.

물론 그 외에 유대인의 쉐마교육에 포함된 다른 주제들, 즉 유대인을 모델로 한 유대인의 가정교육, 유대인 아버지 교육, 유대인 어머니 교육, 유대인의 고난의 역사교육, 유대인의 경제교육, 유대인의 인성교육 등도 함께 가르쳤다.

왜 구약의 지상명령 성취에 제5계명이 가장 중요한가?

유대인처럼 아들의 머리에 축복기도를

나는 유대인 효교육의 내용뿐만 아니라 그들 가정에서 실천하는 방법도 나의 가정에서 직접 실천을 했다. 행함 없는 교육은 진정한 교육이 아니기 때문이다.

몇 가지 예를 소개하겠다. 유대인의 자녀는 가정의 머리, 즉 아버지를 통하여 하나님의 축복이 자녀에게로 흘러간다. 아버지가 복의 통로가 되는 것이다.

구약성경의 원리는 아버지가 자녀를 축복하는 것은 하나님을 대신하여 축복하는 것으로 여긴다. 따라서 아버지가 자녀를 축복하면 자녀가 하나님의 축복을 받고 저주하면 저주를 받는다(예; 노아의 함 저주 참조).

유대인은 이것을 그대로 가르치고 실천한다. 물론 오늘날도 세대차이가 없는 유대인 아버지는 안식일에 자녀들에게 축복기도를 해준다. 유대인 가정에 가면 안식일에 아버지의 축복을 받기 위하여 모든 자녀들이 줄을 서서 차례를 기다리는 모습이 인상적이었다. 그리고 자기 차례가 되면 아버지에게 머리를 디밀고 축복기도를 받는다.

나는 그 장면을 보면서 깨달았다.

"아하, 그래서 유대인 자녀들이 부모에게 그렇게 순종을 잘하는구나! 그래서 그들은 4000년 동안 이방의 핍박 속에서 아버지를 떠나지 않는구나!"

이것을 본 나는 가만히 있을 수 없었다. 가정에서 즉시 실천했다. 나는 가정 예배 시간에 설교 본문 말씀을 창세기 48장의 '야곱의 축복기도'로 잡았다. 먼저 성경적인 효의 논리를 설명했다. 이삭이 큰 아들 에서대신 야곱을 축복했고, 야곱은 12아들들을 축복했다. 그리고 후에 아버지 축복의 예언대로 모두 이루어졌다.

설교를 마친 후 아들들에게 아들들이 하나님의 축복을 받는 원리를 확인하기 위하여 질문을 했다.

"너희들은 하나님의 축복이 누구를 통해서 온다고 믿느냐?"
"아버지의 축복기도를 통하여 옵니다."
"그 이유는 무엇이냐?"
"아버지는 가정의 머리이기 때문입니다."
"그러면 축복 받기를 원하는 사람은 모두 내 앞에 무릎을 꿇고 앉아라."

모두가 축복 받기 위하여 옹기종기 무릎을 꿇었다. "이 시간 너희들이 진정으로 하나님의 축복 받기를 원한다면 너희들 스스로 하나님 말씀대로 아버지의 손길을 통하여 축복 받게 해달라고 하나님께 간절히 기도하라"고 일렀다.

나는 큰아들부터 한 명씩 머리에 손을 얹고 기도하기는 그 때가 처음이었다.

"축복의 근원 되시는 하나님 아버지! 이삭이 야곱을 축복한 것처럼, 야곱이 그의 아들들을 축복한 것처럼, 부족한 종이 아들들을 위하여 축복합니다. 이 미국 땅에서 이 아들이 복의 근원이 되게 하소서. 이 아들이 악한 세속 문화에 물들지 않도록 지켜 주옵소서!"

마음 깊은 곳으로부터 뜨거운 것이 올라오면서 눈물이 났다.

"주님 다시 오실 때까지 자손대대로 신앙의 가정이 되게 하소서. 많은 민족 가운데 머리가 될망정 꼬리가 되지 않게 하옵소서. 저의 아들들이 이 땅과 세계를 정복하게 하소서…."

연이어 나는 옆에서 무릎을 꿇고 기도하는 아내의 머리에 손을 얹고 계속 기도했다. 그 이유는 성경에 의하면 아내의 머리는 남편이고(고전 11:3), 아내는 머리인 남편을 통하여 복을 받기 때문이다.

가정에서 하나님이 주신 아버지의 '축복권'을 자녀들에게 사용하게 되면 어린 아이들은 어떻게 변하게 되나? 부모를 경외하게 된다. 그리고 변하기 시작한다. 변함의 첫 징조는 순종으로 나타난다. 진정한 순종은 아버지의 권위를 인정하는 데에서부터 나온다. 이후부터 하나님이 원하시는 가정의 질서가 서서히 회복되었다.

우리는 하나님이 불효하는 자녀들에게 내리는 경고의 말씀을 늘 기억해야 한다.

> 아비를 조롱하며 어미 순종하기를 싫어하는 자의 눈은 골짜기의 까마귀에게 쪼이고 독수리 새끼에게 먹히리라. (잠 30:17)

쉐마교육의 여러 주제들 중 실제로 가장 파워풀한 주제는 효교육이

나는 유대인 자녀교육을 연구한 이후 새로운 성경적 효 개념을 깨닫고 아들들에게 그것을 가르치기 시작했다. 사진은 효 강의를 마친 후 가정의 제사장으로서 야곱이 아들들에게 축복기도를 해주었던 것처럼 아들들에게 축복기도를 해주는 모습.

다. 이것은 우리 집과 다른 교회의 부흥회에서 검증된 결과였다. 청중들이 효 강의를 들은 후에는 많은 회개의 역사가 일어났다. 성령님의 역사가 강하게 나타난다. 하나님의 말씀은 어제나 오늘이나 영원토록 동일하시다(히 13:8; 벧전 1:23-25).

왜 유대인 자녀는 부모에게 그렇게 순종을 잘 하나?

하나님을 웃게 하려면 아비를 웃게 하라

하나님은 부모의 권위를 얼마나 중요하게 여기시는가? 탈무드에 의하면, 인간에게는 세 동역자, 하나님과 아버지와 어머니가 있다. 그렇기 때문에 자녀가 아버지나 어머니를 공경하면, 하나님께서는 자신을 공경하시는 것으로 여기신다. 반면 자녀가 아버지나 어머니를 공경하지 아니하면, 나는 그들 속에 편히 거할 수가 없다고 말씀하신다. 왜냐하면 하나님은 그들이 하나님을 괴롭히는 것으로 간주하시기 때문이다(Kiddushin 31a).

이 말씀은 자녀가 아버지나 어머니를 기쁘게 해드리면 동업자이신 하나님도 기뻐하시고, 부모를 노엽게 하면 하나님께서도 노여워하신다는 뜻이다. 이 말은 무슨 뜻인가? 주 안에서 부모공경은 바로 하나님 공경과 동일하다는 것이다.

하나님은 아무나 축복하지 않으신다. 하나님은 부모를 공경하는 자녀를 축복하신다. 유대인의 탈무드에는 "사람이 자신의 부모를 공경하면 하나님께서도 그들과 함께 그 가정에 거하신다"(Scherman & Zlotowitz, 2005, p. 411)고 쓰여 있다. 성도에게는 하나님이 함께 하시는 것 자체가 곧 축복이다.

다른 말로 표현한다면, 만약 자녀가 부모를 공경하지 않는다면 하나님은 그들과 함께 계시지 않고 그 가정을 떠나신다는 뜻이다. 하나님이 떠나신 개인이나 가정은 곧 저주다. 따라서 유대인은 '부모공경'을 통하여 하나님 공경을 증명해 보인다.

나는 이것을 깨닫고 가만히 있을 수가 없었다. 즉시 아들들에게 가르쳤다. 가르치는 방법도 유대인식으로 질문으로 시작했다.

"눈에 보이지 않는 하나님을 너희들은 어떻게 웃게 해드릴 수 있겠니?"

"성경을 읽으면…", "기도를 하면…" 등등.

나는 이렇게 가르쳐주었다.

"물론 너희들의 신앙생활도 중요하다. 그러나 너희들의 신앙을 어떻게 하나님에게 행동으로 표현해야 하나님이 웃으시겠니? 그것은 먼저 부모를 웃게 해드려야지. 너희들이 성경을 많이 읽고 기도를 많이 하는 좋은 신앙을 하나님에게 표현하여 보이는 방법이 바로 아버지 어머니를 웃게 해드리는 것이다."

이것은 자녀가 부모님을 만족하게 해주면 하나님도 만족해하시고, 부모님을 노엽게 하면 하나님도 노여워하신다는 논리이다.

나는 재차 아이들에게 물었다.

"그러면 아버지 어머니를 어떻게 기쁘게 해드릴 수 있겠니?"
"아버지를 위해서는 일주일에 한 번씩 잔디를 깎아드리고 세차를 해드리며, 어머니를 위해서는 설거지도 해드리고 카펫 청소도 해드리는 것이에요."
"그렇지!"

그 후 우리 집에서는 나대신 아들들이 잔디를 깎고 세차도 했다. 또한 나의 아들이 이러한 질문을 한 적이 있었다. 왜 한국 부모님들은 "훌륭한 기독교인이 되라"고 하시지 않고 "공부 잘 하라"는 말씀만 강조하시느냐고. 주위에 있는 한국인 친구들의 고민을 들었다는 것이다.

나는 이에 대해 이렇게 설명해 주었다.

"너희는 먼저 좋은 크리스천이 되어야지. 그러나 좋은 크리스천은 세상에서 안 믿는 아이들보다 공부를 하는 것도 더 모범을 보여야 하지 않겠니."

그리고 이렇게 반문했다.

"왜냐하면 너희들이 예수님은 잘 믿는다고 하면서, 예수님을 믿지 않는 아이들보다 공부를 더 안 하면 부모는 물론 예수님은 얼마나 섭섭해 하시겠니."

"또한 너희들이 공부를 열심히 하지 않는다면, 예수님을 믿지 않는 아이들에게 어떻게 전도를 할 수 있겠니?"

한국에서는 전통적으로 부모를 기쁘게 해드리는 방법으로 부모의 뜻을 받들어 가문을 빛나게 해야 한다고 가르친다. 이를 기독교식으로 바꾸어 말하면, 하나님의 자녀가 육신의 아버지 이름을 빛나게 하면 하나님 아버지의 이름도 높아지는 것이기 때문에 하나님도 기뻐하신다고 설명해 주었다.

따라서 자녀는 아버지의 뜻을 받들어 가문을 위하여 공헌하는 것이 효도다. 유대인에 대한 관심이 지대한 것도 그들이 행하는 신앙적 자녀교육보다는 그들의 우수한 삶 때문인 것이 솔직한 표현일 수도 있다.

공부와 출세면에서 세속인과 신자는 각각 무엇이 다른가? 세속인들은 자신들의 힘으로 스스로 지혜롭고자 하지만 기독교인은 하나님께서 주시는 지혜로 승리한다고 믿는다. 그리고 세속인들은 자신의 배만을 위하여 열심히 공부하지만, 기독교인은 여호와 하나님의 영광을 위하여 공부한다. 기독교인이 공부를 열심히 해야 할 명분이 이렇게 다르다.

> 왜 자녀가 아버지를 기쁘게 해주면 하나님도 기뻐하시고,
> 아버지를 노엽게 하면 하나님도 노여워하시는가?

나의 노후를 보살펴라

부모에게 효를 행하지 않는다면 부모의 은혜에 감사하지 않는 것이다. 그렇다면 어떻게 부모에게 감사의 표시를 할 수 있겠는가?

부모가 원하시는 것을 해드리면 된다. 부모는 무엇을 원하시나? 하나님 아버지가 우리에게 원하시는 것을 부모도 원하신다.

예를 들어보자. 하나님이 성도의 순종을 좋아하시듯이 부모도 자녀의 순종을 좋아하신다. 하나님이 성도의 헌물을 좋아하시듯이 부모도 자녀의 선물을 좋아하신다. 부모가 자녀로부터 가장 받고 싶어 하는 선물은 무엇일까?

1994년 5월 가정의 달을 맞아 '사랑의 전화'가 노인들이 자녀로부터 무엇을 가장 받고 싶어 하는지를 조사했다. 대상은 노인대학, 노인병원, 탑골공원 등에 계신 노인 400명이었다. 조사 결과 노인들 중 73.9%가 현금을 선호했다. 그 다음이 여행(13%)이었다(한국일보, 1994년 5월 6일).

탈무드의 다른 가르침을 보자. 눈에 보이는 부모를 보살핀다는 측면에서, 하나님은 하나님 자신에 대한 의무보다도 육신의 부모공경에 대한 의무를 더 요구하신다. 하나님께서는 네가 돈을 가졌으면 그 돈으로 하나님을 공경하라고 말씀하신다(Peah 1:1; Kiddushin 1:7). 그러나 부모에게는 돈을 가졌든지 갖지 않았든지 자신의 부모를 공경하라고 말씀하신다.

그 이유는 하나님은 영이시기 때문에 다른 육체적인 도움이 필요하지 않으신 분이시다. 즉 하나님은 눈에 보이는 육신이 없으시기 때문에 육체적인 보살핌이 필요 없으신 분이시다. 그러나 부모는 육체를 낳게 해 주신 분이기 때문에 설사 돈으로 부모에게 도움을 줄 수 없다고 하더라도, 자녀는 부모의 필요에 따라 최소한 육체적으로 그들을 보살펴야 할 의무가 있다(Wax, The Ten Commandments, 2005, p. 260).

이것은 하나님이 자녀들에게 말씀하시기를 너희는 먼저 부모에게 돈을 드리라는 것이다. 그 다음에 설사 돈이 없다고 해도 최소한 육신적으로 부모를 보살피라는 말씀이다. 그것이 부모의 노후를 보살피는 것이다.

돈이 없을 경우에는 최소한 육신적으로라도
부모를 보살펴야 한다.

어머니의 교훈, 나에게 돈을 가져오라

이 책을 읽는 독자들의 이해를 돕기 위하여 부족한 나의 부끄러웠던 경험을 소개하고자 한다. 나의 홀어머님은 연세가 70(1976년)이 되어서 미국에 오셨다. 저자 내외는 부족하지만 어머님께 이곳저곳 구경도 시켜드리면서 잘 해드리고자 노력했다.

어머님께 매달 용돈도 드렸다. 그러나 그 때마다 어머님은 거절하셨다. 이유는 "글도 모르고 운전도 못 하는데 돈이 어디에 필요하냐?"는 것이었다. 그 후 교회에 바칠 헌금 이외에는 용돈을 드리지 않았다.

1년이 지난 후 어머님이 우리 내외에게 그 동안 섭섭한 일들을 말씀하신 일이 있었다.

"너 그 동안 나에게 용돈 준 적 있느냐?"
"어머님, 드린다고 해도 필요 없다고 말씀하셨잖아요."
"(역정을 내시며) 너는 그 말을 믿었냐! 너도 늙어 봐라. (눈물을 닦으시면서) 젊을 때는 힘이 있어서 괜찮지만 늙을수록 돈이 있어야 든든하다. 그리고 늙을수록 어미의 입에서 자식에게 돈 달라는 말이 안 나오는 법이다."
"…… (유구무언)."

너무나 어머님의 마음을 몰랐다. 그 이후 나는 아내와 의논하여 어머님에게 매달 용돈을 많이 드렸다. 어머님은 매달 그 돈이 쌓이는 것을 그렇게 좋아하셨다. 그리고 어머님을 통하여 하나님의 속성도 더 깨닫게 되었다.

하나님은 나의 어머니보다 돈을 더 좋아하시는 분이시라는 것을…. 나는 그 증거로 말라기 3장 8-10절을 인용한다.

하나님은 이스라엘 백성에게 "사람이 어찌 하나님의 것을 도적질하겠느냐"(말 3:8), 너희들이 떼어먹은 내 돈(십일조와 헌물)을 내놓으라고 하셨다. 너희들이 저주 받는 이유가 너희들이 내 돈을 떼어먹었기 때문이라고 말씀하셨다(말 3:8-10).

나는 이 말씀을 읽은 후 아들들에게 이렇게 가르쳤다. 돈은 하나님과 할머니만 좋아하시는 것이 아니고 아버지도 좋아한다.

요즘 대부분의 자녀들은 부모에게 무엇을 드릴 줄을 모른다. 부모들이 자녀들에게 주는 것만 행했지 자녀가 부모에게 바쳐야 하는 것을 안 가르쳤기 때문이다. 내가 3대가 함께 듣는 교육부흥회를 인도할 때 3대가 함께 모인 자리에서 자녀들에게 특별히 강조하여 교육시키는 것이 있다.

"여러분이 성장하여 돈을 벌면 먼저 소득의 10%는 하나님에게, 그 다음 10%는 부모님에게 바쳐야 합니다. 이것이 하나님에게 축복받는 길입니다."

그리고는 묻는다.

"여러분이 크면 부모에게 무엇을 드려야 한다고요?"
"돈이요!"

부흥회를 다 마치면 특기할만한 사실이 나타난다. 저희들끼리 인터넷으로 토론을 한다(미국에서는 물론 영어로). 그 내용 중에는 자신들이 성장하면 10%는 하나님에게, 10%는 부모에게 드리겠다고 다짐하는 아이들이 많다는 사실이다. 그리고는 이구동성으로 "이래야 한다"는 것이다.

역시 한국인의 피에는 부모들이 지금까지 행해 온 '효사상'이 스며들어 있다는 것을 느낄 수 있다. 다만 이것을 가르치지 못한 부모의 잘못이 더 크다. 이것은 무엇을 뜻하는가? 자녀가 어렸을 때부터 세뇌가 되도록 효를 가르쳐도 그들이 장성하면 이를 지키지 않는 이들이 많은 데 어쩌자고 안 가르치는가!

하나님과 부모는 생명을 낳고 키우시는 동역자다. 부모님의 마음을

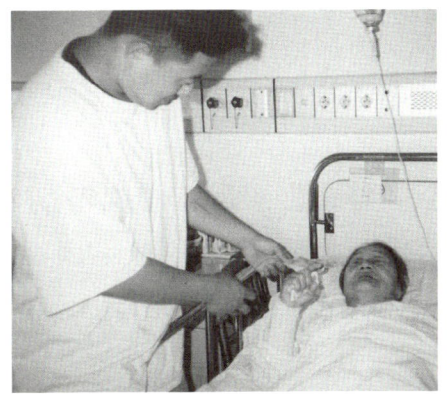

나는 어머님을 기쁘게 해드릴려면 돈을 드려야 한다는 사실을 늦게 깨달았다. 그리고 아들들에게 너희 할머니는 돈을 좋아 하시니 돈을 드리라고 가르쳤다.

사진은 손자들이 알바를 하여 번 돈을 할머니에게 드리는 모습(상). 저자가 박사 학위 취득 후 86세 되신 어머님께 박사모를 씌워드리고 찍은 모습(중). 내가 쓴 IQ-EQ 책을 보여주며 설명하는 모습(하). 당시 어머님은 한국에서 투병 중에 계셨다.

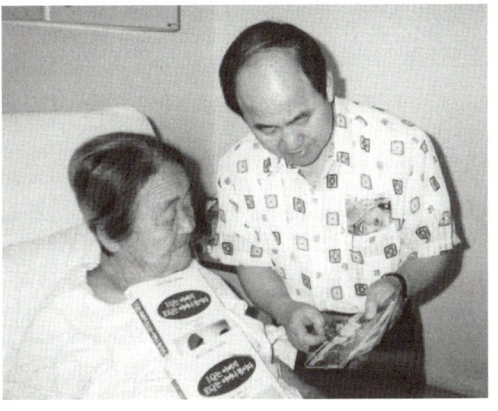

알고 효를 행하면 하나님의 마음도 알아 하나님을 더 기쁘게 해드릴 수 있다. 나는 이후부터 가난하고 병든 이웃에 대하여 더 세심한 관심을 가지기 시작했다. 어리석은 인간들이 하나님의 깊고 넓은 사랑의 마음을 어찌 다 알고 실천할 수 있으랴!

한 가정 3세대 교육부흥회에서 자녀들에게 물었다.
"여러분, 크면 부모에게 무엇을 드려야 한다고요?"

제4부를 마치며, 마침내 승리한 나의 자녀교육 방식

제4부의 주제는 '한국 촌놈의 수직문화 교육'이다. 이를 마무리하기 전에 아내와의 불편했던 갈등에 대해서는 독자들을 위해 다시 한 마디하고 싶다. 사실 아내와의 갈등은 제5부에서 설명하는 '고난 교육'과 '고난의 역사교육' 부분에서도 일부 있었다.

지금 생각해도 별 볼 일 없었던 촌놈 출신인 내가 충청도 식으로 아내에게 지지 않고 수십 년 동안 끝까지 설득했던 것이 참으로 대단하다. 만약 그 당시 내가 아내에게 밀렸다면 우리 아들들 교육은 실패했을 가능성이 크다.

왜냐하면 앞에서 언급했던 현 씨네 족보 교육, 예절교육 및 효교육뿐만 아니라 제5부 이하에서 설명하는 아들들의 고난교육 그리고 한국의 고난의 역사교육 등은 온전히 나의 교육철학에 의한 것이기 때문이다.

이것들은 인성교육의 핵심인 한국인의 수직문화였다. 이것은 한국인의 정체성 교육과 독수리 교육(PQ 교육)의 핵심 내용이다.

만약 아내의 말에 내가 일찍이 항복을 하였다면 우리 아들들은 어떻게 되었을까? 한국인의 정체성을 잃어버리고 모두 미국 문화에 동화되었을 것이다. 개인주의와 이기주의에 물들었을 것이다. 현 씨 가문에 대하여 그리고 가족의 가치를 지금처럼 그렇게 중요하게 여기지를 못했을 것이다.

물론 한복이나 국악 그리고 한국음식도 싫어했을 것이다. 그 결과 나와는 세대차이가 많이 나 대화가 되지 않았을 것이다. 결국 아들들은 우리 부부와 나의 조국 대한민국을 잊어버렸을 것이다. 그리고 우리는 아들들을 잃어버리게 되었을 것이다. 현 씨네 가문도 끊어졌을 것이다.

뿐만 아니라 아들들이 오늘날과 같이 성숙한 큰 인물로 성장하지 못했을 것이다. 지금 생각해도 아찔하다. 모든 것이 하나님의 은혜다.

이것은 무엇을 뜻하나? 수직문화는 세대 간의 사이를 이어주는 연결고리 역할을 한다는 것이다. 수직문화 교육을 더 강하게 시킬수록 더 강한 연결고리가 이어질 수 있다는 것이다. 그리고 자녀들을 더 성숙한 큰 인물로 성장하게 해준다. 이것이 유대인의 생존 비밀이다.

왜 하나님께서는 나에게 아내 같은 도회지 엘리트 가문의 여자를 주셨는가? 아내와 살면서 문화적 갈등을 통해 촌사람과 도회지 사람의 차이를 발견하고, 시골의 한인 전통문화가 자녀들의 인성 형성에 어떤 영향을 미치는지 더 확실하게 깨닫게 하기 위함이었다. 이것은 나의 인성 교육론이라는 새로운 학문을 개발하는데 큰 도움을 주었다.

그렇다면 왜 하나님께서는 부족한 종이 아내의 잘못된 고집을 꺾게 하셨는가? 그것은 나와 같은 처지에 있는 많은 이들에게 나의 방법이 모델이라는 것을 알게 하기 위함이었을 것이다. 그들은 나를 보며 용기를 잃지 않기를 바란다. 그리고 반드시 그 방법을 관철하여 자녀세대에 선한 열매를 맛보기를 바란다.

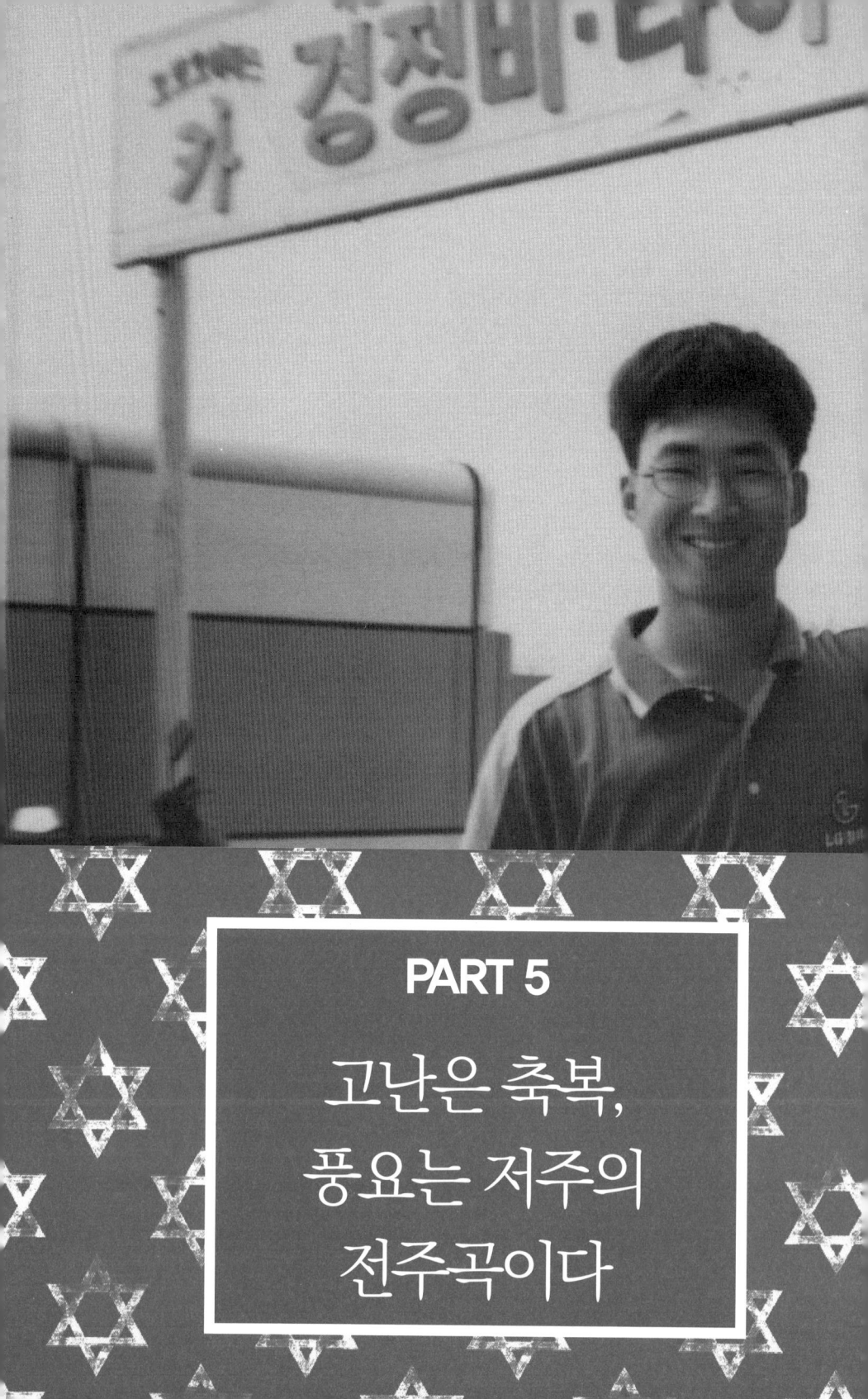

PART 5

고난은 축복, 풍요는 저주의 전주곡이다

Chapter 1 고난 교육
Chapter 2 조국, 한국의 고난의 역사교육

〈저자 주: '고난'과 '고난의 역사교육'은 자녀를 일찍 철들게 하고 PQ(의지력 지수)를 높이고, 자신의 정체성을 형성시키어 내면적 자존감을 높여준다. 따라서 그 내용이 방대하여 제4부로 편집하였다.〉

〈들어가며〉

'고난 교육'과 '고난의 역사교육'은 대단히 중요한 수직문화의 핵심 가치다. 하나님이 이스라엘 백성을 광야에서 훈련시키셨던 그 교육 방법이다.

이 교육은 자녀를 일찍 철들게 한다. 그리고 자녀의 PQ(의지력 지수)를 높이는데 대단히 중요한 역할을 한다. 그래서 독수리처럼 강인한 사람으로 만든다. 그리고 자신의 정체성을 찾게 하고 내면적 자존감을 높여준다.

나는 이 사실을 알기 전부터 아들들에게 고난교육을 시켰다. 그 이유는 나는 이민 초기에 미국에서 생존하는 것 자체가 만만치 않다는 것을 체험했다. 그리고 나의 아들들이 성장하여 제대로 된 직장을 얻지 못하면 어떻게 하나 하는 걱정을 했다. 더구나 여기는 나의 고국 한국이 아니고 아무 연고도 없는 미국 아닌가!

그래서 일단 결심한 것은 생존력을 높이기 위하여 어려서부터 고생을 시켰다. 육체적, 혹은 정신적으로 독수리처럼 강하게 훈련시켰다. 나중에 저자가 개발한 학문적 용어로는 PQ(의지력 지수)를 높이는 교육을 시킨 것이다.

유대인 자녀교육을 연구하고 나서 보니 이것이 유대인의 독수리 훈련(신 32:11)이었다는 것을 깨달았다. 이에 더하여 고난의 역사교육도 매우 중요하다. 성경에 기초한 유대인 교육은 고난교육과 고난의 역사교육을 하나의 세트로 강조하고 있다. 두 교육의 효과와 열매가 거의 동일하게 나타난다. 이제 내가 아들들에게 독수리 훈련을 어떻게 시켰는지 그 방법을 자세히 소개해보자.

〈저자 주: 자세한 것은 나의 저서 '고난의 역사교육'시리즈(전5권)와 '유대인의 리더십 개발 원리'를 참조 바란다.〉

한 가지 첨언하면 흔히 인성교육을 말하면 착한 사람 만드는 것으로만 생각하는 경우가 많다. 그러나 나는 자녀의 인성이 기본적으로 도덕적이고, 윤리적이어야 하지만 세상을 이길만한 독수리 인성(높은 PQ)을 가져야 한다고 생각한다. 물론 인성의 다양한 요소들을 균형 있게 조합한 전인적인 인성을 가져야 한다고 생각한다.

chapter 01

고난 교육

☆

I. 미국에서 시킨 고난 교육

자녀를 일부러 가난하게 키웠다

나는 원래 자녀를 셋만 낳으려고 했다. 미국 초년기에 아이들 키우기가 너무 힘들었기 때문이다. 그런데 하나님은 막내를 쌍둥이를 주셨다.

모두 아들이다. 키울 때는 힘이 들었지만 현재는 얼마나 대견한지 모른다. 지금 생각하면 더 낳았어야 할 걸 하는 생각이 든다.

나는 나의 어린 시절에 고생을 많이 했다. 그래서 사춘기라는 것도 없이 살았다. 아버지도 안 계시고 어머님은 능력이 없으신 분이었기에 기분이 나쁘다고 하여 누구에게 화풀이할 사람도 없었다. 밥은 주로 큰 형수님이 해주시는 대로 먹었다. 다행히 그 형수님이 천사 같은 분이기에 그나마도 우리 가족은 뿔뿔이 헤어지지 않고 함께 살 수 있었다.

따라서 나는 나의 앞길과 가난한 가족 그리고 국가에 대한 생각을 많이 하고 자랐다. 특히 약자에 속하는 못 배운 사람들, 그리고 가난한 자와 여자들이 당하는 부당한 처우에 대해 생각을 많이 했다.

왜 나는 떳떳하게 나의 학비를 달라고 할 사람이 한 사람도 없는가? 왜 나는 막내로서 항상 형들이 입었던 헌 옷을 입어야 하는가? 나는 왜 의식주 해결조차 눈치를 보아야 하는가? 왜 하나님은 동일한 인간인데 나에게만 이렇게 어렵게 생활하게 하시는가?

그러나 그것이 나로 하여금 정신적으로 매우 깊은 생각을 하는 성숙한 사람으로 만들었다는 것을 깨달았다. 따라서 나는 나도 아이를 낳으면 가난하게 키워야겠다는 생각을 했다. 부유하게 키우면 아이들에게 저주(?)를 심는 것과 같다고 생각했다.

따라서 내가 돈을 많이 벌었을 때에도 아들들에게 신문팔이를 시켰고, 제일 싼 음식들을 먹이고, 싸구려 운동화에 싸구려 옷을 입혔다. 그리고 나 자신이 스스로 그렇게 사는 것을 본으로 보여 주었다.

나는 일평생 마음에 드는 잠옷 하나 입고 자지를 못했다. 시장을 가도 나 혼자 서울 간 김에 서울 종로의 평화시장이나 광장시장을 돌며 도매로 싸게

파는 옷들을 사 입었다. 그 곳에서도 늘 싼 것을 고르다보니 색깔이나 패션이 변변치 못했다.

그런데 한 번은 마음에 드는 잠옷이 있었는데 비쌌다. 그래도 과감하게 사버렸다. 집에 와서 그 옷을 입으며 이제야 내가 원하는 잠옷을 입었구나 하는 생각에 눈물이 핑 돌았다. 내 나이 63세 때였다.

쉐마교육연구원을 운영하면서도 최소한으로 운영비를 아낀다. 그래서 수십 년 동안 차를 사지 않았다. 아내가 은퇴를 한 후 한국에 왔을 때야 허름한 기아 중고차(카렌스)를 샀다. 직원들이나 손님들과도 주로 값싼 음식을 먹는다. 후원금으로 운영되어야 하는데 후원금을 보내는 분들의 심정을 헤아려야 하기 때문이다.

나는 평생 목사는 비싼 차를 사면 안 되고, 바싼 옷을 입으면 안 되고 비싼 음식을 먹으면 안 된다는 것을 모토로 살아왔다. 이것은 하나님이 원하시는 것이기도 하다. 그 결과 현재 나의 아들 넷도 모두 물질들을 아끼며 검소하게 살고 있다.

신문팔이 아들

이 실화는 내가 평신도 집사 시절인 1983년도에 겪은 일이다. 물론 유대인 자녀교육을 알기 이전이다. 그 당시 나는 엔지니어로 직장에 다니면서 파트타임으로 사업을 하고 있었다.

큰 아들(승진, 미국명 Stephen)이 중학교 1학년 때였다. 독립심을 키우기 위하여 자전거를 사주고 신문팔이를 시켰다. 미국에서는 자전거를 타고 신문을 돌린다. 신문 돌리는 일을 처음 해보는 아들은 고참들에게 밀리어 언덕이 많은 힘든 지역을 맡았다.

신문 돌리는 일에 4형제가 모두 동참하였다. 새벽 4시 30분에 인쇄소에서 집 앞에 접지 않은 큰 신문을 배달한다. 그러면 초등학교에 다니는 동생 셋이서 5시에 일어나 고사리 손으로 신문 하나하나를 몇 겹으로 접는다.

그리고 신문 돌리는 커다란 가방에 넣어 자전거 위에 얹어 둔다. 비가 올 때는 개개 신문을 비닐 봉투에 넣는다. 그러면 큰 아들은 5시 30분에 일어나 자전거를 타고 언덕을 넘어 다니며 집집마다 신문을 돌렸다.

하루는 비가 왔다. 자전거로 신문을 못 돌리게 되자 엄마를 깨웠다. 엄마가 캐딜락을 운전하면 큰아들은 옆에서 창문을 열고 집집마다 신문을 던져 넣었다. 집에 돌아온 집사람이 웃으며 한마디 했다.

"세상에 캐딜락을 타고 신문팔이 하는 애들은 우리 애들밖에 없을 거예요."

〈저자 주: 당시 캐딜락은 미제 중 가장 고급차였다. 나는 일평생 고생만 하셨던 어머님에게 이 차를 사드리고 싶었다. 그만큼 우리 집은 여유도 있었다. 그런데도 아들에게 신문팔이를 시켰다.〉

신문팔이를 시작한 지 한 달이 지났다. 아들은 신문 보급소에서 주는 조그만 돈주머니를 들고 신문 구독자들 집을 다니며 수금을 하였다. 집주인을 만나기 위해서는 저녁에 방문해야 했다. 그러나 수금하는 것도 신문 돌리는 것만큼이나 어려웠다. 몇 푼 되지 않는 신문 대금을 받기 위하여 몇 번씩 헛걸음을 해야 했기 때문이다.

그뿐만이 아니었다. 하루는 큰 아들이 울면서 집에 돌아와 신문을 안 돌리겠다고 했다. 이유인즉 수금을 하러 저녁 때 큰 길에 나갔는데 덩치가 큰 불량청소년들을 만났다는 것이다. 그 아이들이 자전거를 타보겠다며 자전거에서 내리라고 했다는 것이다.

당시 미국제 차 중에서 가장 좋은 차는 캐딜락이었다. 나는 일평생 고생만 하셨던 어머님에게 이 차를 태워드리고 싶었다. 그만큼 우리 집은 여유도 있었다. 그런데도 아들에게 신문팔이를 시켰다. 사진은 캐딜락 차 앞에 선 어머님. 비가 오는 날에는 아내가 캐딜락을 운전하며 아들이 신문을 돌렸다.

이것은 그들이 강제로 자전거를 빼앗는 수법이라고 했다. 그래서 어떻게 했느냐고 물었다. 주변의 다른 사람들이 들으라고 큰 소리로 우는 시늉을 했더니 그 불량배들이 도망갔다고 했다. 그 후에도 신문팔이는 한 동안 계속되었다.

큰 아들이 수금을 한 총액은 125달러였다. 나는 아들들을 모두 모아놓고 이렇게 말했다.

"한국인들은 엄마나 자녀들이 돈을 벌면 모두 가장인 아버지에게 갖다 바친다."

그랬더니 큰 아들이 두 가지 이유를 들며 반박을 했다. 하나는 자신이 얼마나 힘들게 돈을 벌었는데 그것을 모두 달라고 하느냐, 얼마나 힘든지 신문을 자전거에 가득 싣고 아빠가 한 번 언덕을 끌고 올라가 보라고 하였다.

둘째는 동생들에게 도와주는 대가로 한 달에 5달러(한화 3,500원, 1983년 기준)씩 주기로 했는데 그 돈은 어떻게 하느냐고 했다. 나는 이렇게 결정했다. 큰 아들에게 십일조로 13달러를 하나님에게 바치도록 하고, 너의 용돈으로 25달러를 갖고, 동생들에게 5달러씩을 나누어 주도록 했다.

내가 이 이야기를 책에 싣는 이유는 결코 자랑하기 위해서가 아니다. 자녀 교육은 두 가지, 즉 이론과 체험에서 이루어져야 한다. 부모가 할 일은 부모가 해주고, 나머지 일은 하나님에게 맡겨야 한다. 나는 지금도 아들들이 겪은 이 경험이 그들 인생에서 돈을 주고도 살 수 없는 귀한 자산이 되었다고 믿는다.

부모가 자녀들의 학교 성적을 높이기 위하여 그들을 학원에만 보내는 것은 결코 좋은 교육이 아니다. 초등학교 시절부터 나이에 맞는 일을 시켜야 건전한 노동의 습관과 아울러 좋은 성품을 가질 수 있다.

4형제의 복수(?)

저자는 3년 6개월만에 아들만 넷을 낳았다. 셋째와 넷째가 쌍둥이였다. 그래서 나이가 비슷한 4형제는 대부분 학교나 스포츠 경기 및 교회를 항상 함께 다니며 생활했다. 그래서 그들의 단결력은 유별나게 매우 강했다.

큰 아들이 초등학교 6학년 때였다. 교회 복도에서 중 3학생이 지나가다가 이유도 없이 큰 아들을 때려서 울렸던 사건이 있었다. 억울한 아들이 3동생들을 모았다. 그리고 이 일을 설명했다. 4형제는 그 중학생에게 복수(?)를 하기로 했다. 그리고 작전에 들어갔다.

몇 시간이 지난 후 4아들들은 몰래 그 중학생이 서 있는 곳으로 다가

갔다. 그리고 두 쌍둥이는 그 학생 뒤로 다가가 갑자기 양 다리를 하나씩 힘껏 껴안았다. 그리고 첫째 아들은 갑자기 앞에서 공격을 하고, 둘째 아들은 옆에서 공격을 했다. 공격의 목적은 주먹으로 상대를 때리는 것이 아니라 쓰러뜨리는 것이었다.

다리를 움직일 수 없었던 그 중학생은 속수무책으로 밀려 쓰러졌다. 그 학생이 쓰러지자 공격을 멈추고 모두 도망을 갔다. 교회에서 착하기만 한 줄 알았던 4아들들의 돌발행동은 교인들을 놀라게 했다. 그 후 교회에서는 이런 소문이 돌았다.

"현 집사네 애들을 건들면 큰일 난다." (당시 저자의 교회 직분은 집사였다.)

4아들들은 모두 현재 40대 초반의 신사가 되었다. 모두 결혼을 하여 가정을 꾸리고 자녀들도 가졌다. 그들은 아직도 현가(玄家)네 대소사에는 매우 적극적으로 잘 뭉친다. 미국 주류사회에서 영향력 있는 전문직 생업을 하고 있다. 물론 신앙생활도 열심히 한다. 그리고 그들의 4촌 자녀들도 서로 잘 뭉친다. 물론 가정에서 유대인을 모델로 한 형제우애를 가르친 열매이기도 하다.

이렇게 현가네 3세대는 미국에서 뿌리를 잘 내리고 있다. 부모여 자녀를 많이 낳으세요. 그리고 유대인의 쉐마교육을 가르치세요.

> 자식은 여호와의 주신 기업이요, 태의 열매는 그의 상급이로다. 젊은 자의 자식은 장사의 수중의 화살 같으니, 이것이 그 전통에 가득한 자는 복되도다. 저희가 성문에서 그 원수와 말할 때에 수치를 당치 아니하리로다. (시 127:3–5)

자녀를 많이 낳으면 부모에게만 좋은 것이 아니다. 형제들에게도 서로 의지하게 하고 힘이 된다.

베이비시터 하는 아들들

나는 둘째 아들과 셋째 및 넷째 아들들도 모두 중학생 때부터 알바를 시켰다. 그들은 주로 베이비시터를 많이 했다. 동네 주변 주부들이나 교회 여자 집사들은 가끔 밤에 외출을 할 경우가 있었다. 주로 부부 동반 음악회나 파티에 나갈 때였다. 그 때는 꼭 우리 집 아들들을 불렀다. 아들들이 모범생으로 소문이 나 있었기 때문이었다.

미국에서는 13세 미만의 자녀들이 보호자 없이 혼자 집에 있는 것은 불법이었다. 그래서 부부가 동시에 밖에 나갈 때에는 자녀를 돌볼 수 있는 베이비시터를 불러야 했다.

그 외에도 큰 아들은 다른 마켓 같은 곳에서 알바를 꾸준히 했다. 이런 교육은 자신들의 부모에게 의지하려고 하지 않는 독립심 교육은 물론이요, 스스로 생존할 수 있는 방법을 터득하는 데 매우 유익하다. 세상은 그렇게 살아가기가 만만하지 않다는 것을 배우는 것이다.

그 보다도 더 귀한 것을 배울 수 있다. 남의 집 아기들을 돌보면서 EQ의 마음이 자란다. 어린 생명을 돌본다는 것 자체가 한 생명의 귀중함을 알게 되는 계기가 될 것이다. 특히 간난 아기를 돌본다는 것은 쉬운 일이 아니다.

아기가 울 때 우유를 먹이고, 기저귀가 젖으면갈아 끼우며 어떤 생각을 했을까? 한 아기를 키우기가 얼마나 힘든 줄 깨달았을 것이다. 자신들의 부모님도 이런 정성과 수고로 자신들을 키웠다는 것을 배웠을 것이다.

이것은 돈보다 더 귀한 착한 품성을 키우는 경험을 하는 것이다. 이런 경험을 한 아이들과 그렇지 못한 아이들의 인성 형성에 얼마나 큰 차이가 나는지를 깨달아야 한다.

왜 1970년대 이전 세대가 현대 세대보다 EQ가 높은가? 전자는 형제들이 많아 누나나 형들이 동생들을 돌보았던 세대이지만, 후자는 자녀를 하나나 둘만 낳아 그런 경험이 전혀 없는 세대이기 때문이다.

험악한 흑인 학교에서 살아남은 아들들의 지혜

아들 넷이 다녔던 중학교(Palms Junior High School)와 고등학교(Venice High School)는 웨스트 로스엔젤리스에 있다. 둘 다 공립학교다. 백인 지역이지만 흑인과 멕시칸늘이 매우 많았다. 한인들이 꺼리는 학교였다. 백인 지역인데 왜 유색인종이 많은가?

중학교는 버싱(Busing)을 했기 때문이었다. 이것은 LA통합교육구(LA Unified School District)에서 공립학교에 인종 비율을 맞추기 위하여 흑인지역 학생들을 버스로 백인지역 학교로 통학을 시키는 제도다. 흑인들만 격리되어 있으면 성적이 점점 더 떨어지기 때문에 인종 통합정책을 썼다.

그런데도 왜 나는 그런 학교를 선택했는가? 그 학교들은 학기 초에 우등생을 선발하여 그 학생들끼리 한 반을 만들어 공부를 하기 때문이다. 그것을 '영재 프로그램'(Gifted Program, or Magnetic Program)이라고 한다. 미국은 영재는 영재끼리 경쟁하여 미국을 이끌 유능한 차세대 리더들을 양성한다. 그렇다고 한국처럼 비영재 학생들의 부모들이 그런 제도에 불평을 하지 않는다.

우리 집 애들은 늘 영재반에 뽑혔다. 그래서 그들이 아침에 그 학교 정문으로 들어갈 때는 소수 인종들과 섞여 들어갔지만 공부는 거의 백인이나 아시안들과 함께 했다.

특히 고등학교(Venice High School)는 흑인 깡패가 많은 우범지역에 있었다. 왜냐하면 그 학교 구역 내에 저소득층 시립 흑인 아파트 단지가 끼어 있었기 때문이다.

학생들이 등교를 할 때는 정문에서 경찰들이 칼과 총기 검사를 할 정도였다. 경찰차도 상주해 있었다. 물론 그 학교에도 '영재 프로그램'이 있어서 우리 아들들은 늘 공부 잘하는 애들과 함께 치열하게 경쟁을 했었다.

나중에 유대인 랍비들에게 우리 아들들이 베니스 고등학교에 다닌다고 했더니 너무 놀라워했다. 어떻게 그런 위험한 학교에 다닐 수가 있느냐는 것이었다. 지금 생각해보면 한편 아찔하기도 하다.

아들들은 그 험악한 학교에서 어떻게 살아남았나? 그 이유를 들어보자.

독수리 리더십 훈련, 미식 축구 선수

한국교육은 혼자서 공부만하는 골방샌님을 만들기 쉽다. 그러나 미국교육은 강한 체력을 지향한다. 체력을 단련하는 과정은 체력만 단련시키는 것이 아니다. 강한 의지력도 함께 키운다(PQ).

그리고 체력단련을 시키는데 주로 팀을 만들어 함께 생존하는 리더십을 키운다. 그래서 개인들끼리 하는 탁구나 정구 혹은 골프보다는 팀플

레이를 할 수 있는 야구나 축구를 선호한다.

미국은 그 방법으로 유치원 나이 때부터 주말에 동네 공원에서 팀을 짜서 야구나 축구 경기를 시킨다. 우리 집 아들들은 자연히 자신들이 다니는 학교 아이들과 어울려 그들과 운동을 하지 않을 수가 없었다.

코치나 심판은 모두 부모들 중에서 자원봉사자들이 맡았다. 그리고 엄마들은 팀원들의 간식을 돌아가며 챙긴다. 우리 집은 다행히 아내가 외향적이고 운동을 좋아해서 모든 뒷바라지를 잘 해주었다.

매 학기마다 스포츠 팀들은 리그전을 한다. 처음에는 동네끼리 대항해 경기를 하다가 나중에는 동네에서 이긴 팀들이 시와 시가 대항하여 경기를 이어갔다. 계속 이길 경우 나중에는 먼 거리의 카운티까지 올라가는 경우도 많았다.

아들들이 연년생인데다 막내가 쌍둥이라 어떤 운동을 하든지 대부분 셋이 한 팀이 되는 경우가 많았다. 그래서 우리 아들들이 어떻게 하느냐에 따라 그 팀이 이기기도 하고 지기도 하는 경우가 많았다. 다행히 아들들은 운동신경이 발달되어 그들이 속한 팀이 이기는 경우가 많았다.

아들들이 고등학교에 들어가면서부터 거의 프로 팀에 준하는 바시티(Varsity)팀에 합류했다. 세 아들들은 미식 축구(American football)를, 둘째 아들은 배구를 했다.

미식 축구는 격렬한 몸싸움을 하는 종목이다. 팀원 대부분은 주로 덩치가 큰 흑인들과 멕시칸들이 많았다. 그 중에는 동네 갱들도 있었다. 한인들이 보기에는 험악하게 보였다.

미식 축구 연습을 할 때는 양쪽에서 힘껏 중앙으로 달려오다가 중간에서 있는 힘을 하여 상대방과 사정없이 부닥친다. 그것을 계속 반복한다. 그리고 다리와 허벅지 그리고 상체 근육을 단련하는 단체 운동도 매우 빡세게 시킨다.

그야말로 인내심을 키우고(PQ, 의지력 지수) 자존감을 높이는 강한 독수리 훈련이다. 큰 아들은 팔이 두 번이나 부러졌었다. 둘째 아들도 처음에는 미식 축구를 택했다가 너무 세게 부닥치니까, 부닥치지 않는 배구로 돌렸다.

특히 쌍둥이는 그 팀에서 선수 중의 선수로 뽑혔다. 둘이서 죽이 잘 맞아 셋째(쿼터 백)가 멀리서 던져주는 공을 넷째(와이드 리시버)가 잘 받아 상대방 진영에 꽂는 경우가 많았다. 막내는 다른 학생들보다 날씬하고 달리기를 잘했다.

그 뿐만이 아니다. 두 아들들은 팀을 이끄는 주장 일을 했다. 한국에서는 주장을 코치가 임명하지만 미국에서는 선수들끼리 투표를 하여 선출한다. 그 팀원들은 왜 나의 아들들(한국인)을 주장으로 선출했겠는가?

아들들의 인성이 그만큼 타의 모범이 되었기 때문이다. 어떤 점들이 좋았는가? 물론 다른 팀원들보다 성적도 우수했지만 기독교 동아리 회장과 부회장을 맡은 것도 도움이 되었을 것이다.

그러나 인성교육학적으로 이것보다 더 중요한 요소가 있었다. 그들은 팀을 승리로 이끄는데 매우 헌신적이었다. 기독교 정신으로 남을 먼저 배려하는 것, 즉 서번트 리더십(servant leadership)이 습관이 되어있었다.

뿐만 아니라 팀에 대한 애착이 강하여 독수리처럼 승부욕이 매우 강했다. 경기에서 패배하면 혼자 땅을 치며 울기도 했다. 이것은 독수리 리더십의 특징이기도 하다. 그러니 아들들이 덩치는 상대적으로 작지만 자동적으로 독수리 리더가 될 수밖에 없었다.

우리 아들들이 흑인이나 멕시칸들을 무서워하지 않고 잘 다루는 이유

독수리 교육 방법 중에 가장 좋은 것 중 하나가 격한 단체 운동을 시키는 것이다. 아들들은 미식축구 선수였다. 쌍둥이는 각각 자기 팀의 주장을 맡았다. 사진은 큰 아들(좌, 스테판, 백넘버 6), 셋째 아들 피터(우좌, 백넘버 3) 그리고 막내 앤디 (우우 백넘버 25)

아들들은 어려서부터 동네 축구나 야구팀에서 운동을 했다. 그런데 4년 반만에 4아들들을 낳았기 때문에 쌍둥이와 그 위 형은 1살 차이로 같은 팀에 편성되는 경우가 많았다.
사진은 둘째 아들(우에서 두 번째), 셋째 아들(우에서 세 번째) 그리고 넷째 아들(우에서 다섯 번째)이 속한 축구팀 모습이다

part 5 : 고난은 축복, 풍요는 저주의 전주곡이다

도 이런 훈련을 받았기 때문이다. 이것은 아들들이 성장하여 미국에서 최고로 똑똑한 영재들이 모인 그룹 속에서도 큰 리더 역할을 감당할 수 있는 데 큰 도움을 주었다.

큰 리더를 만드는 데는 물론 IQ 교육도 중요하지만 그보다 더 중요한 것은 이런 독수리 같은 의지력(PQ) 교육일 것이다. 독수리 리더 훈련은 교실에서보다 밖에서 많은 인간관계를 통하여 이루어지는 것이 더 많다는 것을 기억해야 한다.

흑인 갱들이 아들들의 보디가드(?)

한국 학교에서는 운동부에 속한 학생들은 운동에 전념을 하느라 수업 시간을 빠지거나 학교 공부에 소홀히 해도 눈감아 주는 경우가 많다. 그러나 미국 학교에서는 그런 예외가 조금도 허락되지 않는다.

따라서 우리 아들들은 시간 관리에 철저했다. 학교에서 수업 시간이 끝나면 바로 옷을 갈아입고 미식 축구 연습에 들어갔다. 그 격한 운동을 3시간 정도 하고 집에 오면 온 몸과 옷이 땀에 범벅이 되어 있었다.

샤워를 하고 식사를 하고나면 다시 학교 숙제를 해야 했다. 영재반이기 때문에 숙제가 매우 많았다. 경쟁도 치열하다. 또한 틈틈이 어와나(AWANA)프로그램에 속하여 성경도 암송해야 했다. 〈저자 주: '어와나'에 대해서는 본서 제6부 제1장 '종교 교육 (EQ교육) 참조〉

1년 후에 우리 집이 속한 LA지역의 학군 제도가 바뀌었다. 〈저자 주: 미국은 주나 시에 따라 교육 제도가 약간씩 다른 경우가 많다.〉

고등학교를 다니던 아들들이 웨스트 로스엔젤리스 백인 지역 공립 고등학교(University High School, 보통 Uni-High로 부름)에 다닐 수 있는 권한이 부여되었다. 그 학교는 교육 환경도 더 좋고 더 안전했다. 유대인도 많았다. 좋은 기회라고 생각하여 아들들에게 그 학교로 전학을 시켜 주겠다고 했다.

그런데 아들들은 의외로 반대를 했다. 지금 있는 학교가 자신들에게 더 안전하다고 했다. 그 이유가 놀라웠다. 자신들은 미식 축구팀에 속하여 주장을 맡고 있기 때문에 흑인 갱들이 자신들을 안전하게 보호해 준다고 했다. 즉 갱들이 보디가드 역할을 잘 해주고 있다는 것이다.

Uni-High로 전학을 가면 왜 아들들에게 더 위험한가? 그 이유 역시 예상 밖이었다. 그 학교는 한인들에게 좋은 학교라는 것이 한국까지 소문이 나서 한인 학생들이 많다는 것이다. 그런데 그 중에는 한국에서 유학을 온 깡패들도 많다고 했다.

그들이 등교시간이나 하교 시간에 정문에서 기다리고 있다가 한인 학생들만 골라 야구 방망이로 위협하여 금품을 뺏는다고 했다. 그리고 강제로 갱단에 가입도 시킨다고 했다. 당시 한인 갱단들은 다른 인종 갱단들과 패싸움도 했지만 마약 거래도 많이 했었다. 물론 경찰에 체포되면 청소년 감옥에 가는 이들도 많았다.

알고 보니 저희들끼리 많은 정보들이 오가고 있었다. 그래서 Uni-High 전학은 없었던 걸로 했다. 나중에 한국에 좋은 학교라고 알려진 학교에 왜 한인 유학생이 많은지 그리고 왜 그 중에 불량학생들이 많은지를 알게 되었다.

왜 미국에 부모를 따라 이민을 온 한인 학생들보다 유학생들 중에 불량학생들이 더 많은가? 물론 한국에서 학교성적이 좋은 모범생들이 미국에 유학을 오는 경우도 많지만, 학교성적이 부진하고 품행이 좋지 않은 자녀들이 미국에 오는 경우도 많기 때문이다.

한국 부모들은 문제 투성이 자식이 눈앞에서 미국으로 사라지면 문제가 사라지는 것처럼 생각하는 경우가 많다. 그러나 절대 그렇지가 않다.
생각해 보라. 공부를 잘하는 모범생들이 미국에 와도 미숙한 영어 때문에 수업을 따라 가기 힘든데 공부를 못하는 아이들이 어떻게 생존할 수 있겠는가!
그들이 처음 미국에 와서 받는 스트레스는 상상 이상이라고 고백한다. 그 고통을 견디지 못하면 나쁜 길로 타락하기 쉽다. 그리고 어린 나이에 외로움을 견디지 못하고 남녀가 함께 동거도 하고 마약에 손을 대기도 한다. 더구나 부모라는 감시자도 없으니 얼마나 더 타락하기 쉽겠는가!
특히 미국이나 캐나다의 대도시에는 그들을 유혹하는 나쁜 손들이 많다는 것을 기억해야 한다.

> 아들들은 더 좋은 백인 학군 학교로
> 전학가기를 거부했다. 왜?

II. 한국에서 시킨 고난 교육

세 가지 고난의 미션

〈저자 주: 이 글은 고난의 역사교육 시리즈 제5권 '유대인의 고난 역사 현장교육' 제4부 제5장 II. 3. B. '다큐 미디어를 통한 저자의 고난의 역사교육 방법'에 있지만 이 주제에 꼭 필요하여 다시 싣는다.〉

1980년대 대부분 해외 동포들이 자녀들과 고국을 찾으면 일가친척으로부터 극진한 대접을 받았다. 특히 자녀들이 영어를 잘하기 때문이었다. 일가친척의 어린 사촌들은 그들과 함께 좋은 것을 먹으며 놀이터나 해변에서 놀며 영어를 배우려고 노력했다.

나는 아들들이 그렇게 대접만 받고 노는 것도 좋은 추억이 되겠지만, 이것보다는 더 가치 있는 교육에 주력했다. 즉 재미보다는 의미 있는 교육에 치중했다. 따라서 나는 아들들에게 다음 세 가지 고난의 미션을 주었다.

첫째, 나는 내가 어렸을 때 농촌에서 고생했던 고생을 그대로 시켜야 한다고 생각했다. 그래야 아버지와 아버지의 나라 한국을 더 잘 이해할 수 있을 것이라고 생각했다.

둘째, 아들 4명이 한국에 가서도 24시간 함께 붙어 있으면 영어만 사용할 것이다. 그러면 한국어를 배울 절호의 기회를 잃게 된다. 그래서 4명을 각각 흩어놓아야 한다고 생각했다.

셋째, 나는 아들들이 한국의 지리를 손수 익히게 하기 위하여 좀 힘든 미션을 주었다. 일단 그들이 한국의 김포 공항에 내리면 수원이나 대전에 있는, 내가 준 주소로 직접 버스나 기차를 타고 찾아가게 했다. 이것은 미국에서만 살았던 고등학생들에게 서툰 한국말로 한 번도 가보지 않았던 곳을 다른 사람들에게 묻고 물어서 최종 목적지까지 찾아가게 하는 고난의 체험 방법이다. 이것도 일종의 독수리 훈련이다.

〈이 사실을 아들들로부터 전해 들은 아내는 나를 매우 원망했었다.〉

나는 세 가지 목적을 성취할 수 있는 방법을 찾았다. 한국에는 내가 집회를 많이 했기 때문에 아는 목사나 단체장들이 많았다. 그들을 통하여 거주할 집들을 물색하였다. 다행히 한국 학생들이 영어를 배우려는 열정이 많아 민박집을 구하는 데는 어렵지 않았다.

부모들 중에 자신의 아들과 나의 아들과 나이가 비슷한 연령대 학생들을 찾았다. 그들과 함께 자고 놀면서 그들은 영어를 배우고 나의 아들들은 한국어를 배우는 것이 목적이었다.

나는 아들들에게 일단 거주할 집에 도착하면 짐을 내려놓고 집 주인에게 "큰절 받으세요."하고 큰절을 하라고 했다. 그리고 식사를 할 때는 어른들이 수저를 들기 전에는 들지 말고, 고기나 생선 같은 음식들은 어른들이 많이 들도록 너희는 배부르다고 하면서 아껴 먹으라고 했다. 그리고 마지막 남은 고기는 먹지 말라고 했다.

나는 목사님들과 교사들에게 일부러 아들들에게 가장 힘들고 천한 일을 하게 하도록 부탁했다. 그래서 큰 아들(현승진, 스테판)은 수원 젖소목장에서 오물치우는 일을, 둘째 아들(현재진, 필립)은 수원에서 그런 일을 찾을 수 없어서 유치원에서 영어 가르치는 일을 시켰다.

쌍둥이 아들들〈현상진(피터), 현호진(엔드류)〉에게는 대전에서 거주할 집은 따로 정해 주었다. 그리고 그곳 학생들이 다니는 고등학교의 이사장에게 부탁하여 한 달간 그 학교에 함께 다니게 했다.

아버지, 한국 애들은 머리가 나쁜가 봐

얼마 후 상진이를 데리고 있었던 민박집 부모로부터 전화가 왔다. 그간 있었던 일을 알려주었다. 학교에 갔더니 교장 선생님이 "미국에서 온 애들, 버릇없어 힘들지요?"라고 말했다는 것이었다. 그래서 그는 이렇게 대답했다고 했다.

"버릇없는 애들은 우리 집 애들이오. 걔네들은 얼마나 예의 바른지 몰라요."

그 후 그 학교에서는 이런 소문이 돌았다고 했다. 자녀들을 미국에 보내면 예의 바르게 자란다고…. 아들들에게도 소식이 왔다. 한 번은 학교에서 수학 수업 시간에 선생님이 칠판에 문제를 내 놓고 공부 잘하는 학생들에게 나와서 풀어보라고 했단다. 그러나 몇 명이 나갔으나 모두 틀렸다고 했다. 그 후 선생님이 경멸하는 말투로 이렇게 말했다고 했다.

"야, 미국에서 온 녀석들, 너희들 한 번 나와 풀어봐라!"

두 아들들은 나가서 가뿐히 수학 문제를 풀었다. 그 이후에는 아들들을 무시하지 않았다고 했다. 그러면서 아들들이 나에게 이런 얘기를 했다.

나는 아들들을 대전의 사립고등학교에 한달 동안 다니게 했다. 그들에게는 한국 학교의 특징을 알 수 있는 매우 귀한 경험이었다. 가운데 까만 셔츠 입은 학생이 3남이다.

"아빠, 한국 아이들은 머리가 나쁜 모양이야. 왜 4시간만 자고 공부를 하지? 그리고 그런 문제도 풀지 못하고…."

미국에서 자신들은 7시간씩 충분히 자고 힘든 운동을 하면서도 그런 문제를 푸는데 한국 학생들은 왜 못 푸는지 의아했다는 것이다. 그런데 아들들 얘기에 따르면, 대부분 학생들이 아침부터 수업시간에 엎드려 잔다고 했다. 한국교육의 현실을 보는 느낌이었다. 아들들은 아버지가 미국으로 이민을 와주어 고맙다고 했다.

아들들에게 똥 푸는 일을 시켜주세요

3주 후 대전의 쌍둥이 아들들로부터 전화가 왔다.

"아버지, 학교 분위기가 이상해졌어요."

"무슨 말이야?"

"학기말이 되니까 이곳 학생들이 시험공부를 하느라 우리와 얘기하기를 꺼리고 있어요."

알고 보니 한국 학생들은 시험 기간에는 시험에만 몰두 하느라고 너무 긴장하고 있다는 것이다. 그런데 우리 아들들은 시험을 볼 이유가 없으니 외톨이가 되었다는 것이다. 그래서 그 학교에 다니기가 힘들다는 것이다. 그래서 그 학교 이사장한테 전화를 했다.

"우리 아들들을 대전 근교 시골 농사짓는 집에 가서 오물 푸는 일을 하게 해주세요."

나는 늘 아들들에게 "사람은 오물을 푸는 일을 해봐야 사람이 되는 거야."라고 말했었다. 그는 웃으며 현재 대전 근교에 그런 곳이 없다고 했다. 그 대신 자기네 재단에서 운영하는 주유소가 있는데, 그곳에 주유원으로 취직을 시켜주겠다고 했다. 그래서 두 아들들은 그곳에서 3주간 주유원 일을 했었다.

새벽 7시에 주유소 마당을 청소하는 일로 시작하면 밤 10시에 일을 마쳤다. 숙식은 그곳에서 다른 주유원들과 함께 공동체 생활을 했다. 매일 먹는 음식은 밥에다 채소, 국 그리고 김치가 전부였다고 했다.

그들은 그 주유소에서 너무나 적은 돈을 받고 일하는 한국인 동료들을 보며 가슴이 아팠다고 했다. 당시 1995년에는 한국이 그렇게 잘사는 나라가 아니었다. 그리고 주유원 자체의 사회적 지위 역시 최하위였다.

쌍둥이 아들들이 서울에 왔을 때 그들에게 물었다.

나는 아들들을 시골에 데리고 가 똥 푸는 일을 시키고자 했다. 그러나 그런 곳을 찾지 못하여 대전의 주유소에서 펌프 일을 시켰다. 사진은 주유소에서 일했던 쌍둥이 아들들의 모습

"주유소에서 한국인들이 가장 많이 하는 말이 무엇이니?"
"야, 만땅 채워!"

아들들의 대답에 모두가 웃었다. 그 이후 쌍둥이는 2주간 교회 건축을 하는 현장에서 벽돌을 나르는 막노동도 했다. 고난 교육을 철저히 한 것이다. 나는 아들들이 주유소에서 최하위 신분의 아들들과 함께 생활을 했던 것은 과거 아버지의 고난을 생각하게 했을 뿐만 아니라 동족에 대한 더 깊은 연민의 정을 느끼게 했을 것이라고 생각한다.

> 쌍둥이 아들들에게 물었다.
> "주유소에서 한국인들이 가장 많이 하는 말이 무엇이니?"
> "야, 만땅 채워!"

아들들이 수원에서 돈을 털린(?) 사건

쌍둥이가 일정을 마치고 서울로 오는 길에 두 형들을 수원에서 만났다. 오래간만에 회포도 풀 겸 아들들은 수원갈비집에 들렀다. 한국 실정에 어두운 그들은 그곳 갈비 값이 그렇게 비싼지 모르고 들어간 것이다. 미국에서 벅년 갈비 값만 생각한 것이다. 그래서 그간 번 돈을 갈비 한번 먹고 다 날렸다. 그 후 아들들은 김밥과 자장면만 먹고 다녔다고 했다.

아들들은 돈 천원 벌기가 얼마나 힘든지를 배웠고, 밑바닥 인생을 체험했다는 점에서 큰 수확이었다. 그것도 미국이 아니라 아버지의 나라 한국에서…. 그리고 동료들로부터 한국 문화와 한국어를 배웠다. 나는 아직도 그들에게 농촌에서 오물 푸는 일을 시키지 못한 것이 못내 아쉽다.

아들들이 서울에 도착하자 어머님을 비롯한 형님들 댁에서는 나를 몹시 나무랐다. 미국에 있는 아내도 마찬가지였다. 어린 아들 넷이 모처럼 고국에 와서 4촌들하고 재미있게 수박 먹고 놀게 하지, 약 6주간이나 남의 집에서 그렇게 힘든 일을 시키며 고생을 시켰다는 것이다. 세상에 너 같은 사람이 어디 있느냐고 했다.

분명 나의 자녀교육 방법은 다른 이들의 것과 달랐다. 나도 나의 아들들을 사랑하기 때문에 그렇게 강훈련을 시킨 것이다. 하나님도 이스라엘 백성을 광야에서 그렇게 혹독하게 훈련시키신 이유도 그들을 그토록 사랑하셨기 때문이 아니었던가(신 8:1-4, 8:15-16)!

참새가 아닌 독수리가 되기 위해서는 사회의 맨 밑바닥에서 고난을 경험해야 한다. 내가 학부모들에게 동일한 알바라도 사회 최하의 밑바닥 알바를 권하는 이유다. 1990년대에는 한국 사회의 맨 밑바닥과 미국 사회의 맨 밑바닥은 너무나 차이가 컸었다.

나는 지금도 아들들에게 감사하는 것이 있다. 당시 내가 시켰던 일들이 싫었더라도 순종해 주었다는 것이다. 고1 이상의 아들들이 나의 말에 순종했던 것은 그동안 내가 그들에게 한국인과 유대인의 효도교육을 철저히 가르쳤기 때문이었다. 그것이 교육의 효과로 나타났던 것이다.

나의 아들들은 30여년이 지난, 2022년 4월 나에게 이렇게 말했다.

"당시에는 아버지를 싫어했지만, 이제는 아버지가 우리를 독수리로 키워주신 아버지에게 감사합니다."

"어릴 때는 아버지가 싫었지만,
이제는 우리를 독수리로 키워주신 아버지에게 감사합니다."

세계에서 가장 가난한 나라에서 시킨 고난 교육

아들들이 빨리 철을 들게 하는 방법이 또 있다. 세계에서 제일 가난한 나라에 선교여행을 보내는 것이다. 다행히 교회에는 방학 때 갈 수 있는 단기선교의 기회가 많다. 큰 아들은 러시아로, 둘째는 인도로 쌍둥이는 중국으로 보냈다. 1980-1990년대 초에 러시아나 중국도 몹시 가난한 나라였다.

중국에 갔던 쌍둥이는 중국에서 최저의 생활을 하면서 중국 북경대 앞에 가서 복음을 전했다.

나는 아들에게 물었다.

"북경대 학생들은 엘리트 의식이 강하여 너희들에게 관심이 없었을 텐데 어떻게 접근했니?"

"아버지, 그들에게 미국에서 온 UC 버클리대학(UC Berkeley) 학생이라고 하면서 영어로 접근하면 학생들이 호기심을 가지고 서로 대화를 하려고 해요."

당시 중국은 등소평이 개혁 개방을 하여 학생들이 영어를 배우려는 열풍이 일던 시기였다. 그래서 그들에게 쉽게 복음을 전할 수 있었다고 했다. 지면상 아들 넷의 선교 여행기를 모두 나열할 수가 없어 한 가지 사례만 든다.

인도로 떠났던 둘째 아들(현재진, 필립)은 그곳 선교사(정윤진 선교사)를 잘 만나(?) 고생을 톡톡하게 하고 왔다. 컴퓨터를 잘 했던 아들은 그곳 컴퓨터 시스템을 모두 교체해 주고 왔다. 그리고 영어로 설교도 여러 번

했다고 했다.

정 선교사는 미국에서 갔던 학생들에게 현지 가난한 인도인과 동일한 생활을 강요(?)했다. 그러니 숙소도 매우 불결하고 불편했다. 그들에게 가장 고통스러웠던 것은 화장실 문제였다. 재래식 화장실이 너무나 파리가 들끓고 지저분했다. 그리고 휴지가 없었다. 볼일을 보고 난 후 손으로 처리를 한 후 약간의 물로 손을 씻었다.

그리고는 그 손으로 밥을 먹어야 했다. 인도인의 습관대로 수저가 없었다. 그 손으로 밥을 먹어야 했다. 그래서 여학생들은 이틀 동안 화장실을 안 갔다고 했다. 미국으로 돌아가게 해 달라고 정 선교사에게 울면서 졸랐다고 했다. 그러함에도 불구하고 그는 그런 불만을 일체 들어주지 않았다고 했다. 제대로 된 고난교육을 시켰던 것이다.

그렇게 훈련을 받았던 학생들은 미국에 돌아와서는 부모님에게 고맙다고 하면서 울었다고 했다. 특히 부모님들이 미국으로 이민을 와 주어 고맙다고 했다. 까만색을 보아야 흰색이 돋보이듯 현재의 행복은 과거의 고난을 기억할 때 피어난다.

후일 정 선교사는 미국을 방문했을 때 나를 만났다. 그는 아들 칭찬을 많이 해 주었다. 어떻게 그렇게 키웠느냐고 했다. 그래서 그런지 그는 그 비밀을 알기 위하여 내가 운영하는 쉐마목회자클리닉에 등록하여 유대인의 쉐마교육을 수강하기도 했다. 그 후 함께 동역하는 인도의 선교사들도 여러 명 수강하게 했다.

Ⅲ. 고난 교육의 결과

내핍생활이 몸에 밴 검소한 아들들

어린 시절부터 고난 교육을 받았던 아들들은 매우 검소했다. 전혀 육을 자극하는 수평문화에는 관심이 없었다. 술과 담배도 하지를 않는다. 그리고 깊이 생각하는 수직문화에 젖게 만들었다. 인생의 의미를 찾는 것이 습관이 되었다.

아들들이 중·고등학교를 다닐 때 가족끼리 동부지역 여행을 간 적이 있었다. 나는 1주일간 매일 가장 싼 음식들만 먹였다. 그런데 마지막 날 아내가 이렇게 간청했다.

"여보, 돈 아끼는 것도 좋지만 모처럼 가족끼리 미국 동부 여행을 왔는데, 기분으로 마지막 날 저녁에는 비싼 스테이크 좀 먹어봅시다."

듣고 보니 내가 너무 심했던 것 같았다. 그래서 미안한 마음을 가지고 그렇게 하자고 했다. 그랬더니 셋째 아들은 나에게 웃으며 이런 농담을 했다.

"아빠, 우리는 비싼 음식을 먹으면 소화가 안 돼요."

대부분 아들들은 현재도 자신들이 혼자 먹을 때에는 값싼 음식을 먹는다. 입는 옷이나 운동화도 검소한 것을 산다. 물론 집안에서 생활하는 것도 검소하다. 모든 물질을 아낀다.

아들 넷은 항상 다른 집과 비교를 했다. 다른 집들은 자식이 한 명이

나 둘인데 우리만 4명이라고 하며 되도록 돈을 아끼려고 했다. 한 번은 아내가 4명을 데리고 운동화 가게에 데리고 간 적이 있었다. 그런데 셋째 아들이 아내에게 이렇게 말했다고 한다.

"엄마, 제일 싼 것으로 사주세요. 우리는 형제가 많아 돈이 많이 들잖아요."

아내는 그 말에 매우 감동했다고 했다. 역시 고난은 아들들을 일찍 철들게 해주었다. 고난의 유익은 더 있다. 현재 아들 넷 모두는 미국의 상류사회에서 두각을 나타내고 있다. 그런데도 항상 겸손하려고 노력을 한다. 그리고 남을 도와주려고 노력을 많이 한다. 물론 나도 아들들한테 밖에서 늘 겸손하라고 권했다.

그 결과 그들 주변에는 항상 친구들이 많다. 인간관계가 원만하기 때문이다. 나는 이것도 무엇보다 값진 재산 중 하나라고 생각한다. 아들들 자랑을 너무 한 것 같아 송구하다. 그러나 이것이 팩트다. 부모들이여, 무조건 자녀들을 가난하게 키우시오!

"아빠, 우리는 비싼 음식을 먹으면 소화가 안 돼요." ㅎㅎ

부전자전 교육, 노동 착취(?)

아들 넷은 그 후에도 다른 후진국에 단기 선교를 많이 다녔다. 그런데 감사한 것은 그들이 자신들이 겪었던 고난을 다른 후배 학생들에게 그대로 실천했던 것이다. 한 마디로 부전자전(父傳子傳)이다. 한 가지 예를 들어보자.

인도에서 고난 훈련을 받았던 셋째 아들이 미국 서부의 UC 버클리대학(UC Berkeley) 시절에 겪었던 일화다. 당시 샌프란시스코 지역에 중등부 사역자가 없었던 교회에서 아들은 1년 동안 임시로 전도사 역할을 한 적이 있었다.

아들은 여름 방학 때 학생들을 데리고 멕시코 농촌으로 선교여행을 떠났다. 그곳 한인 선교사가 초청을 한 것이다. 그곳은 1960년대 한국 같은 최하의 저소득층이 사는 미개 지역이었다. 그곳에서 원주민의 농사일을 도와주며 복음 전하는 일을 했다.

그곳에서도 역시 화장실 문제가 가장 컸다. 여학생들은 아예 화장실을 들여다보고 놀라서 바로 나왔다. 그리고는 며칠을 참았다. 그러나 그 후에는 적응할 수밖에 없었다.

낮에는 의무적으로 농사일을 시켰다. 파종을 하기 위해 땅을 갈아엎어야 했다. 그런데 문제가 생겼다. 여학생들은 물론 남학생들도 일하기를 거부했다. 왜 우리에게 이렇게 힘든 일을 시키느냐는 것이었다.

아들은 그들이 일을 하지 않으면 밥을 주지 않겠다고 했다. 학생들은 아들에게 미국에서 햄버거 샵에서 알바를 하면 최저임금이라도 받는데 왜 여기서는 우리의 노동을 착취하느냐고 따졌다. 미국에 돌아가면 고소하겠다고 으름장을 놓았다. 그래도 아들은 상관치 않고 계속 밥을 주지 않았다.

결국 하루를 굶고는 그들 스스로 모두가 일을 하기 시작했다. 나는 아들에게 물었다.

"학생들이 미국에 돌아와서 부모들에게 말하여 너를 고소하면 어떻게 하려고 그렇게 했니?"

"아버지, 그래서 가기 전에 미리 부모님들과 학생들에게 어떠한 일이 있어도 책임을 묻지 않겠다는 각서를 받아놨거든요."

역시 미국에서 자란 애들은 한국에서 자란 애들보다 법에 밝았다. 그리고 마침내 2주의 계약 기간이 지났다. 아들은 중노동에 시달렸던 학생들에게 마지막 날은 태평양 바닷가에 데리고 가 하루 종일 신나가 놀게 했다. 점심에는 불고기와 생선 음식 파티를 해주었다. 학생들은 너무 좋아서 환호했다. 모든 원망과 불만을 털어내는 시간이었다.

학생들이 미국 집으로 돌아온 후 반응은 어땠을까? 학부모들이 아들에게 고소는커녕 너무 고맙다는 인사가 쇄도했다. 애들이 확 바뀌었다고 했다. 부모에 대한 불평불만을 했던 것이 사라졌다. 음식 타박이 없어졌다. 아무 거나 다 잘 먹었다.

처음으로 부모에게 미국에 이민을 와주어 고맙다고 했다. 이것은 돈을 주고도 살 수 없는 귀한 값진 경험이다. 고난, 그것은 저주가 아니라 축복의 전주곡이다.

아들은 학생들이 일을 안 하면 밥을 주지 않았다.
학생들은 단체로 반항했다. 그래서….

대학에서 알바로 동생들을 돌본 둘째 아들

둘째 아들(현재진, 필립)은 UC 버클리대학에 들어가자마자 그 대학에서 운영하는 컴퓨터 센터에 파트타임으로 취직을 했다. 그 당시(1990년대 중반)에 만해도 컴퓨터를 잘 하는 학생들이 많지 않았던 시절이었다. 그리고 컴퓨터가 고장도 잘 났었다.

그곳에서 학생들이 컴퓨터에 문제가 있어 찾아오면 그것을 정성껏 고쳐 주었다. 작동법을 모르는 학생들에게는 작동법도 친절하게 가르쳐 주었다.

6개월 후 아들의 기술이 좋다는 소문이 대학 전체에 퍼졌다. 그러자 그 대학교 화학과 교수들의 요청으로 그 대학 화학과 연구실에 파트타임으로 취직이 되었다. 물론 보수도 더 많아졌다. 컴퓨터로 그들의 연구를 도와주는 일을 했다.

아들은 그렇게 빈 돈을 자신과 두 쌍둥이 용돈으로 사용했나. 우리에게는 쌍둥이 용돈을 자신이 책임지겠다고 했다. 그는 형으로서 당연히 해야 할 일이라고 했다. 어떻게든 부모의 부담을 덜어주려고 노력했다.

우리 집은 한 때는 아내만 빼고 나를 포함 다섯 남자들이 모두 학생들이었던 시절이 있었다. UC 버클리는 공립대학이지만 가주주립대학(California State University)보다는 등록금이 많이 비쌌다. 그러나 하버드나 예일 같은 사립대학 보다는 쌌다.

아들은 그곳에서도 좋은 소문이 퍼져 졸업을 하기 전부터 미국의 대형 컴퓨터 회사에서 스카우트 제의가 왔었다. 그러나 아들은 큰 회사에 가면 한 부서에서 그 분야 일만을 배울 수 있지만 전반적인 일은 배울 수 없다고 하여 창업하는 조그만 회사에 취직을 했다.

"가장 좋은 소개장은 자신의 평판이다."

유대인 탈무드의 격언이다. 현재 그는 개인 사업을 하고 있다. 그리고 4명의 아들들 중 가장 부자다. 그 아들뿐만 아니라 큰 아들과 쌍둥이 아들들도 용돈은 자기들이 벌어서 학교를 다녔다. 모두가 부모가 대학생 4명을 키우기가 힘들다고 생각하여 저희들이 알아서 고생을 자청한 것이다.

우리 집은 한 때 아내만 빼고 나와 네 아들들이
모두 학생이었던 시절이 있었다.

독수리 리더로 자란 막내아들

막내가 다녔던 UC 버클리대학(UC Berkeley)은 캘리포니아 북쪽 샌프란시스코에 있다. 내가 살고 있는 LA에서 대단히 먼 거리(614km=382마일)에 있다. 자동차로 쉬지 않고 달려도 6-7시간이 걸린다.

그래서 그 학교에 다니는 한인학생들은 명절이나 방학 때 샌프란시스코에서 LA로 내려 올 때는 차를 소유한 아이의 차에 카풀을 했다. 서로 미리 예약을 하여 조그만 소형차에 5명이 꽉 차야 움직였다. 우리 집 애들은 차가 없었다.

세 아들들은 각자 다른 차를 타고 금요일 밤에 LA 집까지 무사히 도착했다. 며칠 후 명절이 끝나 다시 샌프란시스코로 올라 갈 때도 자신들이 타고 왔던 차를 타야 학교에 갈 수가 있다.

그런데 떠나기 하루 전에 막내아들에게 일이 발생했다. 다른 학생으로부터 아들에게 전화가 왔다. 자신에게 특별한 일이 생겨서 자신이 타고 왔던 차로 갈 수가 없으니 아들이 타고 온 차를 대신 탈 수 없느냐는 것이었다. 아들은 흔쾌히 자신 대신에 네가 타고 가라고 허락을 했다.

옆에서 그 전화 소리를 듣고 있고 있었던 나는 매우 놀랐다.

"야, 그럼 너는 어떻게 가려고 네 자리를 양보하니?"
"아버지, 나는 그래야 해요."
"왜?"
"그 애도 장차 내가 목회를 하면 내가 목회하는 교회의 교인이 될 아이예요."

나는 당시에 매우 당황했지만 아들이 아버지보다 낫구나 하는 생각을 했다.

"그래, 목사의 독수리 리더십은 그래야 해!"

"그래, 목사의 독수리 리더십은 그래야 해!"

"엄마, 우리는 고생을 더 해야 해요"

내가 보스턴 연합집회 강사로 갔었을 때였다. 당시 막내아들이 보스턴 외각에 위치한 고든커넬신학대원에 목회학 석사(M.Div.) 과정 학생으로 다니고 있었다. 집회를 모두 마치고 학교에 가서 아들을 만났다.

아들은 자신이 스스로 고생을 사서하고 있었을 때였다. 처음에는 방과 후에 학교 대강당 청소를 하며 학비를 벌고 있었다. 그 후 고학년이 되면서 공부를 잘 하는 것이 교수의 눈에 들어 조교로 취직이 되었다.

나는 그것이 기특하기도 했지만 그 동안 내가 너무 고생을 많이 시켰구나하는 마음에 가슴이 아팠다. 난생 처음으로 선심을 썼다. 집회 후 사례비로 받은 돈에서 현금 1,000불(약 130만원)을 떼어 아들에게 주었다.

"그 동안 아버지가 고생을 많이 시켜 미안하다. 이 돈은 네가 마음대로 사용해도 좋다."

나는 아들의 의외 반응에 놀랐다. 그 돈을 사양하면서 이렇게 말했다.

"아버님, 지금 아버님은 나에게 교육을 잘못 시키는 거예요. 내가 이 돈을 받으면 내 힘으로 살 생각이 없어지고 아버님에게 의존하고 싶은 생각이 들 거예요. 그냥 가져가세요."

나는 눈물이 핑 돌았다.

쌍둥이 아들들이 미국 뉴욕 지역에 거주하고 있었을 때였다. 셋째 아들은 그곳에서 NYU법대 대학원을 다니고 있었다. 막내는 신학교를 다니는 동안 교회 사역지가 뉴욕이라 보스턴에 위치한 신학교를 일주일에 3번씩 왕복을 해야 했다.

신학교 건물은 대중교통 정류장에서 약 40리 정도 떨어져 있는 산골 외진 곳에 있었다. 승용차가 없으니 매번 홀로 2시간을 걸어 다녀야 했다. 물론 재수 좋은 날은 남의 차에 합승도 했다고 한다.

이 소식을 들은 아내는 나에게 두 아들들이 함께 사용하도록 중고차를 한 대 사주자고 했다. 우리 집보다 못사는 집에서도 애들이 대학을 가면 자동차를 사준다는 것이었다.

나는 반대를 하였다. 그래도 그만한 고생은 감수해야 한다고 했다. 아내는 차가 없어 고생하는 아들들이 안쓰러워 나 몰래 아들들에게 전화를 했다.

"엄마가 너희들에게 중고차를 한 대 사주려고 하는데, 어느 차를 원하니?"

막내아들이 대답했다.

"엄마, 우리는 고생을 더 해야 해요. 차 필요 없어요. 괜찮아요."

보스턴 지역에서는 그러한 아들 칭찬이 자자했다. 요즘 아이들과 다르다는 것이었다. 한편에서는 뉘 집 학생인지 지독하다는 말도 했다. 알고 보니 내가 집회를 인도했던 보스턴장로교회(당회장 전덕영 목사) 목사의 아들이 막내아들과 신학교 동기였기 때문이었다. 실로 아들은 독수리로 성장해 있었다.

나는 부모들에게 이렇게 권하고 싶다.

"자녀의 미래를 망치려면 고급으로만 먹이고, 입히고, 편하게 키우시오!"

왜 이렇게 키우면 망하는가? 이런 방법은 하나님이 원하시는 방법이 아니기 때문이다.

이와 관련된 에피소드가 있었다. 쉐마목회자클리닉은 3학기로 구성되어 있다. 제1차 학기는 '인성교육편'이고, 제2차 학기는 '쉐마교육편'이다. 그리고 제3차 학기는 미국에서 실제로 정통파 유대인의 교육을 체험하는 학기다.

미국 제3차 학기 쉐마목회자클리닉에 아버지 목사님을 따라온 대학생 자매가 있었다. 그녀는 미국에 유학을 준비하고 있다고 했다. 그 자매는 자기 아버지에게 고급 차를 사달라고 졸랐단다.

아버지 목사님이 나에게 물어보았다. "교수님은 아들에게 어떤 차를 사주셨습니까?" 그래서 앞의 아들 얘기를 해 주었다. 이 얘기를 들었던 모든 목사님과 딸이 놀랐다. 이것이 고난 교육의 결과다.

〈더 자세한 내용은 저자의 '고난의 역사교육' 시리즈 제1권, *하나님의 독수리 자녀교육*' 참조〉

"아버님, 아버님은 나에게 잘못 교육시키는 거예요.
이 돈 그냥 가져가세요."

한국의 탈북자 선교회의 자원봉사자 아들

셋째 아들(피터)은 법대 대학원을 다니던 중 일 년 동안 휴학계를 내고 한국에 나가 지냈다. 목적은 두 가지였다. 첫째는 탈북자 선교회에서 자원봉사자로 탈북민 인권운동을 돕는 일이었다. 탈북자 관련 논문을 영어로 번역하여 전 세계에 알리는 일을 했다. 둘째는 서울대학교 국제대학원에서 1년간 파트타임으로 한글을 배우는 일이었다.

아들은 그 일 년 동안 부모에게 부담을 주지 않으려고 최소의 경비로 생활했었다. 돈을 아끼기 위하여 겨울에 보일러도 틀지 않았다. 그리고 매일 거의 김밥만 먹고 다녔다. 김밥 중에서 가장 싼 김밥을 먹었다. 실로 아들은 독수리로 자라고 있었다.

아들은 학교에서 만난 학생들과 많은 교제를 나누었다. 당시 서울대 국제대학원 학생들은 대부분 전 세계에서 한국학을 배우러 온 학생들이었다. 그들과 폭넓게 사귀면서 내가 한국에 나가 교회집회를 인도할 때는 그들을 데리고 집회에 함께 참석하기도 했다.

나는 시간 나는 대로 아들과 만나 과거 나의 어린 시절과 대학시절에 관해 많은 얘기를 해주었다. 주로 가난했을 때 어떻게 학교에 다녔는지에 관한 슬픈 추억들이었다.

그러나 즐거운 추억도 나누었다. 나와 아들은 겨울밤에 눈을 밟으며 내가 아내와 데이트를 했던 장소도 갔었다. 그리고 아내와 내가 즐겨 앉았던 벤치에 함께 앉아 오래 동안 이야기도 나누었다.

나는 아들에게 웃으며 이렇게 말했었다.

"그 당시 너희 엄마가 얼마나 예뻤는지 아니. 키도 크고 진짜 미인이었어."

나는 유대인 교육을 연구한 후 되도록 아들들과 많은 대화를 나누려고 노력했다. 소통을 통해 나와 아들 사이에 막혔던 세대차이, 즉 가문의 역사와 민족의 역사에 세대차이를 없애기 위함이었다.

아들과 나는 겨울밤에 눈을 밟으며 엄마와 데이트를 했던 곳에도 갔다. 그리고….

chapter
02

조국, 한국의 고난의 역사교육

☆

> "
> '고난 교육'과 '고난의 역사교육'은 다르다.
> 전자는 실제 고난을 시키는 것이고, 후자는 고난의 역사를 가르치는 것이다.
> 이 두 가지는 PQ(의지력 지수)를 높이고,
> 자신의 정체성을 형성시키어 내면적 자존감을 높여준다.
> "

I. 알고 보니 유대인의 고난의 역사교육 방법이구나

제1장에서 나의 아들들에게 어떤 '고난 교육'을 시켰는지를 설명했다. 이제 조국의 '고난의 역사교육'을 어떻게 시켰는지를 설명해보자. 성경은 이렇게 가르치고 있다.

옛날을 기억하라 역대의 연대를 생각하라 네 아비에게 물

으라. 그가 네게 설명할 것이요 네 어른들에게 물으라. 그들이 네게 이르리로다. (신 32:7)

유대인은 세상을 보는 이치를 이렇게 가르친다.

눈은 큰 흰자위와 작은 검은 눈동자로 구성되어 있다. 그런데 세상을 보는 기관은 작은 검은 눈동자다. 검은 눈동자는 고난의 흑암을 뜻한다. 이처럼 우리도 세상을 볼 때 고난의 검은 눈동자를 통하여 세상을 보아야 참 세상을 바라볼 수 있다. 밝은 흰자위를 통하여 보면 거품을 보기 쉽다.

물론 여기에서 말하는 '고난'에는 '자신의 고난'과 함께 '고난의 역사교육'도 포함되어 있다. 그렇다면 미주 한인 기독교인은 어떤 고난의 역사교육을 어떻게 가르쳐야 하는가?

이것도 유대인을 모델로 해야 한다. 그래야 성경적이다. 따라서 먼저 유대인은 몇 가지 고난의 역사교육을 가르치는지 알아보자.

〈저자 주: 자세한 것은 나의 저서 '고난의 역사교육 시리즈' 전5권을 참조 바람〉

눈은 큰 흰자위와 작은 검은 눈동자 중 후자로 세상을 본다.
우리도 세상을 볼 때 고난의 검은 눈동자를 통하여 세상을 보아야
참 세상을 바라볼 수 있다.

〈유대인의 고난의 역사교육〉
큰 흰자위가 아닌 작은 검은 눈동자로 세상을 보라

일단 유대인은 거주지에 따라 두 가지로 나눌 수 있다. 1) 자신의 나라 이스라엘에 거주하는 유대인과 2) 국외에 거주하는 디아스포라 유대인이다.

먼저 이스라엘에 거주하는 유대인의 경우에 대해 알아보자. 그들 부모는 자녀에게 다음 세 가지 고난의 역사를 필수로 가르친다.

1) 자신의 조국, 이스라엘의 고난의 역사교육
〈예수님 이전(BC) 성경 시대 역사교육 = 구약성경 공부〉,
2) 이스라엘을 잃은 후의 고난의 역사교육
〈예수님 이후(AD)의 유대인 디아스포라 역사교육〉,
3) 미국을 포함한 전 세계 고난의 역사교육 등이다.

유대인은 역사에서 지혜를 얻는다고 생각한다. 따라서 항상 기본적으로 세계사를 공부한다. 물론 그들은 한국의 고난의 역사에 대해서도 잘 알고 있다. 세계사에 밝아야 하는 또 하나의 이유는 거의 전 세계가 유대인에게는 적이었기 때문이기도 하다. 적을 알아야 적을 피할 수 있지 않겠는가!
그렇다면 디아스포라 유대인은 어떤 고난의 역사교육을 시킬까? 그 예로 미국에 거주하고 있는 유대계 미국인의 경우에 대해 알아보자.

1) 자신의 조국, 이스라엘의 고난의 역사교육
〈예수님 이전(BC) 성경 시대 역사교육 = 구약성경 공부〉,

2) 이스라엘을 잃은 후의 고난의 역사교육

〈예수님 이후(AD)의 유대인 디아스포라 역사교육〉,

3) 자신이 살고 있는 미국의 고난의 역사교육,

4) 미국을 포함한 전 세계 고난의 역사교육 등이다.

〈한국인에게 적용〉
한국의 고난의 역사를 통하여 세상을 보라

한국인 누구에게나 두 가지가 필요하다. 1) 자신이 겪은 고난 교육과 2) 자신이 속한 민족이나 국가의 고난의 역사교육이다. 전자는 앞(제5부 제1장)에서 설명했기 때문에 여기에서는 후자만 설명한다.

한인 기독교인도 두 가지, 1) 한국에 거주하는 한인 기독교인과 2) 해외에 거주하는 한인 기독교인 디아스포라가 있다.

앞에서 언급한 이스라엘에 거주하는 유대인의 모델을 먼저 한국에 거주하는 한인 기독교인에게 적용해보자. 그들의 자녀가 받아야 할 고난의 역사교육은 다음과 같다.

1) 자신의 조국, 대한민국의 고난의 역사교육

2) 코리언 디아스포라의 고난의 역사교육,

3) 이스라엘의 고난의 역사교육

〈예수님 이전(BC) 성경 시대 역사교육 = 구약성경 공부〉,

4) 이스라엘을 잃은 후의 고난의 역사교육

〈예수님 이후(AD)의 유대인 디아스포라 역사교육〉,

5) 미국을 포함한 전 세계 고난의 역사교육 등이다.

〈저자 주: 비기독교인일 경우에는 3-4번 공부는 제외해도 된다. 그러나 알아두면 월드 뷰를 넓히는 데 큰 도움이 될 것이다.〉

특히 한국인에게는 중국과 일본 그리고 러시아에 침략을 받았던 전쟁사는 필수다. 왜냐하면 한국은 반만년 동안 이웃 나라의 침략을 약 1000번 정도 받았기 때문이다.

그리고 6.25 전쟁에서 북한에게 패배를 안겨주었던, 그리고 현재까지 평화를 유지시켜주었던 세계 최강의 미국의 역사도 필수 과목이다. 주변 강대국으로 둘러싸인 한국이 생존하기 위해서는 한미 동맹이 필수이기 때문이다.

이것은 마치 이스라엘이 자신들의 평화를 위하여 미국과 강한 동맹을 맺은 것 같이 한국도 자신들의 국익을 위하여 미국과 동맹을 강화해야 한다. 그리고 한국도 부강한 나라답게 미국이 지향하는 세계의 자유와 평화 그리고 세계 번영에 기여를 해야 한다.

이제 디아스포라 유대인의 모델을 미국에 거주하는 한인 기독교인에게 적용해보자. 즉 나의 아들들이 받아야 할 세 가지 필수 고난의 역사교육은 무엇인가?

1) 자신의 조국, 대한민국의 고난의 역사교육,
2) 코리언 디아스포라의 고난의 역사교육,
3) 성경에 나타난 유대인의 고난의 역사교육(신구약 성경공부와 성지순례 등),
4) 자신이 살고 있는 미국의 고난의 역사교육 등이다.
5) 전 세계 고난의 역사교육 등이다.

〈저자 주: 비기독교인일 경우에는 3번 공부는 제외해도 된다. 그러나 알아두면 월드

뷰를 넓히는 데 큰 도움이 될 것이다.)

　한국에 거주하는 한인 기독교인 자녀들은 5가지 고난의 역사교육을 학교와 교회에서 대부분 배운다. 그러나 해외에 거주하는 한인 자녀들은 3-4번 이외에는 교육을 받지 못하는 경우가 많다.
　따라서 미주 한인 기독교인 자녀들 대부분은 3번은 교회에서 배우고, 4-5번은 미국 학교에서 배운다. 그러나 1-2번은 교회나 가정에서도 배우기 힘들다. 따라서 자녀들은 정체성이 약해지기 쉽다. 그리고 독수리 같은 기질이 거의 없이 자란다. 매우 안타까운 일이다.

　어떤 부모들은 자식들에게 한국의 고난의 역사가 수치스럽다고 가르치기를 거부한다. 그리고 너는 최고의 나라 미국에서 고난을 모른 체 행복하게 잘 살라고 가르치는 경우도 있다. 그래서 너를 위해 미국에 이민을 왔다는 것이다. 이것은 자녀의 인성에 독을 먹이는 것과 같다. 뿌리 없이 자란 나무와 같기 때문이다.
　하나님의 은혜로 저자는 유대인 교육을 연구하기 이전부터, 즉 아들들이 어렸을 때부터 1-2번 교육을 가정에서 가르쳤다. 이제 그것을 어떻게 가르쳤는지 설명해보자.

나는 아들들이 초등학교 시절부터 한국의 절기에 태극기를 들고 함께 만세삼창을 불렀다. 이런 교육은 손자들에게도 시킨다. 사진은 한국의 절기에 온 가족이 함께 모여서 태극기를 들고 만세삼창을 부르기 위해 준비하는 모습(2020)

II. 미국에서 시킨 어린 시절 고난의 역사교육

3.1절에 아들들과 함께 '대한민국 만세' 삼창

1970년대 이전의 우리 시대에 가장 잘 되어 있는 인성교육 중 하나가 고난의 역사교육이다. 그 중에 가장 기억에 남는 교육은 '반공(反共)'과 '반일(反日)'이다. 매우 좋은 교육이다.

나는 아들들이 아주 어렸을 때부터 조국 대한민국의 고난의 역사를 그들에게 가르쳤다. 특히 한국의 고난을 기억하는 절기 때는 빠짐없이 가르쳤다. 3.1절, 6.25 전쟁 기념일 및 광복절 등이다.

예를 들어 3.1절이 되면 아들들에게 1900년대 힘이 없었던 조선이란 나라를 일본이 총칼로 강제로 빼앗은 고난의 역사를 설명해 주었다. 나라를 잃은 조선인들이 일본 제국주의의 압제에 얼마나 고통을 당했는지를 가르쳐 주었다. 36년 동안 국가의 주권을 잃었던 조선인의 한(恨)을 알려주었다.

그 당시 한국인이 일본 순사를 얼마나 무서워했는지를 나의 경험을 통해 설명해 주었다. 보은군 수한면 시골 산골 우리 집에서도 어린 내가 울 때에 어머님이 나의 울음을 그치게 하는 방법이 있었다. 나에게 귀속말로 "순사 온다."고 하셨다. 그러면 나는 무서워 울음을 그쳤다.

나는 당시 조선인들이 얼마나 자주 독립을 소원했는지를 설명해 주었다. 특히 1919년 3.1 운동에는 하나님의 백성들, 기독교인들이 앞장섰음을 알려주었다. 나는 아이들 앞에서 최남선 선생이 쓴 '기미독립선언문'을 낭독해 주었다.

물론 옛 고어체로 씌어 있는 한글이 어려워 영문 번역판으로도 읽어주었다. 그리고 네 아들들과 아내 모두를 일어나게 했다. 나는 아내와 아들들 앞에서 태극기를 나누어 주고 모두에게 아버지를 따라 하라고 했다.

내가 그들 앞에서 태극기를 든 두 손을 힘차게 위로 올리며 큰 소리로 '대한독립 만세!'를 외치면 그들도 따라했다. 이것을 세 번, 즉 만세 삼창을 했다.

6.25 전쟁 기념일에도 전쟁의 참혹상을 설명해 주었다. 북한의 김일성, 김정일의 공산주의가 얼마나 악하고 무서운지도 설명해 주었다. 앞에서 우리 집이 북한 공산주의자들에게 겪었던 참혹한 일들도 설명해 주었다.

아들들에게 '여명의 눈동자' 드라마로 시청각 교육

〈저자 주: 이 글은 고난의 역사교육 시리즈 제5권 '*유대인의 고난 역사 현장교육*' 제4부 제5장 II. 3. B. '다큐 미디어를 통한 저자의 고난의 역사교육 방법'에 있지만 이 주제에 꼭 필요하여 다시 싣는다.〉

나는 아들들에게 일제의 만행에 대해 여러 번 설명해주었다. 그리고 일본이 과거 역사에서 한국(조선)을 얼마나 괴롭혔는지도 가르쳐 주었다. 그래서 한국인은 어떻게 살아야 하는지도 삶으로 보여주었다.

나는 미국에 살면서 차를 여러 대 바꿨다. 한 번도 일제 차를 산 적이 없었다. 미국 차 아니면 한국 차를 샀다. 텔레비전도 모두 한국제다. 아들들이 커서 운전을 하기 시작하면서 일제 차를 사자고 여러 번 요구했다(1980년대 후반).

고장이 잘 안 나고, 다시 팔 때에 후한 값을 받고, 모양도 멋있다는 이유였다. 당시 미국에서 자란 아이들은 일제 차를 상당히 선호했다. 그러나 나는 언제나 거절했다.

그랬더니 아들들이 "아버지! 기독교는 사랑의 종교인데 왜 일본 사람을 미워하세요?"라고 물었다. 나는 이렇게 설명했다.

"우리 옆집도 일본인 부부가 산다. 내가 그들과 가깝게 지내는 것을 너희들이 보지 않았느냐. 기독교인은 개인적으로 타민족을 대할 때와 국가 의식을 갖고 국가 대 국가의 입장에서 대할 때는 서로 다르다."

한국인이 개인적으로 일본인을 대할 때는 그들에게 그리스도의 사랑을 베풀어야 한다. 그러나 국가 대(對) 국가의 관계에서는 국익을 먼저 생각해야 한다. 만약 한국이 힘이 없어 다시 일본에게 정복을 당한다면 한국교회도 없어진다. 이는 하나님의 영광을 가리는 것은 물론 그들에게 복음을 전할 기회와 능력도 상실하는 것이다. 따라서 "일본 사람을 미워해서가 아니라 그들에게 한국인이 또 한 번 당하지 않기 위하여 우리 한국인은 그들의 차를 사면 안 된다"고 일러 주었다.

그래도 미국에서 자란 아들들은 아버지의 말을 이해하지 못했다. 그래서 아들들을 설득하기 위하여 나는 한국 근대사의 다큐멘터리 드라마 연속극 '여명의 눈동자' 비디오테이프를 코리아타운에서 빌려왔다.

틈만 나면 온 가족이 그 비디오를 함께 봤다. 첫 부분에 17세 처녀 윤여옥이 정신대로 잡혀가는 장면이 나온다. 만주로 향하는 군용 열차의 한 칸은 군수품으로 실린 한국의 어린 딸들로 꽉 찼다.

날이 어두워지자 그들은 좁은 공간에서 피곤하여 앉은 채로 괴나리봇짐을 껴안고 졸고 있었다. 그때 일본 헌병 둘이 나타났다. 한국의 어린 딸들의 머리채를 하나씩 젖히며 플래시 라이트를 비쳤다. 예쁜 처녀를 고르기 위해서였다. 두 헌병이 여옥의 양 겨드랑이를 낚아챘다. 그리고 뒤 칸에서 술에 취해 있었던 장군의 방에 강제로 밀어 넣고는 문을 잠갔다.

장군이 일어나 껴안자 그녀는 본능적으로 반항했다. 당시 한국 여인들에게는 정조가 곧 생명처럼 귀하게 여겼다. 일본 장군은 아무 말 않고 칼집에서 칼을 뽑아 여옥이를 내리쳤다. 여옥이의 긴 머리채가 싹둑 잘렸다.

그리고 여옥이는 부들부들 떨면서 그에게 강간을 당했다. 이 장면은 나약하고 순결한 한국이 짐승 같은 폭도 일본에게 강제로 정복을 당하는 처참한 모습을 상징한다. 그 후 한국의 정신대와 한국인 학도병들(최대치, 장하림)이 강제로 일본군에 끌려가 일본 군인한테 구타당하는 모습은 끝

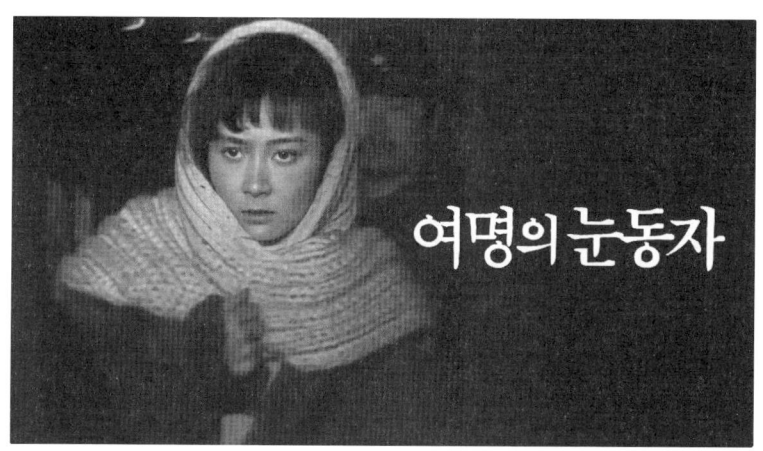

일제의 만행에 대한 나의 말을 이해하지 못하는 아들들을 위해 나는 한국의 '여명의 눈동자' 비디오 테이프를 코리아타운에서 빌려와 함께 시청했다. 사진은 1970년대 중반에 방영된 여명의 눈동자 홍보물. 반일과 반공에 매우 좋은 시청각 교재다.

없이 반복되었다.

한국 근대사에 대한 비디오 영상을 몇 달에 걸쳐 모두 본 후 아들들에게 물었다.

"이제 왜 아버지가 일제 차를 사지 말라고 하는지 알겠느냐?"

아들들은 그제야 머리를 끄덕였다. 이러한 저자의 교훈은 결코 일본에 국한된 것이 아니다. 과거 한국을 괴롭혔던 나라는 일본 외에 중국과 몽골 그리고 구 소련도 있었다. 따라서 한국인은 되도록이면 모든 외제 사용을 절제해야 한다.

왜냐 하면 외제를 사면 한국의 국력이 쇠하게 되고 한국의 국력이 쇠하면 외침을 당하기 쉽기 때문이다. 물론 국제화 시대에 외제를 안 산다는 것은 힘들다. 그러나 설사 산다 하더라도 이러한 민족의식을 갖고 사는 것과 그렇지 않고 사는 것은 다르다.

따라서 우리는 주변국과는 정치적으로 우호 관계를 유지하며 그들에게 배울 것은 배우되, 과거 그들에게 당한 고난은 기억해야 한다. 그리고 그들에게 또 다시 당하지 않도록 힘을 길러야 한다. 한국이 그들의 과거를 용서한 이상 그들을 적대시할 필요는 없다. 그들에게 너무 예민한 것도 열등의식의 노출이다. 힘이 있으면 열등의식도 사라지는 법이다.

유대인을 보자. 유대인은 역사를 통하여 그들의 주변 국가들에 수없이 당해 왔다. 그러나 그들은 그들과 함께 살며 우호에 힘쓰고, 장사도 잘 하고 돈도 잘 벌지 않는가! 이웃과의 지혜로운 처신은 자신을 결코 고립시키지 않는 법이다. 이것이 지혜 있는 민족의 처세술이다.

〈저자 주: 그렇다면 해외 동포들이 자신의 모국에 대한 애국심만 가지면 되는가? 자신들이 거주하는 나라를 위한 애국심은 없어도 되는가? 이에 대한 답은 저자의 고난의 역사교육 시리즈 제5권 *유대인의 고난 역사 현장교육* 제4부 제5장 I. 4. B. 넷째, '유대인 자녀들은 새로운 강력한 정신세계를 구축한다' 참조 바람〉

III. 조국, 한국에서 시킨 고난의 역사교육

할머니의 고난의 역사교육, 어떻게

〈저자 주: 할머니의 고난의 역사는 제2부 제2장 '6.25 전쟁과 가족의 몰락'에 자세히 설명되어 있다. 여기서는 자녀교육에 관한 얘기만 한다.〉

나는 아들들이 어렸을 때부터 대학을 다닐 때까지 나의 조국 한국에 5차례 데리고 갔다. 한국에 가면 내가 어린 시절 자랐던 고향 충청북도 보은군 수한면에 갔다. 그곳에 아버님의 산소가 있고 내가 살던 흔적이 있기 때문이다.

제일 먼저 아버님 산소에서 추모예배를 드린다. 그리고 내가 다녔던 수한초등학교에 꼭 들린다. 그곳에는 6.25 전쟁 이후 나의 어머니와 5남매가 한 동안 거처했던 조그만 관사가 있었다. 그 당시 머물 거처가 없었던 우리 가족을 불쌍히 여겼던 그 학교 교장 선생님이 임시로 빌려주었던 숙소였다.

나는 어린 아들들에게 그 당시 참혹했던, 살기 위해 몸부림을 쳐야 했던 할아버지와 할머니의 고난의 역사에 대해 들려주었다. 이야기는 주로 차안에서 해주었다. 서울에서 보은에 갈 때는 온 가족이 봉고차를 빌려 타고 갔었다. 가고 오는 데 왕복 6-8시간이 걸렸다. 차 안이라 교육의 환경이 아주 좋았다. 나는 기회가 있을 때마다 할머니의 고난의 역사를 설명을 해주었다.

어떤 때는 아들들이 나에게 이렇게 말했다.

나는 아들들에게 그들의 뿌리를 찾아주려고 노력했다. 사진은 한국을 방문할 때마다 들렸던 고향 아버님 산소(상)와, 내가 살았던 초가집(중1). 오른쪽이 본체였고 좌는 외양간이었다.

나중에 아들들을 데리고 그 집에 갔을 때는 현대식으로 변해 있었다(중2). 내가 다녔던 수한초등학교도 현대식으로 바뀌었다(하).

"아버지, 그 얘기는 지난번에 하셨어요."

그러면 나는 이렇게 대답했다.

"애들아, 교육은 반복이다."

너희 할아버지는 자식들을 먹여 살리기 위하여 남의 집 농사일을 거들다가 과로로 돌아가셨다. 그리고 너희 할머니는 굶주린 5남매를 먹여 살리기 위해 광주리 행상을 하셨다. 나는 할머니가 행상을 다니셨던 험한 길을 아들들과 함께 걷기도 했다.

그리고 그 이후 우리 6식구가 거주했던 허름한 초가집을 방문한다. 나는 그곳에서 14세까지 살았다. 농사를 짓기 위하여 고생했던 이야기, 마루에서 먼 산을 바라보며 아무런 희망 없이 살아갔던 시대를 설명해 주었다.

그러나 봄에는 빨간 진달래꽃과 노란 개나리꽃이 피고, 여름에는 마당에 모기 불을 피워놓고 온 식구가 온 식구가 오손도손 얘기를 나누고, 비를 맞으며 모를 심던 일과 늦가을에는 벼를 베고 고구마를 캐던 추억을 얘기해 주었다. 추운 겨울에는 나무를 해야 했던 일, 그리고 하얀 눈을 밟으며 산에서 토끼 사냥을 했던 이야기도 들려주었다.

할머니의 고난을 설명할 때는 눈물이 나기도 했다. 나는 아들들에게 할머니의 고난의 역사를 자손대대로 전하여 기억하게 하라고 했다.

조국의 고난의 역사 현장 교육, 어떻게

나는 아들들에게 한국어와 한국문화 교육을 시키려고 노력했다. 그리고 한국의 고난의 역사 교육을 시켰다. 그 방법은 그들을 한국에 자

나는 아들들에게 한국의 고난의 역사 현장 교육을 시키기 위해 서대문 형무소, 천안 독립기념관, 부산 유엔군 묘지 및 거제도 포로 수용소 등을 방문했다. 한국의 고궁도 여러 번 방문했다.

사진은 서대문 형무소 정문(상), 그 안에 조선인이 고문당했던 모습(중1), 창덕궁 방문 시 그곳에서 사극, '사육신'을 촬영하는 탤런트 이정길과 이일웅 씨를 만나 함께 찍은 사진(중2), 맨 아래는 거제도 포로수용소

나는 미국에서 태어난 아들들에게 6.25 전쟁에 참전했던 연합군 용사들이 잠든 부산 유엔군 묘지에서 고난의 역사 현장교육을 시켰다.
수많은 미군의 묘지를 보며 미국시민으로서 아들들은 무엇을 생각했을까.

주 데리고 가 고난의 역사 현장을 많이 보여주고 설명해주는 것이었다. 한국어와 한국문화 교육은 제4부에서 언급했기 때문에 여기에서는 한국의 고난의 역사교육에 대해서만 설명한다.

한국의 근현대사에 나타난 고난의 역사는 1) 왜정시대와 2) 6.25 전쟁사다. 전자의 적(敵)은 일본이었고, 후자의 적은 북한 김일성의 공산당이었다.

전자를 위해서는 서울에 있는 서대문 형무소, 천안의 독립기념관과 아우네 장터, 그리고 남해 지역의 이순신 유적지 및 기념관 등을 찾아갔다. 후자를 위해서는 용산의 6.25 전쟁기념관, 부산 유엔군 묘지, 거제도 포로수용소 등을 찾아갔다. 여수 소록도의 손양원 목사 기념관(애양원)도 찾아갔는데 그곳에는 전자와 후자가 겸해 있었다.

다행히 나는 내가 집회를 인도했던 교회의 목사님들의 도움을 많이 받았다. 그 분들 교회 지역에 역사적 유적지가 있었기 때문이었다. 나는 그 목사님들의 차안에서 아들들에게 그 지역 고난의 역사 유적지에 대해 설명을 해 주었다. 그리고 그 목사님들이 보충 설명을 해주기도 했다.

사실 나는 아들들이 한국을 방문했던 동안 쉬지 않고 고난 교육과 한국의 고난의 역사교육을 시킨 것이다. 아들들의 재미를 위해 바닷가의 해변이나 경치 좋은 산에 데리고 간 적은 거의 없다. 오직 인생의 의미를 찾는 수직문화 교육을 하는데 열심이었다.

보은 속리산은 여러 번 데리고 갔었다. 왜냐하면 그곳이 나의 아버님의 산소와 가까운 곳이어서 간 김에 들른 것이다.

이 모든 것들은 내가 유대인 자녀교육을 연구하기 이전에도 일부 실천했지만, 대부분은 그 이후에 실천한 것들이 많았다. 지금 생각해도 너무나 잘한 것 같다. 유대인 교육을 아는 것과 모르는 것은 자녀교육에 그만큼 영향의 차이가 크다. 하나님의 은혜에 너무나 감사하다.

그렇다면 여기에서 한 가지 질문이 있다. 아들들은 한국인의 정체성을 가진다고 하여 미국의 시민으로서 미국에 충성하지 않아도 되는가? 아니다. 물론 미국에 충성해야 한다. 이것은 미국의 유대인이 자신의 정체성을 가지고 있으면서도 미국 정부에 충성하는 것처럼, 아들들도 한국인의 정체성을 가지고 있으면서도 미국 정부에 충성을 다해야 한다.

그것은 셋째 아들의 예에서도 볼 수 있다. 그는 연방정부 검사직을 마치고 미국 상원의원 파인스타인 법률 보좌관직으로 직장을 옮겼다. 그때 그는 사직서에 이렇게 썼다.

"1970년대 저의 부모님을 받아준, 미국의 연방정부 검사로 봉사한 것을 매우 자랑스럽게 생각합니다." (2015년, 4월 27일)

이것은 미국의 유대인이 나치에 쫓기어 갈 곳이 없었을 때에 자신들을 받아준 미국을 위해 충성스럽게 봉사하는 것과 같은 원리다.

"아버지, 그 얘기는 지난 번에 하셨어요."
나는 이렇게 대답했다….

> 아들들은 한국인의 정체성을 가진다고 하여 미국의 시민으로서
> 미국에 충성하지 않아도 되는가?

PART 6

종교교육, EQ교육 및 직업 교육

Chapter 1 종교 교육〈EQ교육〉
Chapter 2 이웃 사랑 실천〈EQ교육〉
Chapter 3 지역교육과 여행〈EQ교육〉
Chapter 4 직업 교육

chapter
01

종교 교육 〈EQ교육〉

☆

교회교육

나의 자녀 교육 중에 가장 중요한 교육이 기독교교육이다. 아무리 인성이 좋고 세상에서 공부를 잘 하고 출세를 해도 하나님에 대한 신앙이 없으면 그 삶은 허구라고 가르쳤다. 특히 미국에서는 나와 아내 그리고 아들들은 신앙생활을 최우선으로 여겼다.

나는 한국에서부터 예수님을 믿었다. 서울로 이사를 가서 중학교 2학년 때부터 장로교회(합동측)를 다녔다. 미국에 이민을 와서 나와 아내는 처음에 교인 50명 정도의 작은 장로교회를 다녔다. 3년 후에 LA에서 가장 큰 교회인 동양선교교회(담임 임동선 목사, 교인 수 약 4000명)로 옮겼다. 나와 아내는 미국에 이민을 온 후 신앙이 더욱 뜨거워졌었다.

당시에는 우리 집뿐만 아니라 거의 전 이민 사회가 신앙의 공동체였다. 하나님을 의지 하지 않으면 살 수 없을 정도로 힘든 이민 전쟁 중이었기 때문이었다. 따라서 1970-1980년대 한국의 기독교 인구는 전 국민의 약 15%였었는데, 그들이 미국에 이민을 간 후에는 약 70%로 증가되었다.

그 중에서도 나는 하나님을 섬기는 열심이 특심하였다. 당연히 어머님과 우리 내외 그리고 아들 넷은 교회 생활에 전념하지 않을 수가 없었다. 어른들은 어른끼리 주일 예배와 금요 예배를 드렸다. 그리고 매일 새벽 기도회와 금요철야 기도회를 드렸다. 주중에는 구역 예배에 참석했었다. 그리고 아들들은 교회학교에 일임하였다.

나는 고등부 교사와 남전도회 회장을 맡아 봉사했었고, 어떤 때는 구역장까지 맡아했었다. 전도도 열심이었다. 아내는 유년주일학교 교사를 했었다. 당시만 해도 나는 유대인 자녀교육을 연구하기 이전이라 가정에서 내가 자녀들의 종교교육을 책임져야 한다는 것은 꿈에도 생각을 하지 못했었다.

나는 남전도회 그룹을 데리고 LA 인근의 높은 산에 올라가 산기도를 많이 했다. 가끔 기도원에 가서 금식 기도도 했다. 그리고 교회 밖에서는 대학생 선교회의 간사 일을 별도로 맡아했었다.

하루 하루의 일과는 돈 버는 일 아니면 종교교육에 온 힘을 쏟았다. 그런 가정 밑에서 아들들은 당연히 부모의 영향을 받지 않을 수가 없었을 것이다. 우리 아들 넷도 신앙생활을 최우선으로 했다. 그 결과 아들들은 아직도 술 담배를 하지 않는다. 참으로 감사한 일이다.

어와나(AWANA) 교육

우리 아들들이 다른 아이들보다 복음의 열정이 더 강렬했던 이유는 따로 있었다. 막내 쌍둥이 아들들이 초등학교 3학년 때부터 그 교회 교육 부서에 미국의 성경 암송 프로그램인 어와나(AWANA)가 도입되었다. 나의 아들들은 처음부터 그 교회의 어와나 프로그램에 등록을 하였다.

AWANA는 "Approved Workman Are Not Ashamed"의 첫 글자를 딴 것이다. 한국말로는 "부끄러울 것이 없는 인정된 일꾼"이다. 성경 말씀을 암송하는 것을 기본으로 성경을 배우고 예수님의 제자로서 복음 전하는 훈련을 받는 프로그램이다. 주제 성경구절은 디모데 후서 2장 15절이다.

> 너는 진리의 말씀을 옳게 분별하며, 부끄러울 것이 없는 일
> 꾼으로 인정된 자로 자신을 하나님 앞에 드리기를 힘쓰라.
> (딤후 2:15)

어와나 프로그램의 목적은 한 마디로 성경을 통째로 암송하여 걸어 다니는 성경의 사람을 만드는 것이다. 그런데 학생들에게 강제로 암송하게 하는 것이 아니라 재미있게 암송하게 하는 프로그램이다. 이것은 내가 본 주일학교 프로그램 중에 가장 훌륭한 프로그램이다.

YMCA 소년단 유니폼처럼 멋있는 유니폼을 입고 성경교재의 한 부분(section)이 끝날 때마다 점수를 받는다. 그것을 모아서 일정 양이 차면 뺏지를 받을 수 있다. 그 뺏지를 군 장교들의 훈장처럼 유니폼에 붙인다. 아이들이 그 뺏지를 더 많이 붙이려고 더 열심히 한다.

교회에서 어와나가 모일 때 처음에는 소그룹으로 모인다. 그 후 전체가 모인 예배(Worhip) 시간은 찬양과 설교 말씀을 듣는 시간이다. 찬양 시간 전에는 아이들이 모두 일어나서 미국 국기에 대한 맹세와 AWANA 깃발 앞에 맹세를 한다.

미국의 국기에 대한 맹세 (The Pledge of Allegiance to the USA Flag)

I pledge allegiance to the flag of the United States of America, and to the republic for which it stands: one nation, under God, indivisible, with liberty and justice for all.

(나는 미합중국의 국기에 대해, 그리고 이것이 표상하는, 모든 사람을 위해 자유와 정의가 함께 하고 하나님 아래 갈라질 수 없는 하나의 국가인 공화국에 대해 충성을 맹세합니다.)

어와나 기에 대한 맹세 (The Pledge of Allegiance to the AWANA Flag)

I pledge allegiance to the AWANA flag which stands for the AWANA clubs whose goal is to reach boys and girls with the Gospel of Christ and train them to serve Him.

(나는 그리스도의 복음으로 소년 소녀들에게 다가가는 것을 목표로 그분(예수님)을 섬기도록 그들을 훈련시킬 것을 AWANA 클럽을 상징하는 AWANA 깃발에 충성을 맹세합니다.)

미국 기독교인이 기독교인으로서 예배 전에 자신이 속한 미합중국 국기에 대한 맹세는 매우 좋은 교육이다. 왜냐하면 교회가 어린 학생들에게 자신이 속한 국가에 대한 정체성을 심어주기 때문이다.

자기가 속한 국가를 기독교인이 사랑하고 지키지 않는다면 누가 먼저 국가를 지키겠는가! 한국 교회도 주일학교에서 무조건 성경만 가르칠 것

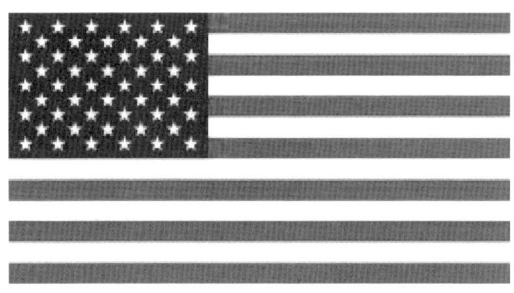

미합중국 성조기(상)와 어와나 기(旗, 하)

이 아니라 자신이 속한 대한민국에 대해 충성할 것을 가르쳐야 한다. 그래야 교회 안에서 공산주의의 나라 북한의 김일성, 김정일, 김정은을 찬양하는 종북좌파가 나오지 않을 것이다.

어와나 성경 퀴즈대회에서 상을 휩쓴 아들들

감사한 것은 우리 집 아들 넷은 모두 성경 암송에 달인들이었다. 누가 시키지 않았는데도 저희들끼리 둘씩 짝을 지어 서로 질문하고 답변을 하면서 성경을 암송하였다. 당시 어와나 프로그램을 담당했던 전도사가 나에게 이렇게 물을 정도였다.

"현 집사님, 집사님네 애들은 밥만 먹으면 성경만 암송합니까? 너무나 암송을 잘 합니다."

얼마나 성경을 많이 암송했는가? 내가 설교를 준비하다가 성경 내용은 아는데 고린도전서 몇 장 몇 절을 모를 경우가 있을 때가 있다. 그 때 한 아들을 불러 "야, 이 말씀이 고린도전서 몇 장 몇 절이냐?"라고 물으면 즉시 답을 줄 정도였다.

그뿐만이 아니다. 당시 어와나 프로그램을 실시하던 교회끼리 성경 퀴즈대회를 매년마다 열었다. 처음에는 그 동네 교회끼리 시합을 하고 거기에서 이긴 팀이 다른 동네 교회와 시합하는 리그전 방식이다. 시와 시끼리 붙고, 카운티와 카운티끼리 붙는다. 나중에는 남가주(Southern California) 전체 교회에서 제일 잘하는 교회 선수들끼리 시합을 한다.

〈저자 주: 캘리포니아 주는 미국에서 3번째로 큰 주다. 남한 영토의 약 4.3배 정도 된다. 인구는 약 4천 만 명이다. 크게 북가주와 남가주로 나뉘어 있다.〉

그런데 매 리그전에서 나의 아들들이 1등을 했다. 그리고 최종 파이널 대회에서도 꼭 우리 집 아들들 팀이 1등을 하여 챔피언 트로피를 획득했다. 물론 모든 남가주에 속한 백인 대형교회들과 다른 인종교회들 그리고 한인 교회들도 함께 참석하는 매우 권위 있는 큰 성경퀴즈 대회였다.

〈저자 주: 문답식 성경 암송 개임은 각 팀 당 4명씩이었다. 그런데 나의 아들들은 연년생으로 나온데다 막내가 쌍둥이라 대부분 아들들 셋에서 한 팀에 속했다. 그리고 다른 집 아들은 1명이 끼었다. 당시 교회가 커서 학생들이 많았다. 그 중에서 연령별로 가장 잘 암송하는 학생들을 공정하게 선발했다.〉

당시 아들들을 데리고 다녔던 사람은 대부분 아내였다. 나는 몇 번 참석해 보았을 뿐이다. 그러나 아내의 수고에 대한 보상은 상상 이외였다.

사진은 남가주 어와나 성경퀴즈 대회에서 동일 연령대 학생 선수들이 성경 퀴즈를 경청하는 모습(상). 우승을 한 4아들들과 함께 활짝 웃는 아내의 모습(아래 좌). 집에 와서 찍은 가족 사진(아래 우). 4아들들은 성장을 한 후 어와나 리더들로 봉사했다(맨 아래).

아들들이 시상대에 올라갈 때마다 아내는 참석한 모든 교회 목사들과 모든 학부모들의 부러움의 대상이 되었다.

아들들이 초등학교 5학년 때 처음으로 참석했을 때부터 매년마다 상을 휩쓸었다. 매년 한국 교회 팀이 1등을 한 셈이다. 당시 미국교회 중

〈위 트로피들은 아들들이 어와나 성경 퀴즈대회에서 전체 1등을 해서 받은 상들이다. 현 씨 가문의 어떤 상보다 가장 값진 가보다.〉

에 가장 잘 했던 교회는 벨리의 그레이스 커뮤니티 처치(Grace Community Church, Pastor: John MacArthur)였었는데, 그 교회도 이겼을 정도였다.

그 교회의 존 맥아더 담임목사는 미국에서 가장 보수를 지향하는 탈봇신학대학원 출신이다. 한국에도 잘 알려져 있는 유명한 설교자요, 주석가이다. 당시 이민의 역사가 짧은 한인교회가 1등을 연거푸 한 것은 온전히 하나님의 은혜다.

몇 년 후에는 아예 미국 교회들끼리 회의를 하여 아예 한국교회를 리그에서 빼버렸다. 이를 어떻게 해석해야할지 모르겠다. 그러나 이것은 사실이다. 오직 주님께만 영광을 돌린다.

나는 아들들과 손자들에게 이렇게 말한다.

"현 씨네 가문에서 가장 값진 상은 아들들이 어와나 대회에서 금상을 받았다는 것이다. 얼마나 자랑스러운 상인가!"

〈저자 주: 어와나 교육은 SQ, EQ, PQ 및 국가 정체성 교육에 매우 좋다.〉

학교에서도 기독교 동아리 회장을

나는 나의 일이 너무 중대하여 아들들의 교육에는 별 관심이 없었다. 아내가 학교에 보내주면 저희들이 알아서 다 했다. 아들들은 특히 어와 나 프로그램에 가입하면서 신앙이 점점 자랐다. 교회 일에 최선을 다했다. 그리고 주변에 전도도 많이 했다. 하루의 일과 중에 하나님을 섬기는 일에 많은 시간을 사용했다.

아들이 메고 다녔던 백팩(backpack)의 뒤에는 항상 다음과 같은 글이 적혀 있을 정도였다.

"I have good news" (나는 좋은 소식을 가지고 있습니다).

쌍둥이들은 고등학교에 들어가면서 그 학교의 기독교 동아리 회장과 부회장을 맡았다. 처음에는 회원이 5명이었는데, 졸업할 때는 전도를 많이 하여 50명으로 늘어났다.

아들은 자신이 시작했을 때와 졸업할 즈음에 엄마에게 요청을 했다. 집에서 그 아이들을 위한 파티를 해 줄 수 없느냐고…. 아내는 쾌히 승낙했다. 처음 시작을 했을 때에는 5명이 왔었지만 졸업을 할 때는 30명 정도가 왔었다.

UC 버클리대학을 들어가서는 그곳에서 대학생 선교회 CCC 회장과 부회장을 각각 맡았다. 당시 회장이었던 넷째(막내)는 현재(2022년) 목사가 되었고, 셋째는 미국 연방정부 법무부 법제처장이 되었다.

그곳에서도 아들들은 회원 배가 운동에 심혈을 기울였다. 시간만 나면 전도를 했다고 한다. 그런데 시험 기간에는 학생들이 공부를 하느라고 성경공부 동아리 모임에 늦거나 아예 참석을 하지 않는 경우들이 많았다고 한다. 그러면 아들들은 전도 대상 학생의 기숙사 방에 가서 미리 방청소를 대신 해주기도 했다고 한다. 그들에게 시간을 절약해주기 위함이었다.

한 번은 UC 버클리대학에 다니던 아들한테서 전화가 왔었다.

"아버지, 이 대학에 사탄의 파워가 너무 강하여 기도를 많이 해야 해요. 매일 밤 캠퍼스 좌우에 한 명씩 엎드려 사탄을 물리치기 위하여 예수님에게 기도하고 있어요."

당시 UC 버클리 대학이 미국에서 가장 진보학교였다. 둘째 아들은 한인 목사가 지도자로 있었던 UC 버클리대학 한인 대학생선교회의 회장을 맡았다. 그는 대학을 다니는 동안 강의 시간에 성경의 권위를 무시하는 미국 교수와 여러 번 논쟁을 벌렸다고 했다.

"아버지, 이 대학에 사탄의 파워가 너무 강해요.
기도를 많이 해야 해요."

chapter 02

이웃 사랑 실천 〈EQ교육〉

☆

복 받는 비밀, 약자를 도와라

    나와 아내는 평신도 집사 시절부터 신앙이 깊어짐에 따라 어떻게 해야 하나님을 기쁘게 해드릴까를 생각했었다. 그 방법 중 하나가 고아와 과부 그리고 나그네, 즉 가난한 약자를 돕는 일이라고 생각했다.
    사실 나보다 약자를 더 많이 돕는 분들이 많다. 그런데도 부족한 내가 쑥스럽게 내 자랑 같은 얘기를 하는 것은 그분들과 다른 점이 있기 때문이다. 다른 점은 무엇인가?
    우리 부부는 약자를 도울 때 아들들에게 그것을 알렸다는 것이다. 그리고 그 선한 일에 함께 참여를 시켰다는 것이다. 이것은 인성교육학적 입장에서 대단히 중요한 의미를 갖는다.
    예를 들어보자. 나와 아내는 평신도 시절에 하나님으로부터 매년 물질의 복을 많이 받았었다. 특히 나 같은 경우에는 비즈니스를 했기 때문에 그런 체험을 더 많이 했다.
    그래서 물질이 들어오면 어떻게 그 중 일부로 하나님이 기뻐하시는 일에 사용할까를 생각했다. 그 방법은 교회에 헌금만 하는 것이 아니라 불우한 사람이나 선교사들을 도우려고 노력했다. 그래서 집안에는 나그네들이 자주 들어와 며칠 혹은 몇 달씩 쉬고 갔었다. 그리고 그들이 갈 때에는 그들에게 필요한 헌금도 하곤 했다. 다른 선교 기관에도 도움을 주곤 했다.

물론 우리 부부는 이런 사실들을 다른 사람들에게는 물론 아들들에게 조차도 철저하게 숨겼다. 왜냐하면 오른 손이 하는 것을 왼손이 모르도록 하라(마 6: 1-4)는 예수님의 말씀을 따르기 위함이었다.

물론 아들들은 모르는 나그네들이 우리 집에 가끔 묵고 가는 것을 보았을 것이다. 그러나 그분들이나 다른 불우한 분들에게 돈을 주었다는 것은 전혀 모르고 있었다.

그런데 내가 유대인 교육을 연구한 이후, 즉 아들들이 중고등학교를 다닐 때 갑자기 생각이 바뀌었다. 그들에게 부모의 선행을 알려야겠다고 결심했다. 왜냐하면 하나님의 복은 무조건 그 분에게 달라고 조른다고 받는 것이 아니라 그 분이 원하는 일을 행함으로 받는다는 사실을 깨달았기 때문이다. 즉 나와 아내가 하나님으로부터 그 많은 복을 받았던 비밀은 선행의 결과였는데, 그것을 아들들에게 숨기면 그들이 커서 그런 선행을 하지 않을 것이고, 그러면 그들은 하나님의 복을 받지 못할 것이라는 생각이 들었기 때문이었다.

따라서 아들들에게 아빠와 엄마가 복을 받은 비밀을 가르쳐 주었다. 그리고 특히 절대로 하나님의 것(십일조와 헌물)을 도둑질하면 저주를 받는다(말 3:8-10)고 가르쳐주었다. 현재 성장한 아들들이 하나님에게 헌금을 많이 하는 것을 보면 너무나 감사하다.

뿐만 아니라 아들들은 어릴 때부터 남을 돕는 일이 습관화 되어 있었다. 그들은 초등학교에서 학부모 모임(PTA, Parent-Teacher Association)이 있는 날에는 자원봉사로 나섰다. 엄마가 데리고 다녔다. 그들은 그곳에서 간단한 과자나 책 등을 파는 일을 도왔다. 책은 학교 도서관이나 학부모들로부터 기증을 받은 중고 도서들이다.

그것을 판매한 이익금은 학교 발전기금으로 사용되었다. 또한 학교에서 야외에 학습을 갈 때 버스 운전 자원봉사자를 모집했을 때에도 아내는 적극적으로 참여를 했었다. 아들들은 엄마와 함께 평소에 푼돈을 모아 아프리카 선교사에게 매달 헌금 보내는 것도 함께 했다.

참고로 유대인은 매주 안식일 저녁 식탁예배가 시작 전에 쩨다카 박스에 엄마가 자녀들에게 헌금을 넣게 한다. 그 박스가 차면 그것을 부모가 아닌, 자녀들 스스로 불우한 이웃을 돕는 선교기관과 모국 이스라엘 자선 기관에 헌금하도록 한다. 이것이 유대인이 이웃돕기와 이스라엘 돕기에 열심인 이유다. 모두 교육의 효과다.

이것을 보고 나도 변한 것이다. 부모만 선행을 잘하면 안 된다. 그 선행은 자손대대로 이어져야 한다. 그래야 하나님의 복을 받을 수 있다.

여기에서 중요한 것이 있다. 남을 돕는 선행은 하나님의 복을 받기 이전에 일단 인성교육학적으로 자녀들 본인의 따뜻한 인성(EQ 인성) 형성에 유익하다는 것이다. 이것은 후일 자신의 성공에 큰 영향을 미칠 것이다.

그런 점에서 선행은 원칙적으로 하나님의 복을 받기 위해서라기보다는 자신을 위해서라도 해야 하는 것이다. 이것이 하나님이 원하시는 따뜻한 사회를 만드는 길이다.

아들들에게 나의 선행을 알렸던 이유는?

흑인 홈리스 사역의 배경

내가 자녀교육을 위해 했던 또 하나의 예를 들어보자. 내가 하나님의 부름을 받고 목사 안수를 받은 후 두 번째 했던 사역이 나성세계복음교회(담임 이병희 목사) 청년부 사역이었다. 나는 청년들에게 성경공부를 하여 믿음이 자라는 것도 중요하지만 그만큼 행함도 중요하다고 가르쳤다.

그래서 학생들과 함께 남을 돕는 홈리스 미션 사역을 시작했다. 불쌍한 사람들을 돕는 것이 예수님을 돕는 것이기 때문이다(마 25장).

> 또 누구든지 제자의 이름으로 이 소자 중 하나에게 냉수 한 그릇이라도 주는 자는 내가 진실로 너희에게 이르노니 그 사람이 결단코 상을 잃지 아니하리라 하시니라. (마 10:42)

로스앤젤레스 남쪽으로 가면 흑인촌이 있다. 그 곳 근방에는 집단으로 살고 있는 홈리스들이 있다. 매주 토요일 교회 새벽 예배가 끝나면 학생들과 함께 그 곳 큰 빌딩 주변으로 찾아갔다. 그리고는 큰 빌딩 주변 잔디밭에서 기타를 치며 청년부 찬양팀이 찬양을 했다. 그러면 잔디밭에서 모침낭을 덮고 잠을 자던 흑인 홈리스들이 하나, 둘씩 일어나 우리 쪽으로 모여들었다. 물론 그들은 오랫동안 씻지를 않아 겉은 매우 불결했다.

약 30명 정도쯤 모이면 그들과 함께 예배를 드렸다. 물론 영어로 설교를 했다. 예배가 끝나면 병자들을 위해 안수기도를 해주었다. 안수를 할 때에는 그들에게 모두 한국식으로 무릎을 꿇으라고 했다.

이것은 하나님 앞에서 여러분의 겸손을 표현하는 방법이라고 가르쳐 주었다. 그들은 키가 커서 무릎을 꿇어도 내가 그들의 머리에 손을 얹으면 내 키만큼 큰 이들이 있었다.

하나씩 안수를 해 줄 때에 놀라운 성령님의 역사들이 일어나기도 했다. 병자들이 나았다고 기뻐하며 눈물을 흘리는 경우도 있었다. 어떤 이들은 그 큰 덩치로 키가 작은 나를 고맙다고 꼭 껴안기도 했다. 나는 이때 깨달은 것이 있었다.

"아하, 오지로 간 선교사들이 이래서 선교에 미치는구나!"

어떤 때는 순수한 복음을 전하고 결신을 하게도 했다. 전도폭발의 내용으로 복음을 전한 후에 예수님을 마음에 믿고 구원받고 싶은 사람들은 손을 들라고 했다. 그리고 그 자리에서 일어나라고 했다. 이때에 많이 일어났다. 그리고 그들에게 결신하게 했다. 그 후에 그들을 위해 간절히 축복기도를 해주었다.

예배가 끝나면 커피와 아침식사를 나누어주었다. 그리고 그들과 함께 개인적으로 만나 사랑을 표하게 했다. 나와 학생들이 모두 떡을 떼며 참여했다. 처음에는 청년부 학생들이 멋모르고 따라 나섰지만 회를 거듭하면서 그들이 은혜를 받기 시작했다.

어떤 자매는 전화로 나에게 이렇게 고백했다.

"나는 엄마가 너무 미워 엄마를 못살게 했어요."

그녀는 울면서 말을 이었다.

"그런데 그 곳에서 노숙하는 이들을 섬기면서 이민 생활에서 어머니가 얼마나 힘겹게 사시는지 어머니의 고통을 이해했어요. 그리고 어머니를 괴롭힌 나는 죄를 깨닫고 엄청 울며 회개했어요."

많은 학생들이 자신들보다 못한 그들의 생활을 보면서 어떤 삶을 살아야 할지를 결심하게 되었다고 했다. 특히 이민 생활 자체가 부모는 부모대로 학생들은 학생들대로 전쟁과 같은 생활을 하기 때문에 서로 상처도 많이 주고받는다. 그런데 홈리스 미션을 통하여 치유함을 받은 것이다. 예상 밖의 소득이다.

홈리스 사역에 왜 아들들을…

홈리스 미션 사역은 더 크게 번지기 시작했다. 근처에 홈리스들에게 밥을 나누어 주는 흑인이 운영하는 무료 식당들이 있다. 우리는 그 곳에 음식을 가져가 정기적으로 홈리스들에게 음식을 나누어주고 예배를 드려주었다. 추수감사절이나 크리스마스, 그리고 신년 절기에는 대대적인 행사를 했다.

나는 늦게나마 중·고등학생인 아들 넷을 홈리스 선교 사역에 동참시켰다. 후일 아들들이 남을 돕는 일에 적극적으로 참여하는 것은 이런 아버지 교육에 연유한 것이다.

아들들을 참여시키게 된 동기도 앞에서 언급한 것 같이 유대인 자녀교육을 연구하고 이것이 옳다고 깨달았기 때문이다. 유대인 부모들은 항상 자기들의 일에 자녀들을 참여시킨다. 왜냐하면 자신들의 역사와 사상과 행동에 부모와 자녀 간에 세대차이가 없게 하기 위함이다.

가난한 자를 불쌍히 여기는 것은 여호와께 꾸이는 것이니
그 선행을 갚아 주시리라. (잠 19:17)

청년부도 성장하여 음악을 잘하는 학생들이 많아지고 여러 재능 있는 이들이 모여들었다. 그리고 그들은 거의 모두가 1세들보다 영어를 잘하기 때문에 흑인들과 말이 통해서 좋았다.

잘생긴 동양인 젊은 남자들과 여자들이 기타를 치며 열심히 찬양을 하면 모든 이들이 열광하며 좋아했다. 이 모든 것이 가능했던 것은 찬양팀과 청년부 학생들이 무엇보다 열심히 기도하는 뜨거운 가슴을 가졌기 때문이었다.

이것이 알려지자 어느 매스컴에서 찾아왔다. 한 시간짜리 다큐멘터리 영화를 만들자고 했다. 나는 이를 거절했다. 이 일을 내 이름을 내기 위하여 한 것이 아니기 때문이었다. 그리고 이름도 없이 빛도 없이 나보다 더 열심히 하는 분들이 많은데 나만 조명을 받는 것이 싫었기 때문이다.

〈저자 주: 그러나 나의 홈리스 사역은 1992년 4.29 LA 흑인 폭동 이후 LA 타임스와 NBC TV에 크게 보도 된 적이 있었다.〉

지금도 나의 몇 몇 아들들은 거리를 거닐다가 홈리스를 보면 그냥 지나치지 않는 경우가 많다. 시간이 있으면 가까운 맥도널드나 버거킹 가게에 가서 햄버거와 음료수를 사가지고 와 건넨다. 왜 음식을 사다 주느냐고 물었다. 현금으로 주면 술을 사 마시거나 마약을 사는 경우가 있기 때문이라고 했다.

아들들은 그들을 위한 사역을 나보다 더 오랫동안 했기 때문에 그들의 형편을 나보다 더 잘 알고 있었다.

나는 홈리스 미션을 할 때 아들들을 데리고 다녔다. 불쌍한 이들을 돕는 것은 하나님을 돕는 것이기 때문이다. 이것은 자녀들의 EQ교육에 매우 효과적이다.
사진은 1992년 추수감사절에 LA Times 특집 기사의 일부. 기자가 나도 모르는 사이 사진을 찍었다.

약 30명의 홈리스가 모이면 예배를 드렸다.
병자에게 안수를 해주면 병이 나았다고 기뻐하는 이들도 있었다.

chapter 03

자연교육과 여행 〈EQ 교육〉

가족 캠핑과 서부 여행

〈저자 주: 이 글은 저자의 '현용수의 인성교육 노하우' 제3권 제4부 제2장 Ⅲ. 1. '자연 속에 하나님의 사랑이 있다'의 내용을 수정 증보한 것이다〉

나는 어려서부터 호기심이 매우 많았다. 어떤 사물에 대한 호기심뿐만 아니라 미지의 세계나 다른 지역에 대한 호기심도 많았다.

어린 시절 가난했던 고향집 마루에 앉으면 멀리 금적산이라는 큰 산이 보였다. 그리고 양 옆에도 산, 뒤에도 산으로 둘러싸여 있었다. 해는 항상 앞산에서 떠서 뒷산으로 지었다. 당시 항상 저 산 너머에는 무엇이 있을지가 궁금했다. 그 산을 넘고 계속 더 넘으면 그 끝에 무엇이 있는지도 궁금했다.

시골을 벗어나고 싶은 충동이 항상 있었다. 그래서 초등학교를 마친 후 형편도 되지 않는데 서울로 올라오게 되었다. 그리고 군대에 가서는 미지의 나라 월남전에도 참전했다. 그리고 항상 가보고 싶어 했던 미국 유학도 준비했다. 마침내 아내와 결혼을 한 후 미국 이민의 길에 올랐다.

아들들을 낳으니 너무나 좋았다. 이 아이들에게 많은 자연을 보게 해주고 드넓은 미국의 모습을 보여주고 싶었다. 그래서 차도 처음에는 연료를 아끼기 위해 작은 폭스바겐을 샀지만 아들들이 넷으로 늘어나자 큰 밴을 샀다.

나의 집은 미국 웨스트 로스엔젤리스에 있다. 15분만 나가면 태평양 바닷가다. 그래서 바닷가에 많이 데리고 다녔다. 그리고 공휴일이나 방학 때에는 캘리포니아 주 안에 있는 국립공원을 많이 데리고 다녔다.

차로 4시간이나 6시간 정도의 거리에 있는 요세미티 국립공원(Yosemite National Park)이나 세코이아 국립공원(Sequoia National Park) 그리고 킹스 캐넌 국립공원(Kings Canyon National Park) 등을 찾았다.

국립공원에 가면 꼭 캠핑을 했다. 이것이 어릴 때의 꿈이었다. 가기 전 몇 달 전에 국립공원에 전화를 걸어 캠핑 장소를 예약하고 돈을 지불했다. 공원측은 다른 사람들에게도 기회를 주기 위하여 3일 이상은 머무르지 못하게 했다.

밴이 목적지에 도착하면 나와 큰 아들은 텐트를 치고 쌍둥이들은 짐을 날랐다. 그리고 어머니와 아내는 저녁을 준비했다. 하나님은 모든 우주와 지구의 자연을 말씀으로 창조하셨다(창 1장). 따라서 자연 속에서 하나님의 창조와 섭리를 발견할 수 있다.

> "창세로부터 그의 보이지 아니하는 것들, 곧 그의 영원하신 능력과 신성이 그 만드신 만물에 분명히 보여 알게 되나니 그러므로 저희가 핑계치 못할지니라." (롬 1:20)

인간은 흙으로 만들어졌다(창 2:7). 따라서 흙과 친해져야 자녀의 마음에 EQ가 높아진다. 하나님과 성도를 부부로 비유할 때 하나님은 남편, 성도는 아내를 의미한다. 그리고 남편은 씨이고 아내는 밭, 즉 땅을 상징한다. 땅은 모성이다. 자신의 조국을 부국(父國, Fatherland)이라 하지 않고, 모국(Motherland)이라고 부르는 이유가 여기에 있다.

어머니는 하나님의 말씀(씨)을 받을 좋은 옥토(땅)를 자녀들에게 전수하고 가꾸어야 할 의무가 있다. 자연을 가까이 하면 사람의 EQ가 높아져 착해진다. 악한 사람이라도 깊은 산속이나 호수나 바다에서 몇 달 생활하게 하면 마음이 순화된다. 대체로 농부가 도시인들보다 EQ가 높은 이유가 여기에 있다.

자녀는 어릴 때는 농촌에서 키우고 자란 후에 도시로 옮겨 교육시키는 것이 이상적이다. 어릴 때는 농촌의 수직문화를 배우게 하고 EQ를 높인 후 도시학교에서 본격적인 IQ교육을 시키는 것이 옳은 순서다. 즉 농촌에서 먼저 인성교육을 시킨 후 도시에서 IQ 교육을 시키는 것이다.

다음은 자연에서 EQ를 높이는 방법이다.

(1) 일주일에 두 번 이상 흙을 만지는 일을 함께 하라.
　　예) 비온 뒤 모종하기, 화단 가꾸기 등
(2) 깊은 산속으로 등산을 하거나 텐트(tent) 생활을 하라.
　　집이 넓고 나무가 많으면 여름에 뒤뜰에 텐트를 치고 자녀와 생활해도 좋다.
(3) 바닷가에서 캠프(camp), 배타기, 파도타기(surfing)를 즐기라.
(4) 시골의 냇가에서 물고기 잡기나 수영을 즐겨라.
(5) 가정에 애완용 동물(병아리, 개 및 물고기 등)을 키워라.
(6) 목장 견학 – 소에게 먹이를 주고 젖소의 젖을 짜보는 체험을 하게 하라.

나는 아들들을 데리고 자연을 즐기기 위해 캠핑을 많이 다녔다. 이것도 EQ교육에 매우 유익하다.
사진은 그랜드 캐년 정상(상)과 입구(중), 그리고 요세미티 공원에서 텐트를 설치하고 철거하는 아들들(하 좌)와 밤에 캠프파이어를 하는 모습(하 우)

part 6 : 종교교육, EQ교육 및 직업교육

(7) 자연을 즐기는 여행을 많이 하며, 그 속에서 깊이 묵상하게 하라.
(8) 방학 때 농촌에서 농사를 짓고 다양한 추억을 갖게 하라.

온 가족 미국 동부 여행기

유대인의 쉐마교육을 체험하고 나면 변하는 것이 있다. 우선 잊고 살았던 가정과 자식에 대한 관심과 애정이 증폭된다. 나는 성경적으로 나의 가정을 어떻게 바로 세우느냐에 골몰하게 되었다. 가장 급한 것들 중 하나는 애들이 고등학교를 졸업하기 전에 미국 동부지역 가족 여행을 하는 것이었다.

당시 아들들은 중·고등학교에 다녔다. 서부 지역 여행은 이미 그들과 여러 번 간 적이 있었다. 그랜드 캐년, 브라이스 캐년, 라스베가스, 샌프란시스코 등이었다.

나는 아들들의 여름방학에 맞추어 직장에서 1주일 휴가를 내어 동부지역 여행 계획을 세웠다. 아이들과 함께 한 동부 여행은 처음이었다. 먼저 우리가 여행 갈 유명한 지역을 선정했다. 그리고 거기에서 역사적 및 교육학적으로 무엇을 배울 수 있을까를 공부했다.

미국의 수도 워싱턴 DC, 펜실베이니아 주 랭캐스터에 위치한 아미쉬 컨트리(현대문명을 거부하며 사는 기독교인 마을), 미국 최초 13개 주의 수도 필라델피아(독립기념 선언문이 그곳에 있다), 뉴욕, 그리고 뉴욕 북부 지역에 있는 예일대, 하버드대, 버펄로 그리고 나이아가라 폭포 등이었다.

나는 일단 워싱턴 DC까지는 비행기를 타고 그곳에서 6인승 밴을 렌

나는 서부에 살았기 때문에 서부에서는 가족 여행을 많이 다녔지만 동부에는 가지 않았었다. 그래서 모처럼 시간을 내어 동부 여행을 했다.

사진은 미국과 캐나다 국경에 위치한 나이아가라 폭포 앞에서(상), 그리고 영국의 청교도들이 최초로 미국 매사추세츠 주의 플리머스 항에 도착했던 메이플라워 호 앞에서 찍은 가족 사진

미국 뉴욕의 유엔 청사 앞에서(상), 그리고 미국 워싱턴 DC 6.25 전쟁 기념 조형물 앞에서 찍은 가족 사진

미국 동부 필라델피아에는 기독교 신앙의 순수성을 지키기 위해 현대 문명을 거부하여 전기와 자동차 없이 살고 있는 아미쉬 공동체가 있다. 사진은 그곳에 있는 구약의 성막 앞에서 찍은 가족 사진. 왼쪽에 번제단이 보인다.

트해 한 차로 움직였다. 모든 관광을 마친 후 버펄로 공항에서 LA로 오는 비행기를 타기로 예약하였다.

AAA 보험회사에 가서 동부지역 대형 지도는 물론 각 지역의 관광 코스를 자세히 적은 홍보 책자 5권을 얻어왔다. 그리고 아들들에게 한 권씩 나누어 주었다. 아들 하나하나에게 너는 워싱턴 DC, 너는 필라델피아, 너는 뉴욕 등 각 지역을 하나씩 맡기었다. 그리고 아들들에게 이렇게 말했다.

"운전은 아빠가 할 테니까, 너희들이 조수석에 앉아 아빠한테 어디로 가라고 지시를 하라. 그렇게 하려면 이 책을 공부하여 지도 공부는 물론 그 지역의 어디 어디를 들려야 할지, 그리고 그곳의 역사적 및 지역적인 특성을 공부해야 한다. 그리고 지역이 바뀔 적마다 그 지역을 공부한 너희들이 돌아가며 가족을 위한 관광 가이드가 되라."

이것은 내가 각 지역 관광지를 공부하여 내가 가족을 가르치는 것보다 아들들이 스스로 공부하여 그들이 온 가족을 가르치는 방법이 더 좋다고 여겼기 때문이다.

나는 아이들과 차를 타고 가면서 차안에서 그리고 관광지에서 계속 이야기를 나누었다. 이러한 가족 여행은 가족의 결속을 다지고, 아들들에게 지리공부는 물론 미국의 역사공부와 인생의 안목을 넓히는 데 큰 도움이 되었다.

chapter
04

직업 교육

☆

I. 늘 공부하는 본을 보여주었다

자동차 고치기 위한 공부

나는 다른 집처럼 아이들에게 공부하라는 말을 거의 하지 않았다. 오히려 둘째 아들이 시험을 볼 때 너무 스트레스를 받는 것 같아 공부하는 것을 말릴 정도였다. 그런데도 저희들이 알아서 공부를 잘 했다.

그 이유는 나와 내 아내가 가정에서 아들 넷에게 하나님 일 열심히 하고, 열심히 일하며, 늘 공부하는 모습을 보여주었기 때문이라고 생각한다. 특히 내가 늘 공부했던 모습은 아이들에게 좋은 교육적 효과를 준 것 같았다. 성장하여 사회인이 된 막내아들은 나에게 이런 말을 한 적이 있었다.

"우리가 이렇게 일에 열심인 것(workaholic)은 모두 아버지에게 그렇게 배웠기 때문입니다."

나는 미국 이민 초기에 연료가 가장 적게 드는 폭스바겐(훼스트백, 좌)을 샀다. 그 후 가족이 늘어나 밴을 샀다. 모두 값이 싼 중고차여서 고장이 잦았다. 고장이 나면 수리비를 아끼기 위해 나는 그 차의 매뉴얼을 공부해 손수 고쳤다.

나는 미국에 도착한 이후부터 현재까지 책을 놓은 적이 없었다. 왜 그렇게 공부를 해야만 했는가? 공부는 생존의 도구였기 때문이었다.

1) 처음에는 돈을 아끼기 위해서였지만 나중에는 2) 더 나은 직장을 얻기 위함이었다. 그리고 3) 하나님의 부름을 받은 이후에는 하나님의 소명을 완수하기 위해 공부를 해야 했다. 그것이 바로 유대인 교육 연구다.

남들은 나의 성공이 쉽게 얻어진 것처럼 여길 지도 모른다. 그러나 성공 뒤에 숨은 고난은 누구보다 컸었다. 나는 그 고난을 극복하기 위해 남이 모르는 몸부림을 쳐야만 했다.

나는 이민 온 직후에 가장 싼 독일제 중고차 폭스바겐 훼스트백 (fastback)을 1천불에 샀다. 그런데 그 차가 고장이 자주 났다. 그것을 자동차 정비소에 맡기면 돈이 많이 들었다. 내게 그럴만한 돈이 없었다.

그래서 책방에서 폭스바겐 서비스 매뉴얼을 샀다. 고장이 날 때마다 매뉴얼에 있는 대로 진단하고 고장 난 부속을 딜러에 가서 구입해 내가 스스로 교체했다. 이런 습관은 차를 바꿀 적마다 계속되었다.

" 우리가 이렇게 일에 열심인 것(workaholic)은 모두 아버지에게 그렇게 배웠기 때문입니다. "

전문직 라이센스 취득 공부

그 후에는 앞에서 언급한 대로 좋은 전문직 라이센스를 준비하기 위하여 또 책을 구입하여 공부를 했다.

미국에서 전문직 라이센스 없이 더 나은 직장을 구하기가 너무 힘들었다. 직장에서는 같은 실력이면 영어 잘하는 백인을 선호했기 때문이다.

처음에는 내가 한국에서 화공학을 전공했기에 화공 관련 대형회사에 입사 원서를 제출해 보았다. 그러나 그런 직장은 보안상 미국 시민권자로 제한한다는 사실을 알게 되었다.

그래서 파워 플랜트(Power Plant)에서 일할 수 있는 자격증인 '무제한

전문직 취업을 위해서는 그 직종 라이센스가 필요
했다. 그래서 항상 공부를 했다. 위 사진은 저자의
첫 번째 자격증인 스팀 엔지니어 라이센스

스팀 엔지니어' 라이센스(Unlimited Steam Engineer) 시험에 도전하기로 마음먹었다. 우선 라이센스를 따기 위한 공부를 하기 위해 2년제 기술대학(LA Technical College)에 입학을 해야 했다. 그러나 당시 나의 형편으로 2년이란 세월을 기다릴 수가 없었다.

그래서 그 대학 교수님에게 양해를 구하고 청강을 했다. 학교 수업이 끝나면 바로 도서관으로 가서 늦게까지 공부를 했다.

그리고 급한 마음에 3개월 후에 예정된 라이센스 시험에 응시를 했다. 일 년에 두 번 시험 기회가 있는데 한 번을 놓치면 6개월을 더 기다려야 했기 때문이다. 다행히 필기시험에 거의 만점으로 합격을 했다.

그러나 문제는 그때부터였다. 라이센스를 취득하고 난 후에는 그 직업 직원들이 소속되어 있는 노조(union)에 찾아가 일자리를 구했다. 다행이 일자리는 종종 있었다. 내가 직장 치프 엔지니어와 인터뷰를 하면 취직은 잘 되었다.

그런데 취직을 한 후에는 그 직장에 설치되어 있는 거대한 기계들의 기능에 대해서는 깜깜이었다. 잘못 건드리면 공장 전체가 폭발 할 수도 있었다. 겁이 났다.

책에서 이론으로만 알고 있었던 거대한 기계들의 기능을 익히기 위해서는 현장에서 다시 공부를 하지 않을 수가 없었다. 실제로 기계들과 부속들을 두 눈으로 보며 손으로 만지며 일일이 확인하며 익히지 않으면 안 되었다. 필요에 따라 교체할 줄도 알아야 했다.

더구나 라이센스를 취득하여 직장에 취업을 한 이후에도 기술이 충분치 못하다며 직장에서 세 번이나 1개월의 유예 기간(probation period)을 넘기지 못하고 레이오프(layoff)를 당했기를 당했기 때문에 더 긴박한 상황이었다.

그 당시 받은 스트레스는 이만 저만이 아니었다. 따라서 새로운 직장에 취직한 이후에는 유예기간을 넘기기 위하여 그 기계의 매뉴얼을 회사에서 집으로 빌려와 밤새워 공부를 해야 했다.

〈저자 주: 원래 그 라이센스를 취득하기 위해서는 최소한 3년 이상 파워 플랜트에서 조수로 일했던 현장 경력이 있어야 했다. 그러나 나에게는 그런 경험이 없었다. 그런데도 인터뷰에서 어떻게 합격을 했는지에 대해서는 긴 설명이 필요하다. 자세한 것은 '쉐마교육 개척기' 제2부 제1장 '전문 기술직 라이센스 준비, 그러나', '그러나 실기시험에서…' 그리고 '월 $2200: 킹콩 만드는 MGM 영화사에 취직, 그러나…'를 참조 바란다.〉

신학 공부와 유대인 교육 연구

몇 년이 지났다. 기술도 많이 익혔다. 그 후에도 공부는 계속했다. 혼자 비즈니스를 하기 위하여 네 개의 컨트랙터 라이선스를 더 땄다. 에어

나는 미국에서 기술을 익히자 컨트랙터 라이센스를 취득하여 독자적으로 팽귄엔지니어링 회사를 설립했다. 사업은 승승장구했다. 그러나 하나님의 부름을 받은 후 그 사업을 완전히 접었다. 사진은 주정부 컨트랙터 라이센스와 당시 명함

컨과 냉동, 전기 그리고 솔리 컨트랙터 라이선스였다. 그리고 독자적으로 팽귄엔지니어링 회사를 설립했다.

저녁에는 직장에 다니고 낮에는 커다란 집채만 한 냉장이나 냉동 창고를 설계에서 시공까지 맡아하는 비즈니스를 했다. 공사 한 개가 끝나면 직장생활 1년 치 봉급만큼의 수익이 남았다. 사업은 승승장구했다. 매년마다 저축이 많아 집이나 아파트 건물을 살 정도였다.

그런데 인생 일대의 가장 큰 변수가 생겼다. 하나님께서 그 때 나를 그분의 종으로 부르셨다. 이것은 불가항력적인 것이었다. 몇 년을 불순종하다가 나중에는 신학교에 입학하게 되었다.

목회학 석사로 마치려고 했지만 하나님은 또 내 나이 40세에 박사 공부

를 하라고 하셨다. 박사 공부를 마치니 또 랍비 신학교로 보내셨다. 그리고 정통파 유대인 촌에서 20여년 동안 랍비들과 함께 생활하며 유대인 교육을 연구하게 하셨다.

그 결과 하나님께서는 부족한 종이 유대인을 모델로 한 '인상교육론'과 '쉐마교육론'이라는 새로운 학문의 영역을 정리하게 하셨다. 그리고 신학교 교수로 있으면서 내가 연구했던 '인성교육+쉐마교육'을 목사와 교수들에게 가르치게 하셨다. 현재까지 공부를 멈추지 못하는 이유다.

나는 박사학위 공부를 시작한 이후부터 모든 세상일을 포기했다. 물론 돈 버는 일도 중단했다. 그 이후 우리 집 경제는 아내 혼자 간호사로 일하면서 책임을 맡았다. 내가 평신도 시절에 벌어놓았던 돈은 신학교를 오래 다니는 동안 거의 모두 써버렸다.

아내의 내조가 없었다면 나는 쉐마사역을 이렇게 전심전력으로 할 수가 없었을 것이다. 이런 아내를 준비해주셨던 하나님께 감사한다. 그리고 묵묵하게 헌신해준 아내에게도 감사한 마음을 전한다.

II. 꽃길대신 고난을 택한 아버지, 왜

덫에 걸린 흑인 '쿤타 킨테'

〈저자 주: 이 내용은 저자가 미국 이민 초기에 직장에서 체험한 것이다. 미주중앙일보 신춘문예(1998년) 논픽션 분야(제목: '덫에 걸린 흑인 '쿤타 킨테')에 응모하여 가작으로 당선된 작품을 간단히 요약한 것이다. 독자들의 자녀교육에 도움이 되고자 여기에 싣는다. 자세한 내용은 '쉐마교육 개척기' 제2부 제2장 '엔지니어로 취직한 후의 고난' 참조 바란다.〉

이민 초기에 라이센스를 딴 후 네 번째 직장에서는 다행히 유예 기간을 잘 넘겼다. 그 후 6개월쯤 지나니 어느 정도 기술도 익혀 안정된 직장 생활을 할 수 있었다. 아, 드디어 성공했구나! 직장을 마치고 집으로 돌아올 때는 콧노래까지 불렀다. 그러나 그 기간은 오래지 않았다. 나의 직장에 큰 이변이 생겼다.

당시 전체 엔지니어가 15명 정도였다. 그 중 13명은 백인이었고 소수인종은 흑인 한 명과 나뿐이었다. 백인 13명 중 11명은 낮에 근무를 했고, 2명은 밤에 흑인 한 명과 나와 함께 근무를 했었다. 그런데 백인들은 모두 그 흑인을 매우 증오했었다.

덩치가 큰 흑인은 늘 공개적으로 백인들(white foxes)은 믿을 수 없다고 떠들어댔다. 자신들이 못사는 것은 백인들이 자신들을 노예로 만들었기 때문이라고 했다. 그리고 일부러 말싸움을 걸기도 했다.

아이러니한 것은 그 흑인은 이제 갓 들어온 나에게 시집살이를 시켰다. 군대의 고참병처럼 힘든 일을 대부분 나에게만 시켰다. 그러면서 한

당시 나는 직장에서 일어난 백인과 흑인의 사건을 "덫에서 풀려난 '쿤타 킨테'"란 제목으로 중앙일보 신춘문예 작품에 입상을 했다. 사진은 신문에 실린 그 기사다

편으로는 소수민족끼리, 즉 자기와 내가 뭉쳐야 살아남을 수 있다고 나를 설득했다. 미국에서 자신들이 자유를 얻기 위한 투쟁의 역사도 설명해 주었다.

어느 날 출근을 해보니 그 흑인이 안 보였다. 알고 보니 회사에서 그를 프레임(Frame, 억울한 누명)을 씌워 어제부로 강제 파면을 시킨 것이었다. 어제 밤 근무 시간에 그가 백인 엔지니어를 주먹으로 폭행을 했다는 죄목이었다. 이것은 사실과 달랐다.

나는 뒤늦게 나도 모르는 사이 내가 그 현장에 있었던 중요한 증인의 한 사람으로 선택되었다는 것을 알게 되었다. 어제 저녁의 백인과 흑인과의 사건에 또 다른 증인은 청소부 아저씨였다. 나는 그 현장에 있었던 사람들 중 유일하게 회사 간부로부터 미리 통고를 받지 않은 증인이었다.

왜 회사 측에서 나에게 미리 상의하지 않았던가? 아마도 그 백인 친구들이 나는 쉽게 자기네 편이 되어 줄 줄로 생각했는지도 모른다. 그들도 그 흑인이 나를 괴롭히는 줄을 알고 있었기 때문이다.

후에 안 일이지만 그 프레임의 각본은 회사 부사장의 지시에 의해 이루어진 것이었다. 백인들은 일이 성취된 이후 모두 축제 분위기였다. 앓던 이가 빠진 기분이었다. 모두 부사장과 그의 각본에 의해 움직인 동료들을 칭찬하였다. 그리고 해고된 그 흑인에 대하여 비판적이었다.

나는 알렉스 헤일리(Alex Haley, 1921~1992)가 쓴 '루트'(뿌리)라는 소설이 떠올랐다. 그의 조상은 백인의 덫에 걸렸던 '쿤타 킨테'였다. 누구도 억울한 흑인 편에 서지 않았다. 회사에 아첨하는 동료들도 있었다. 그리고 몸조심하는 부류도 있었다. 사람 사는 곳의 인심은 동서가 다른 것이 없어 보였다.

나는 이 거대한 미국의 썩은 냄새가 나는 치부를 보아야 했다. 내가 선택한 자유와 평등 그리고 꿈이 있는 나라, 미국! 신앙의 나라, 깨끗한 나라, 정의의 나라 그리고 자유롭게 신앙의 양심을 지키기에 최적의 나라로만 보지 않았던가!

어느 날 출근을 해보니 그 흑인이 안 보였다.
알고 보니….

흑인의 고소

흑인 동료는 노조에 가서 회사 측을 즉각 고소했다. 그는 흑인의 인권에 관한 권리를 누구보다 잘 알고 있었다. 그러나 그의 운명은 나의 증언에 따라 그의 억울한 누명의 덫이 벗겨지든가 아니면 묵살되어 버리든가 하게 되어 있었다. 왜냐하면, 나 이외에 모든 다른 증언자들은 회사 측 편이었기 때문이었다. 물론 당시 현장에 나와 함께 있었던 청소부 아저씨도 회사 편에 서 있었다.

흑인이 고소한 이후 회사에서는 유난히 나에 대한 대접(?)이 융숭해졌다. 자주 불러서 여러 가지 부드러운 이야기를 해주곤 하였다. 회사 측 변호사가 나를 불러 나의 심경과 나의 생각을 자주 물었다. 나 자신이 회사에 모처럼 잘 보일 수 있는 절호의 기회라는 일종의 암시였다. 그 융숭한 대접은 나를 더욱 혼란스럽게 만들었다.

나는 어느 편에 서야 하는가? 두 길! 좁은 길과 넓은 길, 정의의 길과 불의의 길 사이에서 고민했다. 나는 한 쪽을 선택을 해야 했다. 사실 이 땅에 이민 와서 천신만고 끝에 얻은 직장이 아니던가! 이제 겨우 자리를 잡을 만하니 뜻하지 않은 이런 사건이 터지다니…. 이번에 나만 흑인의 아픔을 못 본척하고 눈감아 준다면 나의 장래는 꽃길이 보장되지 않겠는가!

만일 내가 회사 측의 요구를 안 들어 줬을 경우 나에게 내려질 끔찍한 박해도 상상해 보았다. 나 자신도 제2의 Frame이란 덫에 걸려 억울하게 해고를 당하지는 않을까? '한인 쿤타 킨테?' 내가 흑인처럼 억울한 누명을 쓰고 해고를 당한다면 나를 위하여 내편에 서 줄 사람이 과연 있겠는가? 생각만 해도 끔찍했다.

이보다 더한 고민도 있었다. 그것은 내가 이 회사의 목적에 협조하지 않고 흑인을 위한 증언을 했을 경우 앞으로 나의 미국 생활에 치명적인 손상을 입는다는 사실이다.

만약 내가 새로 직장을 구한다면 현재 나의 상사가 나에 대하여 새 상사될 사람에게 좋게 추천해 주겠는가? 그리고 회사 이익의 반대편에서 증언을 했다면 누가 나를 쓰겠는가? 이것은 평생 따라다닐 나의 신용(credit)에 관한 문제였다. 더구나 나는 미국 직장에 관한 다른 신용(credit)이 많이 있는 것도 아니다.

두 길의 선택을 놓고 잠 못 이루는 날이 많았다.

다음은 네 차례야!

많은 생각을 하면 할수록 신앙 양심의 소리가 나를 심하게 꾸짖었다. 이 신세계에 까지 와서 젊은 놈이 벌써부터 인생의 뿌리를 내리는 초기부터 권력의 편에 서서 신앙의 양심을 속일 수 있는가? 결단코 빵의 문제로 나의 양심을 팔 수는 없는 것이다. 그 흑인이 전화로 일러준 절박한 절규가 생각났다.

"Next is your turn, don't trust white foxes!
(다음은 네 차례다. 백인을 믿지 마라!)"

주님께 기도드렸다. 이런 환경 속에서 나를 지키며 나갈 수 있는 힘과 지혜를 달라고…. 그리고 이런 고난을 피하는 비겁함보다는 부딪쳐서 이

길 수 있는 힘을 달라고….

기도 중 갑자기 믿음의 조상 아브라함이 떠올랐다. 아브라함이 거주한 땅에 정들만하면 떠나게 하시고, 또 정착하여 정들만 하면 떠나가게 하시던 하나님! 그리고 인생의 나그네 아브라함이 천신만고 끝에 얻은 아들 이삭을 하나님보다 더 사랑하는지 안 하는지 그의 믿음을 시험해 보셨던 하나님!

기도 중 나는 놀라운 담대한 힘을 얻었다. 주님! 그동안 고난을 통하여 저를 얼마나 사랑하고 계신 줄을 구체적으로 제게 보여 주시지 않았습니까? 항상 어떠한 고난 속에서도 피할 길을 미리 예비해 주시지 않았습니까.

만약 제가 또 그 흑인처럼 당한다 해도 여태까지도 하나님의 은혜로 승리했는데, 아예 이민 다시 온 셈 치고 새 출발할 각오로 살겠습니다. 정든 곳을 떠나면 더 좋은 곳으로 인도하실 줄로 믿습니다. 이 땅(직장)에 정들지 않고 하나님의 말씀에 순종하겠습니다. 하나님의 정의 편에 서겠습니다.

나는 두 길 중 좁은 길을 택하기로 마음먹었다. 주님께서 오히려 미련하고 부족한 나를 하나님의 정의를 위한 도구로 사용하실 것이라는 확신이 들었다. 오히려 하나님이 이러한 어려운 환경을 주셔서 나의 믿음을 시험하시는지도 모른다는 생각이 들었다. 마음의 결심이 굳어지자 그 동안 나를 심하게 억압하였던 두려움과 초조함이 없어졌다. 의연함과 평온함이 찾아왔다.

그 후 중재 재판(Arbitration)에 나가 사실대로 증언했다. 먼저 사무실 구조를 칠판에 그렸다. 흑인과 백인 사이에 칸막이가 있어 흑인이 백인을 폭행할 수 없었던 구조였다는 것을 증언했다. 다만 칸막이 중간에 창문이 있었는데 그 사이로 언쟁을 했다고 증언했다.

판사는 나의 증언을 받아들였다. 그리고 덫에 걸렸던 가련한 쿤타 킨테는 다시 회사로 복귀했다. 그 후 그는 안전했는가? 회사는 두 번이나 더 흑인을 파면했었다. 다음 죄목은 '근무지 이탈'이었고, 그 다음 죄목은 '성추행'이었다. 두 번 모두 내가 다시 증인으로 나갔다. 그리고 다시 무죄 판결을 받았다.

〈저자 주: 그 후 그 흑인이 어떻게 되었는지에 대해서는 지면상 생략한다. *쉐마교육 개척기*를 참조 바란다.〉

> 나는 흑인과 회사, 어느 편에 서야 하는가?
> 좁은 길과 넓은 길, 정의의 길과 불의의 길 사이에서 고민했다.

회사의 보복

사실 6개월 전 흑인을 위한 증언을 하고 난 후부터 회사 측의 나에 대한 노골적인 박해가 시작되었다. 가끔 만나는 회사의 상관들과 백인 보스들이 어색하였다. 백인 동료들 중에는 나를 대놓고 비웃는 사람도 있었다.

좀 괜찮은 사람이다 싶은 사람도 이번 일에 대하여 "글쎄…. 그게 사람 사는 것 아니냐"며 슬며시 웃는다. 한 사람도 잘 했다는 사람이 없었다. 내가 노조편이 되었기 때문에 노조에 자신들의 말이 들어 갈까봐 겁내는 사람도 있었다. 내게는 가슴조이는 두려운 고난의 연속이었다.

새로운 각오로 무장한 나의 자세는 의연하고 여유 있게 그리고 비겁하지 않게 나 자신을 지키려고 노력하였다. 우선 나 자신이 그들에게 약점을 잡히지 않으려고 무던히 노력하였다. 일을 하는 동안에 모든 일은 법적인 증거를 남기기 위하여 서류를 완벽하게 만들어 놓았다.

나는 이것을 나 자신을 성장시키는 좋은 기회로 삼고 주님께 감사하면서 끊임없이 지혜를 간구하였다. 하나님은 연약하고 부족한 나를 이러한 환경을 통하여 훈련시키시는 분명한 뜻이 있으리라고 믿었다.

그 당시 내가 늘 읽으며 힘을 얻은 성경말씀은 이사야 41장 10-11절이다.

> 두려워 말라. 내가 너와 함께 함이니라. 놀라지 말라. 나는 네 하나님이 됨이니라. 내가 너를 굳세게 하리라. 참으로 너를 도와주리라. 참으로 나의 의로운 오른손으로 너를 붙들리라. 보라. 네게 노하던 자들이 수치와 욕을 당할 것이요 너와 다투는 자들이 아무 것도 아닌 것 같이 될 것이며 멸망할 것이라. (사 4:10-11)

나는 붓글씨로 쓴 이 말씀의 족자를 아예 나의 침실 벽에 붙여 놓았다. 그리고는 수시로 읽고 묵상하였다. 이는 하나님 백성만이 가질 수 있는 특권이었다. 얼마나 감사한 일인가!

한편, 이것은 나로 하여금 또 다른 라이센스들을 취득하기 위한 공부를 시작하게 하였다. 개인 비즈니스를 위한 냉동시설, 에어컨, 그리고 전기 라이센스를 목적으로 하였다. 그리고 각 정부기관 취직 시험에도 두루 응시하였다. 혹시 있을 수도 있는 만약의 해고 사태에 대비하기 위해서였다.

이래저래 나는 항상 책을 끼고 다니며 열심히 공부하는 사람이 되었다. 다행히 모두 좋은 결과를 얻었다.

나를 아는 친지들도 내가 항상 공부하는 모습을 보고는 "웬 라이센스를 그렇게 많이 따느냐?"고 말하면서 의아해 하였다. 그러나 난들 그런 공부가 좋아서 하겠는가. 죽지 않고 살아남기 위해 했다. 그 당시 나의 직장 생활이 그만큼 절박했었다는 증거였다. 남과 경쟁을 하려면 실력을 쌓아야 했다.

그 이후로 나는 공부를 하지 않으면 남에게 뒤쳐질 수 있다는 것을 깨달았다. 따라서 한 고비를 넘기면 반드시 또 다른 분야의 공부를 했다. 나는 아들들에게 이런 말을 자주 해주었다.

"Life is not easy." (인생은 쉽지 않다.)

쉽게 얘기하면 밥 먹고 사는 게 쉽지 않다는 말이다. 가끔 셋째 아들과 전화를 하면 그는 웃으며 이렇게 말하곤 한다.

"Dad, life is not easy!" (아빠, 인생은 쉽지 않아요.)

흑인에 유리한 증언을 한 이후
나에 대한 회사 측의 노골적인 박해가 시작되었다.
그런데….

III. 기술 교육

공사 현장에 아들들을 데리고 다녔던 이유

나는 이민 초기에 생업을 막노동으로 시작했다. 그러나 기술직 라이센스를 얻은 후 직장에 다니며 기술을 습득했다. 그리고 앞에서 언급한 대로 부업으로 집채만한 냉장(동) 공장을 지어주는 비즈니스를 한 적이 있었다.

당시 나는 초등학생이었던 어린 아들들을 주말이나 공휴일에 나의 공사 현장에 데리고 다녔다. 쌍둥이는 너무 어려서 그 위 두 아들만 데리고 다녔다. 현장에서는 공구를 사용하는 법이나 관리하는 일 등의 잔심부름을 시켰다.

내가 이렇게 했던 몇 가지 이유가 있었다. 나는 이민 초기에 너무 고생을 많이 했었다. 그 당시 나는 아들들의 미래가 걱정이 되었다. 그들이 성인 된 이후에는 어떻게 밥을 먹고 살 수 있을까를 걱정했다.

일단은 그들에게 아버지가 힘들게 돈을 벌고 있다는 것을 보여주고 싶었다. 그리고 그들도 간단한 공구 사용법이나 공사 현장을 체험할 수 있는 기회를 주고 싶었다. 즉 나의 아들들이 미국에서 생존하기 위하여 어려서부터 밥벌어먹는 기술을 가르쳐 주고 싶었다.

나중에 알고 보니 이것이 유대인의 교육 방법이었다.

"아들에게 기술을 가르치지 않으면 도둑으로 키우는 것과 같다."
– 유대인의 격언 –

그 교육의 효과는 후에 나타났다. 미국에서는 대학 입시에 간단한 에세이를 첨가한다. 둘째 아들의 에세이는 자신이 컴퓨터를 전공하게 된 동기를 이렇게 적었다.

"내가 처음 공구를 사용했던 시기는 아버지의 공사 현장을 함께 다녔을 때였다. 그곳에서 처음으로 스크루 드라이버 사용법을 배웠다. 그리고 나는 기계에 관심을 갖기 시작했다."

그 아들은 고등학교 때부터 컴퓨터를 익혀 자기 반 교사를 도와주기도 했다. 그리고 대학에서는 컴퓨터 기술자로 알바를 했었다. 컴퓨터를 뜯어보고 고장 난 부속을 발견하고 교체하는 일도 손수 자신이 했다. 졸업 후에는 그 계통으로 성공을 했다. 첫째 아들도 컴퓨터 웹사이트 디자이너가 되었다. 그 아들도 공구를 사용하여 집수리하는 일을 좋아한다.

그래서 그런지는 몰라도 당시 나와 함께 다니지 않았던 쌍둥이는 공구 사용하는 일에 대해서는 전혀 문외한이다. 전혀 아버지를 닮지 않았다.

"아들에게 기술을 가르치지 않으면 도둑으로 키우는 것과 같다."
- 유대인의 격언 -

PART 7
유대인 교육 연구 이전과 이후의 차이

Chapter 1 나와 가정의 분리
Chapter 2 아들들을 데리고 부흥회 집회 인도
Chapter 3 유대인 교육 연구 이후의 쉐마교육기

〈저자주〉

나의 자녀교육 체험기는 유대인 자녀교육을 연구하기 이전과 이후로 나눌 수 있다. 전자에는 인성교육학적인 측면에서 한국의 수직문화 교육을 많이 시켰고, 후자에는 성경에 기초한 유대인의 쉐마교육을 많이 시켰다. 그런데 이제 와 생각해보니 유대인 자녀교육을 연구하기 이전에도 그들이 강조하는 예절교육과 효도교육 그리고 고난의 역사교육도 많이 시켰다는 것을 알게 되었다.

chapter
01

나와 가정의 변화

☆

유대인 교육 연구 이후의 나의 변화

앞에서 내가 아들들을 어떻게 키웠는지, 그 방법들을 여러 가지 소개했다. 자녀교육에 대하여 전혀 모른다고 하는 부모들에게 나는 한마디로 이렇게 권면하고 싶다.

"좋은 인성의 자녀를 원하면 무조건 가난하게 키우세요. 그리고 효를 가르치세요. 그러면 60-70점은 먹고 들어갑니다."

물론 나는 그런 교육을 시켰다. 그런데도 나와 아들들과의 사이는 좋지 않았다. 내가 집에 들어오면 집안에 냉기가 흘렀다. 분명히 문제가 있다는 것을 증명한다.

그 문제에 대한 원인은 내가 유대인 자녀교육을 연구한 이후에 발견했다. 몇 가지 원인은 다음과 같다. 나는 평신도 시절 나의 주된 관심은 돈을 버는 일과 교회 일이었다. 따라서 아내와 아들들을 제대로 돌보지 못했다. 더구나 아들들에게 전혀 성경을 가르치지 않았다. 게다가 나의 한국식 권위주의적인 교육 방식은 아내와 아들들에게 상처를 주기 쉬웠다. 따라서 나는 아들들을 나의 제자로 만드는 데 실패했다.

내가 유대인 랍비 가정의 안식일에 참석한 후 가장 큰 깨달음은 자녀는 육신의 아버지를 통하여 하나님 아버지의 형상을 닮아갈 수 있다는 것이다. 나는 나 스스로 "아들들은 과연 나의 행위를 보면서 하나님 아버지의 형상을 닮아갈 수 있었겠는가?"를 자문(自問)해 보았다. 아니었다. 이것이 나의 모든 행동을 근본적으로 변하게 한 동기가 되었다. 그 후 나 자신이 성경적인 아버지 상으로 변하려고 무던히 노력했다.

우선 가정에서 한국인 1세 특유의 아내와 아들들에게 군림하려는 권위주의적 행동을 멈추었다. 아내와 아들들에게 지시하는 듯한 일방적인 대화에서 그들의 의견을 부드럽게 들어주는 쌍방대화 방식으로 바꾸었.

그리고 이전에 막내아들이 나에게 했던 말이 생각났다.

"아빠, 우리는 굿 보이(good boys)인데, 왜 우리에게 그렇게 야단을 많이 치세요."

그랬었다. 나는 아내와 아들들이 조금만 잘못해도 꾸짖었던 태도를 회개했다. 그리고 그들을 더 용서하고 화가 나도 인내하는 삶으로 나를 바꾸었다. 그들에게 더 따뜻하게 웃는 아버지가 되도록 바꾸었다.

더 중요한 것은 아들들 교육을 아내나 교회 혹은 학교에만 맡기지 않고 나 자신이 직접 챙기기 시작했다. 그 후 아들들은 나를 이해하고 아버지를 닮기 시작했다. 만약 당시에 필자가 그렇게 하지 않았다면 현재 어떻게 되었을까, 생각 만해도 끔찍하다.

물론 당시 한국식으로 굳어진 나의 교육철학과 행동이 일시에 바뀌었다는 것은 거짓말이다. 너무 힘이 들어 중도에 포기까지 할 위기에 처했지만 끝까지 노력했다. 그 결과 가정에 평화와 웃음을 되찾았다. 아들들은 기대 이상으로 잘 커주었다.

쉐마교육이 우리 가정을 살린 것이다. 물론 그 이면에 하나님의 은혜가 너무나 컸던 것이 사실이다. 만약 아들 넷 중에 하나라도 빗나간 아들이 있다면, 내가 어떻게 쉐마사역을 할 수 있겠는가!

훗날 아들들은 나에게 이렇게 말했다.

"아버지가 우리에게 가르쳤던 교육의 내용은 좋은데, 전달 방법이 강압적인 한국식 스타일이라 다른 가족들에게 상처를 준거예요."

〈저자 주: 아들들을 키웠던 자세한 얘기들은 내가 지은 '현용수의 인성교육 노하우', '하브루타식 아버지의 4차원 영재교육의 비밀'과 '자녀의 효도교육 이렇게 시켜라' 그리고

'고난의 역사교육' 등에 간간이 소개했기 때문에 지면상 길게 소개하지 않는다. 몇 가지 자녀교육 체험 사례를 간단히 소개한다.)

내가 유대인 랍비 가정의 안식일에 참석한 후 가장 큰 깨달음은?

우리 가정 유대인의 쉐마교육 실천, 어떻게

유대인의 쉐마교육은 실천이 따라야 산 교육이 된다. 실천 없는 쉐마교육은 죽은 교육이다. 따라서 나는 우리 가정에서 이 쉐마교육을 즉시 실천했다. 나는 오랫동안 병신노 생활을 하나 늦게 하나님의 부름을 받고 목사가 된 사람이다.

앞에서 언급했듯이 미국에서 엔지니어로 직장도 다니고 틈틈이 사업도 했었다. 그리고 교회학교 교사로 봉사하며 주중에 틈을 내어 대학생 캠퍼스 선교 기관의 간사일도 맡았다. 그러다보니 피곤에 절어 집에 들어오면 곧장 침대에 누워버렸다.

당시 어린 아들들이 내게 다가오면 "피곤하니 할머니하고 놀아라", "엄마하고 놀아라"고 하든가, 아니면 TV를 켜주며 "뽀빠이를 보라"고 했었다. 밖에 나가서는 남들에게 좋은 하나님 말씀을 그렇게 많이 가르치면서 정작 나의 자녀를 가르치는 데는 인색한 아버지였다. 아무튼 가정예배를 한 번도 드린 적이 없었다.

그랬던 내가 유대인의 자녀교육법을 연구하면서 정신이 번쩍 들었다.

"아하, 그렇구나! 하나님이 내게 맡겨 주신 가장 소중한 양 떼는 교회나 대학교에 있는 남의 집 자녀들이 아니라 바로 우리 집 아이들이구나!"
"왜 가장 귀한 복음을 가장 가깝고 사랑하는 나의 아들들에게는 전하지 않고 남에게만 전했는가? 수평적인 이웃 전도보다 수직적인 자녀교육이 최 우선순위가 아니겠는가!"

큰 충격이었다. 이 진리를 깨달았을 때는 이미 4명의 아들들이 중·고등학교에 다니고 있었을 때였다. 그러나 깨달은 때가 가장 이른 때라고 하지 않는가! 즉시 하나님께 회개 기도를 드렸다. 그리고 문구점으로 달려가 큰 칠판을 샀다. 저녁에 아들들을 모두 불러 앉히고 나는 우선 두 가지를 사과했다.

첫째는 너희들에게 너무 일방적인 독재를 써서 미안하고, 둘째는 그 동안 너희들을 잘 가르치지 못해 미안하다. 그리고 나의 잘못된 아버지 개념을 얘기해 주었다.

"나는 너희들에게 밥 먹여 주고 옷 입혀 주고 학교에 보내주면 아버지 노릇을 잘 하는 줄 알았다. 그런데 이것은 육적인 아버지에 불과하다. 그 보다 더 중요한 것은 너희들에게 성경을 가르치는 영적인 아버지가 되어야 한다는 것을 깨달았다."
"이제부터 내가 너희들에게 육적 아버지뿐만 아니라 하나님의 말씀을 가르치는 영적 및 사상적 아버지가 되겠다."

나는 내가 엉터리 아버지라는 것을 깨닫고 즉시 회개했다. 그리고 칠판을 사다 놓고 아들들에게 쉐마교육을 가르치기 시작했다. 사진은 내가 강의하는 모습. 우편 아래는 화이트보드 뒷면. 칠판 사용은 유대인의 방법이 아닌 나만의 방법이다.

그 이후 나는 아들들에게 성경뿐만 아니라 앞에서 언급했던 한국인의 인성교육(수직문화)과 유대인을 모델로 한 성경적인 쉐마교육을 가르쳤다. 내가 연구했던 구약의 지상명령, 성경적인 가정성전, 어머니 교육, 성교육, 효교육 및 고난의 역사교육 등을 계속 가르쳤다.

그리고 아들들에게 이렇게 당부했다.

"아버지가 너희들을 가르친 것처럼 너희들도 결혼해서 아이를 낳으면 아버지로서 너희가 직접 성경을 가르쳐라. 그리고 그 아이들에게 '할아버지가 말씀하시기를 너희들도 이 다음에 결혼하여 자녀를 낳으면 너희들이 직접 그들을 가르쳐서 현 씨 가문 자손 대대로 주님 다시 오실 때까지 말씀이 전수될 수 있도록 하라'고 하셨다는 것을 잊지 말고 가르치라."

part 7 : 유대인 교육 연구 이전과 이후의 차이

이어서 우리 현 씨 자손은 천국에서 다 같이 기쁨으로 만나자고 했다. 나는 아들들이 나의 신앙을 유산으로 전수받기를 원했다. 어떤 이는 "예수님만 잘 믿으면 되지, 구태여 아버지의 신앙을 본받아야 할 이유가 있겠는가?"라고 물을 수도 있다.

얼핏 생각하면 맞는 말 같기도 하다. 그러나 똑같은 예수님을 믿는다고 하여도 신앙의 색깔은 서로 다르다. 장로교와 감리교 그리고 오순절 신앙의 색깔이 서로 다르듯이 개인의 신앙의 색깔도 다르다. 또한 나라마다 기독교문화의 색깔도 다르다. 우리는 하나님이 한국인으로 창조하셨기 때문에 한국인의 문화가 배어 있는 보수 한인 기독교인의 신앙을 전수해야 한다.

그러기 위해서는 성경을 한국인의 문화와 전통이라는 보자기에 싸서 전해야 한다. 서양식을 따르게 되면 아이들을 서양 기독교인으로 만들기 쉽다. 그래서 우리 집에서는 가정예배 시간에 국악찬양을 부른다. '쉐마3대찬양' 가사 중 "우리 집 3대가 찬양 드린다"는 "현 씨네 3대가 찬양 드린다"로 고쳐 부른다.

아들 넷과 함께 국악으로 된 이 찬양을 부르게 되면 현 씨 가문에 대한 공동체 의식이 증진된다. 장난을 좋아하는 아들은 예배가 끝난 후에 화장실에 가면서도 "현 씨네 3대가 ~~"를 흥얼거리며 들어간다. 요즘에는 손자들과 함께 3대가 예배를 드리는데 손자들은 작은 북을 두드리며 이 찬양을 따라 부른다. 주일가정식탁예배와 명절 때에는 모두 한복을 입고 부른다.

먼 훗날 아들들이 아버지를 추억하며 아버지가 좋은 음식이나 좋은 차를 사 준 것보다도 "다른 사람을 통해서가 아니라 바로 나의 아버지를 통해 예수님을 발견했다."는 간증이 나와야 하지 않겠는가! 그리고 자녀에게 물려주는 아버지의 가장 귀한 유산은 이 땅의 물질적 재산이 아니라 하나님의 말씀과 신본주의 사상이어야 되지 않겠는가!

나는 더 늦기 전에 부족한 종에게 이러한 깨달음을 주신 하나님께 감사했다. 더 늦었다면 나와 나의 아들들 사이에 얼마나 많은 세대차이가 생겼겠는가!

〈저자 주: 내가 아들들을 가르칠 때 칠판을 사용하는 것은 유대인의 방법이 아니고 나만의 독창적인 방법이다.〉

> 유대인의 자녀교육을 연구하면서 정신이 번쩍 들었다.
> 그리고 내가 변할 것을 결심했다.

실패한 가정예배 극복기

나는 하나님께 회개를 한 후 두 가지를 실천하기로 결심했다. 가정이란 성전에서 1) 가르치는 것(Teaching by lecture)과 2) 예배드리는 것(Worship Service)이다. 전자를 위해서는 칠판을 놓고 틈나는 대로 인성교육론과 쉐마교육론을 가르쳤다. 후자를 위해서는 성경 본문을 선택하여 가정예배를 드렸다.

그런데 전자는 좀 쉬웠는데 후자는 어려움이 많았다. 처음으로 가정예배를 드리기 위해 아들들에게 저녁 시간에 모이라고 했다. 이미 중·

고생이 된 아들들이 제대로 순종할 리가 없었다. 아버지가 생전 하지 않았던 일을 하니 귀찮게 여겼던 모양이다. 모이기는 했는데 불만이 가득한 모습이었다.

내가 사회자가 되어 경건하게 찬송가를 부르고 성경봉독을 하고 정성스럽게 준비한 설교를 하기 시작했다. 그런데 아들들이 전혀 협조를 하지 않았다. 우선 찬양을 따라하지 않았다. 설교를 시작하자 고개를 숙이고 방바닥만 쳐다보았다. 그리고는 전혀 말씀에 대한 반응이 없었다. 빨리 끝내자는 무언의 반항이었다.

완전히 실패했다. 야단을 쳤지만 그것은 더 큰 화를 불렀다. 나의 혈기가 모든 분위기를 망쳤다. 세 번 정도 시도를 하다가 포기할까도 생각해 보았다. 그러나 사탄이 좋아하는 예배 포기 계략에 내가 말려들 수 없다는 생각이 들었다.

그래서 하나님에게 지혜를 구하는 중에 아이디어가 떠올랐다. 미국에서 자란 아이들은 말하는 사람은 아버지고 자녀들은 무조건 아무 말도 하지 않고 들어야 한다는 일방적인 설교 방식을 좋아하지 않는다는 것을 깨닫게 되었다.

나는 "맞아, 유대인 가정의 아버지가 자녀들과 대화하는 방식은 없을까"를 고민했다. 그리고 아들들을 설교에 참여시키기로 결정했다. 나는 아들들에게 이런 제안을 했다.

"매번 나 혼자 설교를 하는 것이 아니라, 너희들과 돌아가면서 하자."

앞에서도 얘기했지만 아들들은 AWANA 프로그램 출신으로 바이블 퀴즈대회 선수들이었기 때문에 성경말씀을 상당히 많이 알고 있었다. 이 것은 큰 장점이었다. 나는 당시 설교학 교수였다. 그래서 나는 그들에게 설교 만드는 법을 조금 가르쳐 주었다. 참고서적은 내 서재에 있는 주석을 참조하라고 했다. 그리고 순서를 정했다.

"오늘은 아빠, 다음은 큰 아들, 그 다음은 둘째 아들 등등."

그리고 설교 말씀에 대한 적용 부분은 탈무드식 토론으로 했다. 그 사회는 내가 맡았다. 그 이후 아들들은 설교를 잘하려고 서로 경쟁이 붙었다. 열심히 설교를 준비하여 자기 순서를 기다렸다.

처음으로 큰 아들이 예배를 인도했을 때였다. 그는 겁도 없이 아버지인 나보고 본문 말씀을 읽으라고 했다. 나는 내 자존심을 죽이고 아들이 시키는 대로 말을 잘 들어 주었다. 그를 하나님이 세우신 설교자로 인정하고 그의 권위를 인정해 주자는 의도였다. 아들들은 아버지의 변한 모습에 매우 놀라워했다.

그 다음부터는 예배가 모든 가족이 참여하여 적극적이 되고 활기가 넘치기 시작했다. 그 동안 매번 권위주의적인 아버지에게 야단만 맞고 앉아서 듣기만 했던 아들들에게 해방감이 넘치었다. 조크가 나오고 웃음이 폭발하기 시작했다.

가정예배는 점점 회를 거듭할수록 정착하기 시작했다. 일단 나로서는 그들의 말을 들으니 그들이 얼마나 성숙했는지를 알아 너무 좋았다. 계속 그들을 무시하며 그들이 말을 하면 "너희들이 무엇을 아느냐?"는 투로 막기만 했던 내가 부끄러웠다. 그리고 이런 기회는 아들들의 신앙생활을 증진시키는데 큰 도움을 주었다.

후일 이렇게 훈련 받은 그들은 다른 나라에 선교를 가서도 영어로 거침없이 설교를 할 수 있는 실력자가 되었다. 둘째 아들은 대학을 다니며 주변에 중·고등부 전도사가 없는 교회에서 2년 동안 전도사 역할을 잘 해내었다. 그리고 인도(정윤진 선교사 초청)에 단기선교를 갔을 때는 그곳에서 컴퓨터만 설치해준 것이 아니고, 영어권이기 때문에 영어로 설교도 많이 했다.

훗날 정 선교사님이 나에게 아드님이 신학교도 안 다녔는데 어떻게 설교를 그렇게 잘하느냐고 의아한 듯이 물은 적이 있었다. 그것은 나의 가정에서 가정예배 때 훈련을 받았기 때문이었다.

쌍둥이 아들들도 대학교 시절 기독교 동아리 모임에서 그리고 중국과 필리핀 선교를 가서 설교를 많이 했다. 현재 막내아들은 목사인데 그의 설교를 들어보면 나를 보는 것 같아 흐뭇하다.

> 아들 넷은 첫 예배 시간에 무언의 반항을 했었다.
> 그런데 그 해결 방법은?

왜 가정에서 송구영신 예배를….

나는 평일에도 시간만 나면 아들들에게 유대인의 쉐마교육을 주제별로 가르쳤다. 그리고 주말에는 가정예배를 드렸다. 기독교 절기 때에는 특별한 순서로 예배를 드렸다.

특별히 송구영신 예배 때는 아들들을 교회에 보내지 않았다. 대신 우리 집에서 내가 예배를 인도했다. 왜냐하면 이것이 훨씬 더 가정과 하나님에게 유익한 예배였기 때문이었다.

내가 다녔던 대형교회에서는 해마다 연말이 되면 밤 10부터 새해 0시 30분까지 송구영신 예배를 드렸다. 우리 가족이 교회에 도착하면 나와 아내는 대예배에, 아들들은 중등부나 고등부에 흩어졌다. 거기에서 각각 찬양, 간증, 기도 그리고 예배를 드렸다. 가족끼리 이산가족이 되었다.

이런 교회 제도는 개인에게는 도움이 될지라도 가정 전체에는 전혀 도움이 안 된다고 생각했다. 나는 이 귀한 송구영신 예배를 유대인식으로 가정에서 드리기를 원했다.

유대인은 송구(送舊)는 물론 새해를 맞아서도 금식하며 회개기도를 10일 동안 드린다. 마지막 날은 대속죄일 절기로 지킨다. 그래야 새해에 성령 충만함을 받을 수 있기 때문이다. 〈자세한 것은 고난의 역사교육 시리즈 제4권 '고난을 기억하는 유대인의 절기교육의 파워' 참조〉

나는 온 가족에게 밤 10시 30분에 리빙룸에서 모이자고 광고했다. 온 가족이 모이면 한 사람씩 돌아가며 일 년 동안 감사했던 일 5가지 이상을 나누자고 제안했다. 감사의 대상도 정해주었다. 1) 형제에게 감사, 2) 부모에게 감사, 3) 하나님에게 감사, 4) 일상생활에서 감사한 일 등이다.

이번에도 내가 먼저 솔선수범을 해야 아들들이 잘 따라 올 것 같아 나부터 감사한 일들을 말했다. 그 다음은 아내 그리고 아들들 순서대로 했다. 이것이 끝나면 동일한 대상에게 자신들이 잘못했던 것을 나누도록 했다.

특별한 간증이 있으면 서로 나누도록 했다. 그리고 개별적으로 잘못했던 것에 대하여 회개기도를 했다. 과거 일 년 동안 지었던 죄를 회개하고 깨끗한 마음으로 새해를 맞이하기 위함이었다.

가정에서 중보기도를 통한 치유 체험

그 다음에는 가족끼리 중보기도 시간을 가졌다. 먼저 내가 무릎을 꿇고 엎드리면 아내와 아들 넷이 나의 등에 손을 얹고 나의 기도 제목을 위해 기도해 주고, 그 다음에 아내가 엎드리면 나와 아들 넷이 아내의 기도 제목을 위해 기도해 주었다. 그 다음에는 큰 아들이 엎드리면 나와 아내 그리고 세 아들들이 그의 기도제목을 위해 기도를 해주었다.

내가 기도를 해 줄 때에는 기도를 받는 자의 머리에 손을 얹고 안수기도를 해 주었다. 가정의 머리, 즉 가정의 제사장이기 때문이었다. 다른 가족들은 모두 머리가 아닌, 등에 손을 얹고 기도해 주도록 했다.

각자 상대방을 위해 돌아가며 기도를 해줄 때는 간절함이 느껴진다. 더구나 가족의 등에 손을 얹고 오직 그만을 위해 온 가족이 간절히 기도를 해줄 때 성령님께서 강하게 역사하셨다. 평상시 각자 개인적으로 가졌던 미움과 갈등들이 모두 사라졌다. 특히 아들들이 고생하는 엄마를 위해 기도를 해줄 때는 모두 눈물을 흘리며 울기 시작했다.

이렇게 차례로 스킨십을 하면서 막내아들까지 기도를 해주면 모두 눈

유대인 교육은 반복이다. 강의와 가정예배를 반복하며 부자 지간에 소통이 되어 가정이 지옥에서 웃음꽃이 만발한 천국으로 변해갔다. 이렇게 되기까지 많은 노력과 인내가 있었다. 사진은 아들들과 손주들, 3대에게 쉐마교육을 가르치는 모습

물범벅이 된나. 일어나 서로를 껴안으며 "∞, 사랑해요."를 연발한다. 가족끼리 맺혔던 아픔들이 모두 치유된다. 현 씨 가문의 가족애를 새삼 강하게 느끼게 된다. 가족이 하나가 된다.

밤 0시가 되어 새해가 되면 내가 '새해의 의미와 나의 각오'라는 제목으로 간단히 설교를 한다. 그리고 이어서 내가 효도교육 강의에서 설명한대로 아버지 이삭이 아들 야곱을 축복한 것처럼, 내가 아들 넷에게 무릎을 꿇게 하고 각자에게 축복 기도를 해주었다. 이때도 내 아들들을 내가 축복해주기 때문에 그 간절함이 더 넘친다.

냉기가 돌았던 우리 가정은 이렇게 해서 따뜻한 새해를 맞았다. 그리

고 아내가 준비한 떡국을 먹으며 이야기꽃을 피운다. 나는 아들들을 교회에서 하는 송구영신예배에 보내지 않았던 것을 잘했다고 생각했다.

유대인 교육은 반복이다. 강의와 가정예배를 반복하면 하나님이 그토록 원하시던, 아버지를 통한 말씀전수가 아들들에게 이루어진다. 부자지간에 소통이 되어 지옥에서 웃음꽃이 만발한 천국으로 변해간다. 이렇게 되기까지 많은 노력과 인내가 있었다. 내가 변화된 모습을 보이지 않고는 아들들이 따라오지를 않았다.

처음에는 자녀들이 나의 변화된 모습을 믿지 못하겠다는 표정이었다. 한국인 1세 아버지가 변한다는 것은 불가능하다고 생각했기 때문이었다. 그런데 끊임없이 인내하며 그들의 말을 들어주니 결국 성공하게 되었다.

아들들은 내가 변하기 전에는 아버지인 나의 모습에서 하나님 아버지의 인자한 형상을 발견하기 힘들었을 것이다. 그러나 그들은 변한 나의 모습에서 하나님 아버지의 사랑을 발견할 수 있었을 것이다.

그러나 아직도 나 자신이 부족함을 많이 느낀다. 나도 모르게 구습(舊習)이 나올 때가 있다. 늙어서 변한다는 것은 그만큼 힘들다는 것을 뜻한다.

송구영신 예배 때는 교회가 아닌 우리 가정에서
내가 기도회와 예배를 인도했다.
그 결과는 매우 성공적이었다.

chapter
02

아들들을 데리고 부흥회 집회 인도

☆

밀려오는 부흥회 집회 요청, 왜

앞에서 언급한 대로 내가 저술했던 유대인 자녀교육서들이 베스트셀러가 되었다. 특히 *IQ는 아버지 EQ는 어머니 몫이다*가 처음 국민일보 출판사에서 전2권(1996)으로 발간되었을 때는 그 수익으로 국민일보 직원들 봉급을 주었을 정도라고 했다. 출판사도 놀라고 나도 놀랐다.

이전에 한국에 유대인에 관련된 탈무드 책들이 몇 가지 있었다. 그러나 정통파 유대인 공동체에서 20년 이상 연구한 학자가 쓴 유대인 자녀교육서는 이 책이 처음이었다. 그리고 한국에 'EQ'라는 용어를 처음으로 소개한 것도 이 책이었다.

국민일보에서 3년 계약이 끝나갈 쯤 나는 내용을 더 보충하여 전2권에서 전3권으로 수정증보판을 준비했다. 그런데 국민일보에서 수정증보판을 거부하여 어쩔 수 없이 조선일보 출판사로 옮기게 되었다.

그런데 조선일보 출판사에서 전3권으로 출판된 이후(1999)에도 예상을 뒤엎고 계속 베스트셀러가 되었다. 당시 한국 제1의 언론사인 조선일보사의 신용과 파워를 실감했다. 이것 역시 하나님의 계획이 있었다고 생각한다.

갑자기 나는 몇 년 사이에 저명인사가 되었다. 미국에 이민을 간지 약 25년만의 일이었다. 전혀 상상하지 못했던 일이 벌어졌다. 언론사 인터뷰와 신학교 강의 그리고 교회 집회 문의가 쇄도했다. 감당을 할 수가 없었을 정도였다.

당시에는 내가 미국에서 신학교 강의를 하고 있었기 때문에 여름 방학과 겨울 방학 기간에만 한국과 다른 외국 집회에 나갈 수 있었다. 그러나 가까운 미국과 캐나다에는 주말 집회도 가능했었다.

나는 이런 기회를 아들들 교육에 적용하려고 노력했었다. 이것 역시 유대인의 방법이었다.

부흥회 집회에 왜 아들들을

나는 한국에 나올 때 아들들을 함께 데리고 나왔다. 아들들도 방학이었기 때문에 가능했다. 그리고 내가 집회하는 대형교회에는 함께 다녔다. 이것은 유대인 아버지가 자신의 기술을 아들들에게 물려주려고 노력한다는 것에서 힌트를 얻었다. 그리고 유대인은 되도록 아내와 가족을 동반하여 다닌다.

아내도 함께 다니고 싶었지만 그녀는 병원에서 간호사로 일을 했기에 함께 다닐 수가 없었다. 가끔 휴가를 냈을 때만 가능했다.

아들들은 내가 가는 곳마다 똑같은 나의 강의를 반복하여 들었다. 이

나는 아들들을 각종 집회에 데리고 다녔다. 강원도 예수원에도 함께 갔다. 사진은 여의도순복음교회 앞에서 찍은 가족 사진(상). 그리고 예수원의 대천덕 신부를 만나 식사를 하는 아들들(하)

것은 그들이 그만큼 유대인 자녀교육 강의 내용을 잘 알게 된 기회가 되었다. 물론 집에서도 가르쳤지만 자연스럽게 밖에서도 배우게 되었다.

나는 유대인 교육을 연구한 이후에는 어떻게 아들들과 벌어졌던 관계를 회복시킬 수 있느냐에 대하여 무던히 노력했다. 이전에는 내가 행했던 독재 스타일 때문에 아들들이 서먹서먹하여 나에게 다가오기를 꺼려했었기 때문이었다.

그래서 여의도순복음교회에 집회를 갔었을 때에는 일부러 쌍둥이와 함께 갔었다. 숙소인 호텔에 돌아오면 아들들과 일부러 한 방에서 지냈다. 그리고 웃통을 벗고 히히덕거리며 아들들과 팔씨름을 하기도 했었다.

아들들은 나에게 많이 웃기를 권했다. 그래서 내가 웃으면 "아빠, 더 크게 웃어요."라고 말했다. 그리고 인상을 쓰지 말고 더 자주 웃으라고 권했다. 나는 순순히 아들들의 권고를 받아들였다. 그것이 맞는 말이었기 때문이다. 실제로 미국 사람들은 인사성도 밝지만 항상 웃고 다닌다. 한국 사람들도 그런 것은 배워야 한다.

강원도 태백산 산골 예수원(원장 대천덕 신부, Reuben Archer Torrey III세)에서도 집회를 며칠 동안 인도했었다. 거기에도 아들들을 데리고 갔었다. 그분은 한국의 전통을 너무나 사랑하셨다. 그래서 한국에서 사역하는 동안 전통 한복을 즐겨 입었다. 예배 때는 아예 그분이 만든 한복을 입은 국악찬양대가 우리 가락으로 찬양을 불렀다. 그분은 개량한복을 입은 나를 무척 반기며 이렇게 말했다.

"왜 한국 목사님들은 이렇게 좋은 한복을 입지 않는지 모르겠어요. 한복 입은 목사님을 처음 보네요."

아들들은 키가 큰 미국인 선교사가 한복을 입고 국악 찬양을 불렀던 모습은 매우 인상적이었을 것이다. 나와 함께 다녔던 아들들은 아버지에 대한 친밀감이 높아졌을 것이다. 즉 여러 면에서 세대차이를 좁힐 수 있었을 것이다.

더 큰 수확이 있었다. 그들에게 아버지의 나라에 대한 스킨십이 구체적으로 이루어졌다는 것이다. 그리고 집회를 통하여 한국교회의 뜨거운 영적 열기를 느낄 수 있었을 것이다.

이것은 돈으로도 살 수 없었던 귀한 체험이었다. 당시에는 이런 탁월한 교육 효과가 있을 줄은 미처 몰랐다. 지금 생각해도 너무나 잘 한 일이었다.

대부분 한국의 자녀들은 자신들의 아버지가 무슨 일을 하는지를 모르는 경우가 얼마나 많은가!

현재 뉴욕에서 목회를 하는 막내아들은 나를 닮은 데가 많다. 얼굴 모양은 물론 스피치 방법도 닮았다. 그리고 설교 중에 아버지에게 배운 얘기도 자주 한다.

쌍둥이 아들들은 그 인연으로 인천순복음교회(당회장 최성규 목사)가 미국 어와나 프로그램을 도입할 때 도움을 주었다. 내가 최 목사님에게 그 프로그램을 추천했고, 아들들은 초창기 그곳 교육부 관계자들을 가르쳤다. 당시 아들들은 고등학생 시절이었다.

> 〈나의 고백〉
>
> 나는 유대인의 안식일에 참석한 후 나의 잘못을 크게 깨달았다.
> 자녀들은 육신의 아버지를 통하여 하나님 아버지의 형상을 닮아간다는 것이다.
>
> 그런데 나는 유대인 아버지처럼 아들들을 그만큼 사랑하지도 않았고,
> 사랑하는 방법도 몰랐다.
> 아버지로서 내가 먼저 하나님 아버지의 사랑과 그 방법을 배우고 닮아
> 하나님 아버지의 형상을 닮아가야 하는데,
> 그것은 내가 매일 죽어야 하는 인고의 길이었다.

chapter 03

유대인 교육 연구 이후의 쉐마교육기

☆

본격적인 효(孝)교육 시작

〈이 주제는 제4부 제3장에서 설명했음으로 생략한다.〉

아들들의 IQ교육, 하브루타

나는 유대인 교육을 더 깊게 연구한 이후 과거 아들들에게 가르쳤던 기독교식 방법을 15년 후 유대인식으로 더 발전시켰다. 그러나 유대인식을 그대로 따라 하는 것이 아니라, 그들의 안식일 식탁예배의 성경적인 원리는 동일하게 적용하되 그들에게 없는 두 가지, 즉 1) 예수님의 복음과 2) 한국인의 정체성(한식과 한복 등)을 첨가했다.

〈저자 주 : 자세한 것은 저자의 저서 '한국형 주일가정식탁예배 예식서' 참조〉

그리고 아들들에게 가르치는 방법도 유대인 하브루타식으로 바꿨다. 예배를 드릴 때나 성경공부를 하거나 유대인의 쉐마교육을 가르칠 때 유대인의 탈무딕 디베이트, 즉 질문하고 답변하는 방법을 많이 사용했다. 그리고 그들에게 손수 질문 만드는 방법을 가르쳐 주기도 했다.

성경 본문을 정해주고 그 본문을 근거로 질문을 만들게 한 후 그들이 나와서 칠판에 쓰게 했다. 그리고 모두에게 4명이 쓴 것을 서로 비교하고 평가하게 했다. 물론 나와도 많은 토론을 전개했다.

때로는 그들의 날카로운 질문에 당황하기도 했었다. 그럴수록 나는 신나게 그 질문을 다른 사람이 답변하도록 유도하기도 했다. 물론 최종적으로는 내가 답변해 주었다. 이것은 그들의 IQ 교육에 많은 도움을 주었을 것이다.

특히 나는 예수님께서 제자들에게 하셨던 말씀을 상기시켜주었다. 이 험한 세상에 나가 살 때 악한 이리에게 당하지 말고 "뱀 같이 지혜롭고(슈르드, shrewd) 비둘기 같이 순결하라."(마 10:16)는 말씀이었다.

예수님은 당시에 마음은 비둘기처럼 순전하셨지만, 바리새인이나 서기관들의 날카로운 질문에 한 번도 지신 적이 없었다. 따라서 그분은 IQ(슈르드) 방면에서도 기독교인의 모델이 되셨다. 또한 예수님과 바울은 유대식으로 늘 질문하시고 답변하시는 식으로 설교와 강의를 하셨다.

나는 요즘에는 손주들에게 이것을 가르쳐주고 있다. 나의 책에, 특히 이론의 적용편에는 아들들과의 토론에서 얻은 결과를 많이 소개했다. 교육은 실제로 그 이론을 알고 실천해야 한다. 그리고 선한 결과를 맛보아야 한다.

내가 저술한 책에는 그런 과정이 많이 소개되어 있다. 이것은 자녀 세

나는 과거 아들들에게 가르쳤던 기독교식 방법을 15년 후 유대인 식으로 더 발전시켰다. 그러나 유대인 안식일 식탁예배의 성경적인 원리는 동일하지만 유대인에게 없는 두 가지, 즉 예수님의 복음과 한국인의 정체성(한식과 한복 등)은 첨가했다.

사진은 유대인의 가정식탁예배 모습(상)과 한국인 기독교인 주일 가정식탁예배 시간에 내가 칠판을 놓고 성경을 하브루타식으로 가르치는 모습(하). 칠판 사용은 나의 독특한 방법이다.

대와 겪은 실제 경험이기 때문에 독자들에게 더 실용적이고 유익할 것이다. 그런 면에서 나는 하나님께서 아들 넷을 선물로 주신 것에 대하여 더욱 감사하게 생각한다.

〈자세한 것은 저자의 저서 *하브루타식 4차원 영재교육의 비밀*' 참조〉

아들들과 함께 흑인 홈리스 미션

〈이 주제는 제6부 제2장 '흑인 홈리스 사역의 배경'과 '홈리스 사역에 왜 아들들을….'에서 설명했음으로 생략한다.〉

조국의 고난 역사 현장을 찾아서

〈이 주제는 제5부 제2장 '조국(한국)의 고난의 역사교육'에서 설명했음으로 생략한다.〉

아내에 대한 부끄러운 실수

자녀교육을 언급할 때 아내를 빼놓을 수 없다. 앞(제4부 제2장)에서 아내와의 갈등도 소개했었다. 그러나 그 갈등의 이면에는 나의 잘못도 상당 부분 있었다.

충청북도 출신인 나는 보수적이고 남존여비 사상이 자연스러운 분위기에서 자랐다. 더구나 아버지도 없이 자랐다. 그러니 아내를 어떻게 사랑해야 하는지 배울 기회가 없었다.

오랫동안 나 자신도 몰랐던 이런 단점들을 성경적인 유대인 자녀교육을 연구하면서 비로소 자각할 수 있었다. 또, 교회의 교인들보다 아내를 더 귀하게 여기고, 더 많은 시간을 함께 보내야 한다는 것도 깨달았다.

물론 전통적인 한국인 남편들도 나와 비슷할 것이다. 하나님께서 창조하신 우리 가정이 먼저 거룩하고 아름다운 성소, 즉 천국의 모델이 돼야 하나님에게 부끄럽지 않은 기독교인의 삶이 된다는 사실을 왜 그리 늦게 깨달았는지 모르겠다.

당시 한국 교회에서는 내 가족을 희생시키면서 교회에 헌신하면 훌륭한 성자처럼 존경했다. 물론 자신의 가정만 아는 이기적인 목회자는 곤란하다. 그러나 많은 목회자가 심방은 열심히 하면서 자신의 가정은 바쁘다는 핑계로 돌보지 않는 경우가 많았다. 이러니 사모는 사명감으로 버틴다고 해도, 이를 이해하지 못하는 자녀들은 탈선하기 쉬웠다.

비단 목사 가정뿐만이 아니다. 남을 가르치는 직업을 가진 교수나 교사들도 밖에서는 정성을 다해 남의 자녀를 가르치면서 정작 자신의 자녀를 소홀히 하는 경우가 많았다. 뭔가 잘못된 것이다.

또, 한국인 아버지들은 자녀교육을 아내에게 떠맡기는데 이 또한 성경적으로 잘못된 아버지상이다. 유대인이었던 바울도 "예수님을 믿으며 가정을 돌보지 않는 자는 불신자보다 더 악한 자"(딤전 5:8)라고 말하지 않았는가!

나는 쉐마교육을 연구한 이후에는 집회를 다니면서 가능하면 아내와 함께 다니려고 노력했다. 특히 한 번도 가보지 않은 곳은 간호사인 아내에게 휴가를 얻으라고 해서 함께 갔다. 그래서 뉴욕, 시카고, 캐나다 밴

쿠버, 토론토, 호주, 중국 및 홍콩 등 많은 곳들을 아내와 함께 다녔다.

그리고 유대인으로부터 아내를 기쁘게 해주는 방법도 배워 실천했다. 참고로 아내를 사랑하는 방법 몇 가지를 소개한다.

- 사회에서 일할 때는 씩씩하게
- 아내가 좋아하는 분위기를 만들어라. 부드럽고 웃는 인상으로….
- 아내에게 귓속말(언어)로 격려의 말이나 달콤한 말을 해주어라.
  "오늘 힘들었지", "예뻐졌네", "사랑해" 등. 아내는 남편의 말 한마디에 천당과 지옥을 오간다는 사실을 기억하라.
- 아내는 촉각에 약하다. 자주 부드럽게 스킨십을 해주라.
- 아내는 칭찬에 약하다. 음식을 들기 전에 맛있다는 것을 표현하라.
  유대인 가정에서는 가장이나 자녀들이 안식일 음식을 들기 전에 아내와 어머니를 칭찬하는 노래를 불러주어 아내와 어머니를 즐겁게 해준다.

〈저자 주: 자세한 것은 저자의 저서 '*유대인의 성교육*' 참조〉

나는 유대인 교육을 연구한 이후 아내에 대한 태도도 완전히 변했다.
그렇지 않았다면 온 가족에게 왕따를 당했을 것이다.

그래도 회한(悔恨)이 남는 이유

나는 지금도 유대인 자녀교육을 연구하기 이전의 과거를 생각해 본다. 내가 만약 유대인의 쉐마교육을 몰랐다면 우리 가족은 어떻게 되었을까? 아마도 나는 아내와 아들 넷에게 완전히 왕따를 당했을 것이다.

그리고 아들들은 과거의 나처럼 수평전도는 많이 할지라도 현 씨 집안 대대로 말씀을 전수하는 일은 소홀히 했을 것이다. 이것을 막게 해주신 하나님 아버지에게 감사, 또 감사, 또 감사드린다.

그러나 지금도 세 가지 아쉬움은 남는다.

첫째, 더 일찍 성경적 유대인의 쉐마교육을 깨달아 가르치지 못한 점,

둘째, 자녀가 더 어릴 때부터 깊은 사랑으로 잘 보살펴주지 못한 점이다.

셋째, 2011년 출판한 '*신앙명가 이렇게 세워라*'에는 유대인의 안식일 절기를 참조하여 한인 기독교인에게 맞는 기독교식 주일가정식탁예배 예식서를 소개했다. 그러나 내가 아들들을 가르칠 당시에는 이것까지 깨닫지 못하여 우리 가정에서 그것을 실천하지 못했다. 이점이 아쉽다.

교육의 결과는 상대적이다. 그래도 나는 아들들이 잘 성장해준 것에 대해 대체로 만족한다. 그러나 정통파 유대인 자녀에 비하면 여러 가지로 부족한 것이 너무나 많다는 것을 느낀다. 만약 내가 앞의 세 가지를 미리 알고 일찍부터 실천했었더라면 더 좋은 결과를 얻을 수 있었을 것이다. 너무나 안타깝다.

그래서 현재도 매일 아들들과 손주들이 대를 이어 쉐마교육을 실천하게 해 달라고 기도한다. 그리하여 모든 손주들이 대를 이어 예수님의 재림까지 신앙이 이어져, 어린양 예수님의 혼인잔치에 함께 참여할 수 있게 해 달라고 기도한다.

우리 현 씨 가문이 자손대대로 구약의 지상명령인 수직선교가 잘 성취한다면 그 손주들은 신약의 지상명령인 이웃전도와 수평선교는 자동적으로 잘 성취할 것이다. 그리고 하나님께서 약속하신 대로 이 땅에서도 머리가 될망정 꼬리가 되지 않을 것이다(신 28:13).

> 그래서 현재도 매일 아들늘과 손수늘이 내를 이어 쉐마교육을 실천하게 해 달라고 기도한다. 그리하여…

PART 8

유대인 교육 실천, 의외의 선한 열매들

미 대학 입학에 의외의 최상 스펙들

한국은 자녀교육에 스펙 쌓기가 유행인 것 같다. 사실은 미국의 학부모들도 자녀를 일류 대학에 입학하기 위하여 초등학교부터 스펙 쌓기에 열심이다. 그러나 나는 이민 초기부터 '스펙'이란 용어를 몰랐다. 먹고 사는데 급급했기 때문이었다.

그냥 나의 아들들은 내가 자랐던 환경보다 훨씬 더 좋은 곳에서 공부를 하는데 당연히 나보다 잘 될 것이라는 기대를 했었다. 그리고 대부분 한국인의 인성교육에만 관심을 가졌었다.

그런데 나중에 우리 아들들이 고등학교 졸업을 앞두고 일류 대학 입시에 유리한 점들이 많았다는 것을 발견했다. 예상 밖의 스펙 소득이었다. 나의 교육 철학과 유대인 교육을 실천했더니 아들들의 PQ(의지력 지수), SQ(영적 지수), EQ(감성 지수), IQ(지능 지수)를 높이는데, 즉 전인교육에 큰 기여를 했다는 것이 드러난 것이다.

세 아들들은 모두 학교 성적도 전교에서 최우등생이었다. 그리고 SAT 시험(한국의 수능시험) 성적도 최상위였다. 그러나 미국 대학들은 학교성적 이외의 스펙들, 즉 학생의 인성, 특기(재주), 리더십 및 과외 봉사 활동 등을 입학 사정 평가 기준에 첨가하고 있었다.

아들들에게는 미식 축구 선수라는 특기도 있었지만, 그것보다 더 중요한 평가 가치는 미식 축구 팀의 주장 경력이었다. 이것은 리더십 평가에 매우 유리했다. 그리고 기독교 동아리 회장과 부회장의 경력도 리더십 경력에 들어갔다. 그리고 나와 함께 가난한 흑인촌에서 했던 홈리스 사역도 매우 좋은 과외 봉사 활동이었다.

세 아들들은 고등학교와 대학교를 모두 전교 최우등생으로 졸업했다. 거기다 쌍둥이는 미식 축구 팀의 주장을 맡는 등 많은 사회봉사를 했다. 최고의 스펙이었다. 사진은 저자 부부가 UC 버클리대에서 졸업식에서 우등상을 받은 쌍둥이와 함께 찍은 가족사진이다.

둘째 아들은 성적도 전교 2등을 했다. 졸업식 때 졸업생 대표로 연설(valedictorian)을 하기도 했었다. 물론 배구 선수로도 활약을 했었다. 그리고 고등학교 시절에 이미 컴퓨터에 재능을 나타냈었다. 그래서 그 학교 학생들에게 컴퓨터를 가르치는 최초의 컴퓨터 교사로 활동을 하고 있었다. 당시에는 미국에서 컴퓨터가 막 보급되기 시작했던 시기였다.

막내아들은 미식 축구 선수로 알려져 유명한 유펜(University of Pennsylvania)과 몇 몇 일류대학교에서 장학생으로 입학 허가가 왔었다. 그러나 내가 이를 막았다. 대학생이 된 후에는 동양 애들과 미국 애들의 덩치에 큰 차이가 났기 때문이다. 왜소한 동양 애들은 덩치가 큰 미국 애들과 경기를 할 경우, 잘못하면 허리가 부러지는 경우가 있다는 소문을 들었기 때문이었다.

미국에서 당시 최고의 공립대학은 UC 버클리였다. 세 아들들은 그 대학에 합격했다. 그리고 3년 반만에 조기 졸업했다. 그 이유는 고등학교 시절에 AP 클래스를 많이 들었기 때문이다. 'AP'(The Advanced Placement Program)란 고등학교에 다니는 동안 일부 대학교육 과정을 미리 이수하는 프로그램이다.

그러나 큰 아들은 초기 UC 계열 입학에 실패했다. 머리는 다른 애들처럼 좋았지만 운동(미식 축구)에 더 열중한 나머지 공부를 소홀히 했기 때문이다. 어쩔 수 없이 쉽게 들어갈 수 있었던 공립 2년제 산타모니카 칼리지에 입학을 했다.

그러나 그는 1년 후 동생들에게 큰 충격을 받았던지 그 학교에서 열심히 평균 학점(GPA)을 올렸다. 그리고 졸업 후 UCLA 3학년으로 편입을 한 후 그 학교를 졸업했다.

이것은 무엇을 뜻하나? 나는 아들들의 학교 성적에 별로 관심을 보이지 않았다는 것을 뜻한다. 그 흔한 학원에도 보내지 않았다. 또한 아들들도 학원에 가는 것은 돈과 시간을 낭비하는 것이라고 말했다. 대신 본서에서 누누이 강조하는 한국인의 인성교육을 강조했다. 왜냐하면 학교공부는 누가 시켜서 하는 것이 아니라 인성이 잘 된 사람이면 당연히 잘 할 것이라고 생각했기 때문이다.

나는 아들들에게 이렇게 말했다.

"아버지는 6.25 전쟁 후 농촌에서 과부 어머니가 아버지 없이 5남매를 키우시느라고 먹고 사는 것도 힘들었다. 그래서 할머니는 아버지에게 늘 학교가지 말고 시골에서 함께 농사나 짓자고 하셨다. 그런데도 미국까지 와서 박사학위를 취득하고 대학교수가 되었다. 그런데 너희들은 의식주와 학비 걱정을 하지 않아도 되는데, 아버지보다 못해서 되겠는가!"

지금 생각해보면 내가 좀 무식한 데가 있었지만, 다행히 아들들이 알아서 학교 공부와 스펙을 잘 쌓아주어 고맙다.

하버드에 안 간 이유, 미 대학 입학에 대한 후기

독자들은 나의 네 아들들 중 세 아들들은 공부도 잘하고 스펙도 좋은데 왜 하버드나 예일 대학에 들어가지 않았는지 궁금해 할 것이다. 그 책임은 전적으로 나와 아내의 무관심과 가정 형편 때문이었다.

〈저자 주: 미국의 사립 명문대는 하버드나 예일대학 이외에도 프린스턴이나 스탠포드 등 많이 있다. 그러나 여기서는 한국인에게 가장 잘 알려진 하버드나 예일대학을 예로 든다.〉

약 40년 전(1980년대 후반) 미국의 공립 대학교들 중 가장 유명한 명문은 UC 버클리였고, 사립 대학교들 중 가장 명문은 동부의 하버드대와 예일대였다. 전자는 서부 캘리포니아 주민에 한해서 등록금을 많이 할인해 주었고, 후자는 모두에게 매우 비쌌다. 고로 캘리포니아에 거주하는 가난한 집 영재는 전자에 갔고, 부자 집 영재는 후자에 갔다. 우리 집은 전자에 속했다.

당시 우리 가정에는 내가 평신도 시절에 했던 직업을 모두 내려놓고 주의 일에만 전념했었다. 따라서 가정의 경제는 아내가 맡아서 했기에 여유가 없었다. 생각해보라. 비슷한 나이의 4형제 대학 등록금과 기숙사비는 결코 만만하지 않았다. 그런 환경에서 당시 미국의 최고의 공립대학인 UC 버클리 입학은 최상이라고 생각했다.

더 중요한 이유가 있었다. 우리 가족은 하버드나 예일대학 같은 명문대학에 무관심했기 때문이었다. 우리는 그것보다는 인성교육에 더 가치를 두었다. 당시 내신 성적을 더 올리고 스펙을 잘 만들어 그런 대학에 들어가는 데는 많은 시간과 물질을 투자해야 했다. 나는 그럴 의향이 없었다.

실제로 둘째 아들은 고3 때 동료 학생들에게 컴퓨터를 가르쳤다는 컴퓨터 교사 증명 스펙만 하나 더 넣었어도 하버드에 갈 수 있었다고 했다. 그런데 앞에서도 언급했지만 우리는 '스펙'이란 단어가 있는지도 몰랐다. 그러니 어떻게 스펙을 준비할 수 있었겠는가!

그 당시 아들들도 그쪽은 잘 몰랐다고 했다. 그래서 학교 카운슬러가 추천하는 대로 입학원서를 썼다고 했다. 학교 내신 성적에 대해서 막내 아들은 나에게 웃으며 이렇게 말한 적이 있었다.

"아버지, 우리가 교회 봉사와 운동만 좀 줄이고 그 시간에 공부를 더 했으면 최상의 성적을 올릴 수 있었을 거예요."

사실이 그랬다. 그 당시 온 가족은 신앙생활에 매우 적극적이었다. 아들들은 교회에서 뿐만 아니라 학교에서도 고등학교 기독교 동아리 회장과 부회장을 맡았을 정도였다.

전교생들에게 전도를 하여 회원을 5명에서 50명으로 늘리며 그들을 보살펴주는 데 얼마나 많은 시간을 투자했겠는가! 다른 말로 표현을 하면 아들들은 작은 목회를 하면서 그 귀중한 고3시절을 보낸 것이다.

그뿐만이 아니라 학교에서 격한 운동도 했다. 운동을 하면서도 시간이 많이 필요한 미식 축구 주장 일을 맡아했다. 이에 더하여 나는 그 해 여름 방학에 아들들을 한국에 데리고 나와 주유소에서 주유원을 하게 했고 어느 교회 건축 현장에서 벽돌 나르는 일을 하게 했다.

독자들은 그랬던 나를 도저히 이해하기 힘들 것이다. 그만큼 우리 부부와 아들들은 학교 성적이나 스펙에 무관심했었다.

한국인의 독수리 인성교육에 투자한 열매

이것은 무엇을 뜻하는가? 우리 가족이 지향하는 가치는 아들들이 더 유명한 명문대학에 들어가는 것보다, 그 시간에 독수리 인성교육에 전념하여 평생을 살아가는 데 필요한 바람직한 인성을 준비하는 것에 있었다.

만약 내가 그 당시에 아들들 스펙의 중요성을 알고 그것을 준비하기 위하여 그들의 인성교육에 소홀했다면 과연 오늘날과 같은 나의 아들들의 성공이 존재할 수 있을지에 대해서는 의문이다. 그런 면에서 오히려 당시 내가 '스펙'이란 단어를 몰랐던 것이 오히려 감사하다.

나는 그들이 그렇게 신앙생활에 열심이었던 것에 대한 보상을 하나님으로부터 이미 받았다고 믿는다. 그들이 어린 나이(40대 중반)에 미 주류사회에서 그 정도 성공한 것은 본인들의 실력과 노력도 있었겠지만 더 중요한 것은 전적으로 하나님의 은혜가 있었기 때문이라고 믿는다.

그 후 셋째 아들 피터(한국명 상진)가 대학을 조기 졸업하고 법학대학원에 입학원서를 넣었을 때는 나도 그를 하버드에 넣고 싶었다. 그래서 하버드와 NYU(New York University) 법학대학원에 입학원서를 넣었다. 〈저자 주: 2021년 최상위 미국 법대 대학원 순위에서 NYU 법대 대학원은 6위였다.〉

당시 아들은 LSAT Test (Law School Admission Test, 법대 대학원 응시생이 보는 법 관련 수능시험)에서 전 5과목 시험에서 모두 2개만 틀렸다. 당시 하버드에 들어갈 수 있는 자격은 5개 미만이었다. 게다가 아들은 스펙도 좋았다. 따라서 합격 통지서가 왔었다. 그런데 조건부였다.

미국에서는 법대 대학원에 들어가기 위해서는 법 관련 업종에서 1년 정도의 인턴을 했다는 증명서가 필요했다. 그것을 제출하라는 것이었다. 그것을 다시 준비하려면 1년 늦게 입학을 해야 했다. 그러나 NYU에서는 그것 없이도 받아주겠다고 했다. 아들은 시간을 절약하기 위하여 NYU를 택했다.

그것도 후회는 없다. 그런데도 그는 42세의 어린 나이에 하버드나 예일대 법학대학원 출신들이 많이 모인 초 엘리트 그룹을 지휘하는 미 연방정부 법무부 법제처장 자리에 오르지 않았는가! 그것은 본서에서 누누이 강조하는 한국인의 독수리 인성교육 덕분이다. 물론 더 중요한 것은 하나님께서 매사에 복을 주셨기 때문이다.

한국인 중에는 명품 브랜드에 정신을 차리지 못하는 이들이 너무 많아지고 있다. 그들에게 말해주고 싶다. 명문대 출신 중에서 인성교육이 잘못되어 인생을 망치는 사람들이 얼마나 많은지를…. 한국 교육의 문제점은 EQ, PQ, SQ 교육에는 약하고 IQ(지식)와 잔꾀만 키우는 헛똑똑이를 대량 생산하는 데 있다.

그렇다고 IQ나 스펙을 전혀 무시하라는 얘기는 아니다. 물론 그것도 상위를 유지하려고 노력해야 한다. 다만 우리 아들들의 경우에는 특별히 그런 스펙을 준비했던 것이 아닌데도 평소에 한국인의 정체성을 가지고 성경적인 유대인의 가치를 실천했더니 그 결과 좋은 스펙을 얻었다는 것을 독자들에게 보고하는 것이다.

IQ 교육도 기본적인 인성이 뒷받침 되어야 빛을 발할 수 있다. 또한 기본적인 인성이 잘 된 학생들은 학교공부도 알아서 잘 할 수 있다. 따라서 "인성이 먼저다."

명문대 출신 중에서 인성이 잘못되어
인생을 망치는 사람들이 얼마나 많은가!

결론1. 나부터 변해야 가정이 산다

내가 아들들을 어떻게 키웠는지 그 과정과 방법을 한 권의 책으로 펴 낼 것은 전혀 생각을 하지 못했다. 그런데 갑자기 그 동기가 생겼다.

미국의 바이든 대통령이 2021년 말에 셋째 아들(현상진, 한국명 피터, 42세)을 미국 연방정부 법무부 차관보(법제처장)에 지명한 후 언론이 이 뉴스를 발표했기 때문이다. 그 후 많은 이들이 나의 자녀교육에 대해 문의했다. 그래서 독자들에게 답변을 하는 의미에서 책을 쓰기로 했다.

본서를 다 쓰고 나니 또 다른 출간 목적이 성취되었다는 것을 깨달았다. 많은 이들이 나에게 주문하는 것이 있었다. 저자가 개발한 유대인을 모델로 한 '인성교육론'+'쉐마교육론'에 관한 책이 40여권인데 너무 방대하다는 것이다.

그것을 압축한 한 권의 책이 필요하다는 것이다. 즉 실천편이다. 그분들에게 본서가 답이 될 것이다. 따라서 본서는 유대인의 교육을 가정에서 실천했더니 그 결과 이런 성공을 거두었다고 보고하는 유대인 교육 전문가의 자녀교육 보고서다.

물론 저자는 상대적으로 유대인에 비해 부족한 것이 너무 많았다. 어느 부분이 부족한지는 저자의 저서들을 참조하기 바란다.

그리고 유대인 교육을 연구했을 때는 아들들이 이미 중·고등학교를 다닐 때였다. 그만큼 유대인 교육을 아들들에게 적용했던 시기가 늦었다. 그나마 다행인 것은 아들들이 집을 떠나기 전, 즉 대학에 들어간 이후가 아니라는 점이다.

독자들은 본서 서두에 셋째 아들 상진이가 내게 했던 말을 기억할 것이다.

"아버지, 미국에 똑똑한 사람들이 너무 많아요. 그중에 누구를 선택해야 하는가는 인성교육에서 결정이 납니다."

인성교육도 그 내용과 방법이 매우 다양하다. 나는 아버지로서 아들들에게 어떤 인성교육을 어떻게 시켰는가? 특별한 '한국인의 독수리 인성교육'을 시켰다. 본서는 그 내용과 방법을 자세히 설명한 책이다.

본서의 큰 주제를 요약하면 다음과 같다. 제1부 서론, 제2부 나의 가족과 어린 시절, 제3부 미국에서의 자녀교육, 제4부 한국인의 수직문화 교육 〈한국인의 정체성 교육〉, 제5부 고난은 축복, 풍요는 저주의 전주곡이다. 제6부 종교교육, EQ교육 및 직업 교육, 제7부 유대인 교육 연구 이전과 이후의 차이, 제8부 촌놈 교육이 얻은 의외의 선한 열매 〈유대인 쉐마교육의 열매〉 등이다.

물론 내가 유대인 교육을 모르고 실천했던 것들 중에는 유대인 교육과 유사한 것들이 많았다. 이것은 한국의 전통 수직문화 교육이 유대인 교육과 그만큼 유사하다는 것을 뜻한다.

〈저자 주: 이것에 대해서는 저자의 저서 '제2의 이스라엘 민족 한국인' (부제: 한국인과 유대인의 유사점 107가지 유사점) 참조〉

그렇다면 왜 하나님께서 부족한 저자를 택하셔서 유대인 교육을 정리하게 하셨는가? 첫째는 하나님의 주권적인 선택이시고, 둘째는 나와 유대인과 유사점이 그만큼 많았기 때문일 것이다. 수평문화가 전혀 없었던, 수직문화 청정지역에서 자란 촌놈 출신이었기 때문일 것이다. 아니, 하나님께서 나를 이 일에 사용하시기 위하여 만세 전에 택하시고 그런 환경에서 자라게 하셨을 것이다.

나는 아들들이 성년이 되어서도 기회만 있으면 그들에게 칠판을 놓고 강의를 한다. 내가 죽을 때까지 할 예정이다. 가장 귀한 것을 남에게 주기 전에 내 아들들과 손주들에게 먼저 주어야 하지 않겠는가!

사진은 2022년 4월에 막내아들(목사)이 나의 집에 방문했을 때 내가 강의했던 모습(상우), 내가 셋째 아들(미 법무부 차관보) 집에 갔을 때 두 내외에게 강의하는 모습(상좌).

아들은 내가 워싱턴 DC를 찾았을 때 자신이 근무하는 미국 법무부 청사를 구경시켜 주었다. 그리고 법무부 빌딩 내 간판 앞에서 찍었다.

    그러함에도 불구하고 내가 30여 년 전 처음 정통파 유대인의 가정 안식일과 예시바 학교에 참석했을 때 받았던 충격은 대단했다. 그 후 그들 삶의 현장을 보는 것과 그것에 관련된 저서를 연구하면서 그런 충격은 계속 이어졌다. 성경에 숨겨졌던 비밀을 깨닫기 시작했다.

    그들 공동체에서 하나님이 창조하신 가정의 원형과 하나님이 창조하신 교회의 원형 그리고 하나님이 창조하신 국가의 원형이 무엇인지를 발견했다. 2000년 동안 비밀에 쌓였던 보물들이었다.

그리스도의 복음이 구원의 비밀이라면 유대인의 쉐마교육은 하나님 백성의 성화, 즉 선민교육의 비밀이다. 바울은 교회의 비밀(부부의 비밀, 즉 그리스도와 교회에 대한 비밀)을 깨닫고 그 비밀이 크도다(엡 5:32)라고 했는데, 예수님을 믿고 복음의 비밀을 알고 있었던 나는 바울이 지니고 있었던 유대인의 쉐마교육의 비밀을 깨닫고 그 비밀이 크다고 탄성을 질렀다.

이 진리를 발견한 나는 새로운 사명에 불탔다. 이것을 어떻게 한국 민족과 세계에 알리느냐 하는 것이 나의 과제, 즉 사명이었다. 그러나 그것보다 더 시급했던 것은 더 늦기 전에 현 씨네 가문을 살리기 위해 우리 가정에서 이것들을 하나씩 실천하는 것이었다. 남은 구원하고 나의 가족이 망한다면 얼마나 허망하겠는가!

내가 유대인 랍비 가정의 안식일에 참석한 후 가장 큰 깨달음은 자녀는 육신의 아버지를 통하여 하나님 아버지의 형상을 닮아갈 수 있다는 것이었다. 그런데 나는 그런 역할을 하지 못했다. 이것이 나의 모든 행동이 변하게 된 동기다.

정통파 유대인 공동체 랍비들과 20년 동안 생활을 하면서 미친 듯이 연구에 연구를 거듭했다. 그리고 30여년이 지난 현재 약 40여권의 책을 집필했다. 분명 하나님이 하신 것이다. 따라서 부족한 저자를 사용해주신 주님에게만 감사와 찬송과 영광을 드린다.

물론 아쉬움도 있다. 아들들이 더 어렸을 때, 즉 더 일찍 이것을 발견하지 못했던 것이 안타까웠다. 그랬더라면 아들들에게 교육의 효과가 더 컸을 텐데, 그리고 독재자가 아닌, 더 자상한 아버지가 되었을 텐데 하는 것이다. 그렇다고 해도 아들들이 대학을 들어가기 이전에 발견했던 것은 그나마 천만다행이었다.

2022년 5월 어버이 주일에 셋째가 내게 보낸 카드.

"더없이 좋은 최고의 나의 아버지"란 뜻이다.

결론2, "아버지, 우리를 독수리로 키워주셔서 감사해요."

나는 서두에서 교육의 이론에는 교육의 실천 과정과 결과가 중요하다고 했다. 바른 이론에는 선한 열매가 맺어야 한다. 우리 가정에서 약 3-5년 동안 실천했는데도 아들들이 성장하여 미국 사회의 곳곳에서 큰 지도자 역할을 감당하고 있다.

성장한 아들들은 나의 교육을 어떻게 평가할까? 2022년 5월 초에 봄방학을 이용하여 뉴욕에서 목회하는 아들 가족과 연방정부 법무부 차관보(법제처장)를 하는 아들 가족이 1주일 간격으로 각각 3일 동안 LA 나의 집을 방문하였다.

나는 그들에게 모처럼 나와 만났으니 나의 강의를 들었으면 좋겠다고 했다. 다행히 그들은 자원하여 3일 중 하루를 온 종일 나의 수정증보한 유대인의 쉐마교육 강의를 '들었다'.

〈저자 주: '듣다(hear)'는 히브리어로 '쉐마(shema)'다.〉

나는 그것이 고마웠다. 최근 출간한 나의 저서 '*유대인의 리더십 개발 원리*'에 관한 강의를 마쳤을 때 아들들이 웃으며 나에게 이렇게 말했다.

"아버지, 우리를 참새가 아닌, 독수리로 키워 주셔서 정말 감사해요."

그리고는 휴대폰으로 내가 쓴 칠판의 강의 내용을 사진으로 찍었다. 복습을 하기 위함이었다. 그들은 중년이 된 이후에도 그 바쁜 시간에 왜 나(아버지)의 강의를 들었을까? 그것은 아버지의 강의 내용은 어디서도 들을 수 없는 귀한 것임을 잘 알기 때문이다.

나는 마음이 울컥했다. 중·고등학교 시절에는 자신들을 힘들게 했던 나에게 반항도 했었는데…. 그들이 이제야 아버지의 마음을 알아주니 얼마나 감사한가! 이제 그들 나이 42살이다.

나는 그들에게 말했다. 나는 너희들을 독수리로 키웠는데, 너희들은 너희 자녀들에게 너무 잘해 주어 참새로 키울까 걱정이다. 아들들은 잘 기억하겠다고 말했다.

결론3, 시작은 미약했으나 드디어 명문 가문이

하나님께서는 왜 나의 네 아들들이 머리가 될망정 꼬리가 되지 않는 (신 28:13), 선한 열매를 주셨는가? 그것은 부족하지만 나처럼 가정에서 쉐마를 실천하면 이런 복을 누린다는 것을 실증적으로 보여주신 것이라고 생각한다. 즉 쉐마교육의 전파를 위함이라고 생각한다.

또한 나는 충청북도 보은군 수한면 소계리 가막재 촌놈 출신이다. 가족 배

연주 현씨대종회에서 전 세계 현씨들 중에서 아들을 2021년 현씨 가문을 빛낸 인물로 선출하여 축하패를 증정했다(사진). 가문의 영광이다.

연주현씨대종회 사무실에서 현경대 회장이 아들 대신 저자에게 축하패를 전달한 후 저자와 현씨 시조(현담윤) 초상화 앞에 선 모습

part 8 : 유대인 교육 실천, 의외의 선한 열매들

경도 명문 가문이 아니었다. 시작은 미천했다. 게다가 홀어머니 밑에서 가난하게 자랐다. 그런데도 나의 대(代)와 아들 대에서 현 씨 가문이 크게 일어났다.

연주현씨대종회(회장 현경대 전 5선 국회의원)에서는 2021년 전 세계의 현씨들 중에서 현 씨네 가문을 빛낸 2인을 선출하여 축하패를 증정했다. 그 중 한 명이 나의 3남 피터 상진(42세)이었다. 가문의 영광이다. 온전히 하나님의 은혜다.

이것은 나처럼 비명문가 출신이더라도 하나님께서 역사하시면 얼마든지 명문 가문이 될 수 있다는 것을 보여주시기 위함일 것이다.

아, 참으로 나는 행복자로다.
하나님께 감사, 또 감사합니다.

내 가족의 미래에 대한 고민과 소원
〈나의 후손들은 나처럼 할 것인가〉

앞에서 하버드에 입학시키지 않은 이유는 두 가지, 1) 가정 형편에 여유가 없었기 때문이고, 2) 명문대학에 대한 욕심이 없었기 때문이라고 설명했다. 그 증거로 나는 아들들이 공부에 전념을 해야 할 그 귀한 시기에 하나님의 일과 인성교육에 몰두하도록 했다고 했다.

나 자신도 어떻게 그렇게 했는지 지금 생각해도 놀랍다. 내가 하나님의 일에 얼마나 열심이었는지를 설명하는 예화 하나를 더 소개하고 우리 집안의 미래에 대한 과제를 남기고자 한다.

나는 아들들이 내일 수능시험을 본다고 해도 오늘 저녁에 온 가족이 다른 집사님 가정에서 드리는 구역예배에 참석을 강요했다. 당시 둘째 아들(필립, 한국명 재진)은 이에 대해 나에게 이렇게 항의를 했다.

그리고 나는 이렇게 답변했다.

"아버지, 내일이 수능 시험(SAT)이라 오늘 저녁에 마지막 시험 점검을 해야 해요. 그래서 오늘 구역예배에 참석을 못해요."
"그래도 가야지."
"(항의 조로) 그럼 대학시험에 떨어지면 아버지 책임이에요."
"야, 그럼 대학에 가지 마! 하루 저녁 더 공부했다고 해서 붙는다면 그게 실력이냐!"

그래서 아들은 우리와 함께 그날 저녁 구역예배에 참석을 했다. 그리고 다음 날 수능시험을 쳤다. 결과는 어떻게 되었을까? 수학은 만점을 받았고, 나머지 과목들도 거의 만점을 받았다. 힐렐루야.

이것은 무엇을 뜻하나? 한국인들은 자녀들이 "공부를 한다고"하면 모든 것을 양보하는 경우가 많은데 그것은 멸망의 길로 가기 쉽다는 것을 뜻한다. 우선순위를 정해놓고 그 원칙을 어길 경우 절대로 타협하면 안 된다.

참고로 정통파 유대인 자녀들은 내일이 시험이라고 해도 오늘이 안식일이면 모든 시험공부를 하지 않는다. 아예, 안식일에는 글 쓰는 것 자체가 노동이라고 규정을 해놓았기 때문에 공부를 할 수가 없다. 유대인은 3200년 동안 이 안식일 규례를 세대차이 없이 그대로 지키고 있다.

그런데 솔직히 현재 나의 자손들이 유대인처럼 미래에 나처럼 자신들의 자녀들에게 철저하게 신앙생활을 시킬지는 매우 의문이다. 이것이 나의 고민이다.

유대인은 어려서부터 습관이 되도록 가르쳤는데, 나는 그러지를 못했다. 더구나 우리 아들들이 가정에서 그렇게 교육을 받았다고 하더라도 공동체 교회의 학생들과 어울리면 자유주의 신앙생활에 동화될 수밖에 없었다는 것을 인정하지 않을 수 없다.

그런데도 불구하고 나는 오늘도 아들들과 손주들에게 쉐마교육을 강조하고 있다. 혹시 내가 죽은 후에라도 그들이 이것의 중요성을 깨닫고 실천하기를 소원하기 때문이다.

가장 큰 문제는 가정에서의 신앙생활도 문제이지만 공동체 교회가 유대인과 달리 세상의 영향을 받아 신앙에 많은 세대차이가 발생한다는 것이다. 현재 한국의 고신 교회 교인들의 신앙생활은 옛날 1960년대 고신 교인들과 많이 다르다.

이것이 유대인과 이방인의 차이다. 이 문제를 해결하기 위하여 나는 유대인을 모델로 한 '인성교육론과 쉐마교육론'이란 학문의 영역을 개척하고 그에 대해 약 40여권의 책을 썼다(본서 후미의 저자 책 소개 참조).

나의 고민은 나의 자손들이 나처럼 할지는 매우 의문이다.
그 해결 방안은 무엇인가?

신앙 좋은 가정이 무너지는 이유
⟨현용수 칼럼, 우선순위 착각의 비극⟩

왜 예수님을 잘 믿는 이들 중에 세월이 지나면 가정이 파괴되는 경우가 많은가? 그 원인은 신앙생활의 우선순위가 잘못되었기 때문이다.

이것을 설명하려면 하나님이 왜 인간을 창조하셨는지 그 목적부터 알아야 한다. 하나님은 인간으로부터 세세토록 영광을 받으시기 위해 인간을 창조하셨다(웨스트민스터 요리문답 제1번).

인간은 어떻게 해야 하나님께 영광을 돌려드릴 수 있는가? 그분께 찬양과 예배드리는 것이다. 이것이 성도들이 행해야 할 최우선 순위다.

하나님이 원하시는 두 번째 소원은 무엇인가? 소수의 성도가 아닌, 더 많은 이들로부터 영광 받으시기를 소원하신다.

어떻게 다수를 만들 수 있는가? 두 가지 방법이 있다. 첫째는 가정에서 자녀를 많이 생산하고 그들에게 신앙, 즉 하나님의 말씀을 선수해야 한다. 둘째는 이웃전도와 세계선교를 많이 해야 한다.

전자는 부모가 자녀에게 말씀을 가르쳐 전수하는 수직선교이고, 후자는 이웃 전도와 세계선교를 하는 수평선교다. 전자는 구약의 지상명령, 쉐마(창 18:19; 신 6:4-9)이고, 후자는 신약(예수님)의 지상명령이다. 구약시대에는 전자만 있었으나, 신약시대에는 후자도 허락되었다. 전자는 1) 가정 성전 사역이고, 후자는 2) 공동체 교회 사역이다. 전자는 구약의 유대인이 모델이고, 후자는 신약교회 2000년이 모델이다.

그렇다면 구약의 지상명령과 신약의 지상명령 중 어느 것을 더 우선해야 하는가? 이것은 구원론적이 아닌, 신앙생활의 우선순위를 정하는 질문이다.

선민의 조상 아브라함의 후손 유대인은 아브라함 때부터 현재까지 4000년 동안 가정 성전이 강조되어 그 민족의 토라와 전통과 역사가 유지되어 왔다. 그 비밀은 '가정 사역'이라는 기본에 충실했기 때문이다. 따라서 그들은 가정성전의 모델이다. 그들의 쉐마교육을 연구해야 하는 이유다.

그런데 신약교회 2000년의 역사를 보면 한 때 왕성했던 초대교회들이 모두 사라졌다. 안디옥 교회와 계시록에 있는 7교회들도 모두 죽어 관광지가 되었다. 유럽 교회들도 거의 죽어 있다. 그 이유는 신약교회가 구약의 지상명령은 잃어버리고 신약의 지상명령에만 집중했기 때문이다.

그들은 오직 교회성장과 세계선교에만 매진했기 때문에 가정을 돌보지 못하는 경우가 많았다. 그들은 예수님과 바울을 본받았다고 했다. 그러나 그분들은 독신이었기에 그것이 가능하셨다.

그러나 가정이 있는 이들은 가정사역이 더 우선적이어야 한다. 그래서 바울은 교회 지도자 선택 기준을 결혼하여 온전한 가정을 가진 자, 즉 구약의 지상명령인 쉐마사역을 잘 실천한 자로 정했다(딤전 3:2; 딛 1:6).

물론 공동체 교회 사역도 중요하다. 그러나 공동체 교회에만 몰입하면 할수록 가정 성전을 소홀히 할수밖에 없다. 이것 역시 가정이 파괴되는 요인 중 하나다. 따라서 성도는 가정성전과 공동체 성전(교회)의 균형을 이루어야 한다.

꼭 기억해야 할 것이 있다. 건강한 가정은 가족과 교회 그리고 국가의 생존의 기본이다. 기본이 무너지면 나머지는 시간이 갈수록 차례로 무너지기 마련이다. 한국의 저 출산율(0.84)의 원인도 가정이 무너졌기 때문이다. 이혼율, 자살률 및 낙태율이 세계 최고인 원인도 여기에 있다.

이것이 예수님을 잘 믿는 이들 중에 세월이 지나면 가정이 파괴되는 경우가 많은 이유다.

결론적으로 제1순위는 하나님을 영화롭게 해야 하는 것이고, 제2순위는 건강한 가정을 만드는 구약의 지상명령이고, 제3순위는 이웃 전도와 세계선교를 하는 신약의 지상명령이다. 그래야 하나님이 창조하신 가정성전도 살고, 공동체 교회도 살고 국가도 살 수 있다. 이것이 가문과 교회가 죽지 않고 대를 이어 신앙을 전수하여 주님의 재림을 준비하는 길이다.

쉐마교육 개척에서 완성까지의 역사 개요
〈현용수의 '인성교육론'+'쉐마교육론' 개발의 역사 요약〉

본서는 한 권에 압축된 유대인 자녀교육 실천기다.
또한 저자가 쓴 '쉐마교육 개척기'가 '시작과 과정'이었다면
이 책은 '완성편'이며 그 열매다.

나와 아내가 미국에서 사랑스러운 4명의 아들들과 함께 풍부한 삶을 누릴 때, 하나님께서 나를 부르셨다. 그분만을 섬기라고 하셨다(1980년). 그래서 늦게 신학교에 입학을 했다. 그리고 당시 나의 나이 40에 Biola 대학교의 Talbot School of Theology에서 기독교교육학 Ph.D 프로그램

에 입학했다. 학위를 취득한 후 교수 생활을 시작했다.

교육학을 전공하면서 나는 현대교육에 많은 문제점들이 있다는 것을 발견했다. 왜 현대 교육은 그렇게 많이 발전하는데 인간의 인성은 점점 더 타락하는가? 그리고 그 해결책은 성경을 기초로 한 정통파 유대인 교육에 있다고 확신했다.

그래서 랍비신학교인 American Jewish University에 입학을 했다. 그러나 그 학교가 자유주의 신학교인 줄을 알고 정통파 유대인 학교인 Yeshiva University(LA)로 옮겼다.

거기에서 나는 정통파 유대인 공동체의 랍비들과 20년 동안을 함께 생활하면서 유대인 교육을 깊게 연구했다(Mentor, Rabbi Adlerstein). 그래서 쉐마교육연구원(Shema Education Institute)을 설립했다. 그리고 유대인을 모델로 한 '인성교육'과 '쉐마교육'을 연구했다. 32년 동안 총 40권의 책을 썼다(2022년 현재).

첫 번째 저서는 나의 박사학위 논문(1990)을 한국어로 번역한 《문화와 종교교육》(1993)이었다. 이 책은 저자의 인성교육론의 토대가 되었다. '수직문화와 수평문화' 이론이 세계 최초로 이 논문에서 나왔다. 이것을 수정증보한 책이 4권으로 된 《현용수의 인성교육 노하우》(2008)다.

그 후 1996년에는 유대인의 자녀교육서 《IQ는 아버지 EQ는 어머니 몫이다》(국민일보 전2권; 조선일보, 전3권)란 책을 출간했는데, 이 책들이 스테디 베스트셀러가 되었다. 그 후 사람들은 나를 'IQ-EQ 박사 현용수'라고 부르기도 했다.

그러나 일부 학자들과 목회자들은 유대인에 대한 부정적인 견해를 제기했다. 따라서 유대인의 선민교육이 기독교교육에 왜 필요한지를 반증하기 위해 ≪부모여 자녀를 제자 삼아라, 부제: 왜 기독교교육에 유대인 자녀교육이 필요한가≫(2002, 2005, 2021)를 쓰게 되었다.

〈저자 주: 후에 이 책들을 수정 증보하여 두 가지 제목, ≪실패한 다음세대 교육, 왜 유대인 교육이 답인가≫와 ≪세계선교의 한계, 왜 유대인 교육이 답인가≫(2021)로 출간했다.〉

그 후 하나님의 은혜로 '구약의 지상명령 쉐마'(창 18:19; 신 6:4-9)를 세계 최초로 발견했다. 그리고 ≪잃어버린 구약의 지상명령 쉐마≫(전 3권, 2009)를 출간했다. 이 책은 전체 유대인 자녀교육서, 즉 쉐마교육론의 척추 역할을 하는 이론서다.

이것은 하나님이 믿음의 조상 아브라함에게 주셨던, 가정에서 자녀에게 하나님의 말씀을 가르쳐 말씀을 자손대대로 전수하라는 하나님의 명령이다(신 18:19; 신 6:4-9). 그래야 하나님께서 그에게 약속하신 "너는 복의 근원이 되고, 모든 민족이 너를 인하여 복을 얻으리라"(창 12:2-3)는 언약이 성취될 수 있다는 것이다(신 18:19). 그 언약은 아브라함의 후손에서 예수님이 이 땅에 오심으로 성취되었다. 그 이후 복음이 모든 이방 족속에게 퍼지게 되었다.

'구약의 지상명령'을 발견하면서 베일에 싸였던 하나님이 만드신 쉐마교육(교육 신학)의 비밀이 하나씩 벗겨지기 시작했다. 전체 유대인 자녀교육서 주제들의 목적이 분명해졌다. 모두 '구약의 지상명령'을 성취하기 위한 도구였다. 각 주제와 저서는 구약을 기초로 한 그리고 유대인을 모델로 한 '가정 신학'(2권), '효신학'(3권), '아버지 신학'(2권), '경제신학'(1권), '성신학'(1권), '어머니 신학'(2권), '고난의 역사신학'(5권), '정치신학'(1권),

'유대인의 리더십 개발 원리'(1권) '인성교육론'(5권) 등이다.

이로 인해 '인성교육론'과 '쉐마교육론'이란 세계 최초의 새로운 학문의 영역을 개척하게 되었다.

나의 첫 번째 베스트셀러 유대인 교육서는 ≪IQ는 아버지 EQ는 어머니 몫이다≫(전3권)였다. 약 35만 부를 판매했다. 그 이후로 나는 유대인 교육 전문가로 알려졌다. 미국은 물론 한국과 전 세계의 신학교와 교육기관 및 교회에 다니며 유대인의 쉐마교육을 가르쳤다.

한국에서는 성산효대학원대학교 부총장, 명지대학교와 서울교육대학교 초빙교수를 역임했다. 총신대원, 고신대원 그리고 장신대원과 침신대원 등에서 강사로 강의를 했다.

유대인 교육을 효과적으로 세계에 알리기 위해 먼저 지도자들, 즉 목회자들과 교수들을 위한 쉐마목회자클리닉을 20년 동안 3학기로 나누어 운영했다. 약 3,000여분들이 공부를 했다. 그리고 그분들이 신학교와 교회에서 교인들에게 가르치고 있다.

그 결과 한국은 물론 전 세계의 교육이 점차 살아나는, 놀라운 열매들을 맛보고 있다. 유대인식 안식일을 모델로 만든 주일가정식탁예배를 실천하는 가정이 5,000가정 이상으로 늘어났다. 현대 자녀교육의 문제점들에 속수무책으로 무너지던 가정들과 교회가 하나님의 교육 원안(原案) 제시에 새롭게 눈을 뜨기 시작했다.

이 '인성교육론'과 '쉐마교육론'은 각국 언어로 번역이 되어 세계로 퍼질 것이다. 하나님이 그것을 원하시기 때문이다. 왜냐하면 이것은 하나님께서 창조하신 가정과 교회 그리고 국가를 회복하는 근본 원안이기 때문이다.

따라서 나는 누구를 통해서든 착한 일을 시작하신 분이 그리스도 예수의 날까지 쉐마사역을 이루실 줄을 확신한다"(빌 1:6). 내가 죽은 후에 더 많이 퍼질 것이다. 그 이유를 알기 위해서는 예수님의 재림이 왜 늦어지는지를 알아야 한다.

그것은 신약교회의 역사에서 답을 찾을 수 있다. 신약시대 교회는 예루살렘 오순절 다락방에서 시작되었다(행 2장). 그래서 성령의 촛대가 예루살렘 → 소아시아 → 로마 → 유럽 → 미국 → 한국 → 중국까지 옮겨 왔다.

그런데 현재 초대교회였던 예루살렘, 소아시아 교회는 물론 로마와 유럽 교회까지 죽어져 있다. 초대교회의 선교 교두보 역할을 했던 안디옥 교회와 계시록에 있는 터키의 일곱교회도 죽어져 관광지화 되었다. 그래서 한국 선교사가 터키에 다시 나가 있다. 미국 교회는 죽어가고 있고 한국교회는 죽기 시작했다.

이것은 무엇을 뜻하나? 2,000년 동안 다른 나라에 복음을 전했던 기독교 나라들은 복음을 전한 후 자신들의 교회는 죽었다는 것을 뜻한다.

만약 오늘 밤 주님께서 재림을 하신다면 오대양 육대주 중에 몇 교회나 주님의 재림을 맞이할 수가 있겠는가? 한국교회와 미국 교회를 제하면 많지 않을 것이다. 그래서 주님의 재림이 늦어지는 것이다.

왜 신약교회는 오랫동안 생존하지 못했을까? 신약의 지상명령만 알고 구약의 지상명령, 즉 부모가 자녀를 제자 삼는 쉐마교육을 몰랐기 때문이다.

세계 교회가 다시 살아나서 이방의 충만한 수가 차야 주님께서 다시 오실 수 있다(롬 11:25). 그 방법이 구약의 지상명령 쉐마교육을 실천하는 것이다. 따라서 쉐마교육은 주님의 재림을 준비하는 교육이다. 이것이 나의 사명이다.

교육에는 선한 열매가 나타나야 한다. 감사하게도 부족한 나의 가정이 모델이 되었다. 아직도 매우 부족한 것들이 많지만 아들 넷에게 쉐마교육을 시켰더니 미국에서 모두 머리가 될망정 꼬리가 되지 않았다. 그 중 3남은 약관 42세에 미국 연방정부 법무부 차관보(법제처장)라는 고위직에 올랐다.

이로 말미암아 이번에 '한국인 아버지의 유대인 자녀교육 보고서'라는 책을 펴내게 되었다. 이 책은 한 권에 압축된 유대인 자녀교육 실천기다. 그리고 이 책은 저자가 쓴 '*쉐마교육 개척기*'가 '시작과 과정'이었다면 이 책은 '완성편이며 그 열매'이다.

이것은 부족한 종이 1) 세계 최초로 유대인을 모델로 한 '인성교육론'과 '쉐마교육론'이라는 새로운 학문을 정립하고 이를 많은 분들에게 가르쳤던 것에 대한 보상이고, 2) 누구든지 쉐마교육을 돕고 실천하면 당신도 이런 복을 받을 수 있다는 본보기라고 생각한다. 즉 하나님께서 나의 쉐마사역을 돕기 위하여 미천한 나의 가문에 이런 영광을 주신 것이라고 믿는다.

실제로 쉐마교육을 받고 실천했던 수많은 가정들이 이런 복을 받고 있다는 간증을 하고 있다(쉐마교육연구원 홈페이지, www.shemaiqeq.org '*쉐마교육을 아십니까?*' 참조).

이 모든 것이 하나님의 은혜로 이루어진 것이다. 내가 남보다 더 똑똑하고 노력을 더 많이 하여 된 것이 절대로 아니다. 따라서 오직 성부, 성자, 성령 하나님께만 영광을 돌린다.

> "나의 나 된 것은 하나님의 은혜로 된 것이니, 내가 아니요,
> 오직 나와 함께 하신 하나님의 은혜로다. (고전 15:10)

부록 I
쉐마지도자클리닉 참석자들의 증언

편집자 주_ 쉐마클리닉을 수료하신 분들의 간증문들이 대부분 탁월하나, 부득이 몇 분만을 고르게 되어 나머지 분들께 죄송한 마음을 전합니다. 쉐마교육연구원 홈페이지(www.shemaiqeq.org)에 더 많은 간증문이 실려 있으니 참고하시기 바랍니다.

무서운 짐승처럼 변해가는 학생들에게 쉐마교육만이 대안
- 박경란 교사 (고양제일중학교)

제2의 종교개혁 태동 느껴
- 김선중 교수 (미국 국제개혁신학대학원 교수)

반성문
- 김지자 박사 (서울교육대학 명예교수, 교육학)

하버드에서 배울 수 없는 것들을 배워
- 윤사무엘 박사 (미국 Geneva College 구약학 교수)

교육계의 답답했던 숙제들이 시원하게 풀렸다
- 정지웅 박사 (서울대 명예교수, 교육학)

남편의 기를 팍팍 죽였던 전형적인 IQ아내와 어머니였는데….
- 이정하 교수 (김해대학교 안경광학과)

청년의 때에 이런 귀한 말씀을 듣는 것이 기적이다
- 주봉규 학생 (전남대학교 영어영문과 재학, 늘푸른교회 청년부)

조선족 탈북 선교사가 경험한 현용수의 인성교육 강의
- 김학송 교수 (전 평양과기대, 조선족 출신 탈북자 선교사)

다시 태어나는 삶을 경험했습니다
- 신덕신 목사 (간호학 박사, 정신질환 사역)

참석자들의 증언

무서운 짐승처럼 변해 가는 학생들에게 쉐마인성교육만이 대안이다

박경란 교사 (고양제일중학교)

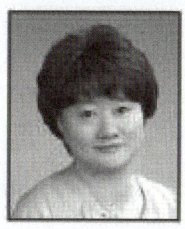

- 고양 제일중학교 인성상담 부장
- 연세대학교 대학원 상담교육학과 졸업

중고등학교에서 인성부장으로 23년간 학생들의 인성을 고민해 오던 차에 학교가 미션스쿨이라 신우회 담당 목사님 백승철 목사님께서 마지막 신우회 때 주신 간증집을 보고 대학교수인 남편에게 소개하여 남편이 꼭 신청하라는 허락에 같이 오게 되었다.

평소 학생 지도를 잘했는데 갑자기 2011년 인권 조례 시행 이후부터 학생들이 무서운, 사나운 짐승처럼 변해가는 것을 느끼게 되었다. 말씀도 가르치고, 상담도 열심히 하였으나 도도한 시대적 물결을 막을 수 없었다.

교무실, 복도에서 교사와 싸우는 학생이 많아졌다. 점점 인격을 갖춘 전인적 인간의 모습을 상실해 가고 있으며 머리만 커가는 기이한 현상에 사명감을 잃어가는 교사가 많아지고 있다. 현 학교교육의 문제는 무엇인가? 교사가 없어서가 아니다. 인성교육에 관한 확실한 논리도 없거니와 정말 현 교수님 말씀처럼 쓸 만한 사람을 찾기 힘든 시대에 살기 때문이다.

인성교육의 원리인 수직문화와 수평문화에 관해 강의를 듣는 순간 너무나 기쁘고 감격했다. 난생 처음 듣는 이론이다. 그동안 내가 옳다고 생각했던 것을 실천으로 옮길 만한 확실한 논리적인 근거를 찾았다. 이제 학교 현장에서 학생들을 어떻게 지도하고 가르쳐야 하는지, 확실한 나만의 철학을 정립할 수 있었다.

사실 평소 말씀 묵상하며 구약의 말씀을 지키려고 노력했지만 드러낼 수 없는 교회 문화가 있어 실천하지 못했는데, 이것을 한 방에 해결해주는, 정말 영적으로 시원케 해주신 강의였다. 이제 학생들과 어른을 바라보는 눈이 달라졌다.

하루하루를 쌓듯이 자녀를 설득하고 말씀 전수에 앞장서야겠다는 결심을 하게 된 영적 쇼크를 경험한 영원히 잊지 못할 세미나였다. 정말 실천 강령으로 현 박사님의 책을 읽고 또 읽어 학생들, 교사들에게 강의를 하고 가정에서도 모범을 보이는 것을 목표로 세웠다. 아들이 고2라 마지막 청소년기 졸업 전에 이 교육에 참여하도록 설득할 것이다.

이 쉐마클리닉은 하나님이 마지막으로 한국에게 주신 선물이다. 이 한국을 너무 사랑하신다. 나를 아는 많은 사람들이 관심 갖도록 책과 세미나를 소개하여 한국을 진정한 크리스천 가정으로 세우는데 열심을 다할 것이다.

2차 세미나에 꼭 참석하고 싶다. 현직 교사들도 많이 참석해야 될 것 같아 많이 홍보하려고 한다. 학생들도 마찬가지다.

> 인성교육의 원리인 수직문화와 수평문화에 관해
> 강의를 듣는 순간 너무나 기쁘고 감격했다.
> 확실한 나만의 철학을 정립할 수 있었다.

참석자들의 증언

제2의 종교개혁 태동 느껴
〈쉐마지도자클리닉에서 받은 충격〉

김선중 교수 (미국 국제개혁신학대학원 교수)

- 미국 국제개혁신학대학원 기독교교육학 교수
- Trinity and Talbot Theological Seminary에서 기독교교육 Ph.D 과정 수료
- Calvin Theological Seminary 졸업 (Th.M, 조직신학 전공, Grand Rapids 소재)
- 고려대학교 경영학과 졸업

TV 없는 가정에서 자라나는 요셉과 다니엘들

내가 쉐마교육연구원(원장: 현용수 박사)이 주최한 2001년 봄학기 제1회 「쉐마목회자클리닉」에 참석한 데는 두 가지 이유가 있었다. 개인적으로는 평소에도 기독교교육학을 전공하고 교육에 많은 관심을 기울여왔기 때문이고, 공적으로는 나에게 교회적으로나 총회적(미주한인예수교장로회)으로 2세교육의 정책과 방향에 대해서 성경적, 신학적, 목회적으로 검증된 안을 제시해야 할 의무가 있었기 때문이다.

사실 나는 쉐마교육에 대해서 호기심도 가지고 있었지만 부정적인 생각도 어느 정도 가지고 있었다. 왜냐하면 기독교인이 구약의 유대인을 본받는다는 것은 모순이라는 생각을 했기 때문이다. 그러나 그것은 나의 오해였다. 현 교수님의 주장은 유대인, 또는 유대인의 풍습을 모방(imitation)하자는 것이 아니라 유대인들의 삶, 특히 자녀교육과 가정생활 속에 배어 있는 성경적 철학과 사상, 그리고 성경의 교육 원리 및 방법을 터득하여 한국 크리스천의 삶에 적용(apply)하자는 것이었다.

나는 세미나에 참가하여 받은 소감을 크게 세 가지로 정리해 보려고 한다.

첫째, 이스라엘 유학생이 준 충격

첫 번째 충격은 참석자들의 면모였다. 목회자와 신학교 교수들도 있었고 여전도사들도 있었다. 그들은 한결같이 교육에 대한 깊은 관심과 나름대로 일가견을 가지고 있었다.

한국에서 사당동 총신을 졸업하고 16년 동안 여전도사로 어린이 교육을 담당하다가 이스라엘에 가서 2년 동안 공부하고 지금은 한국에서 십계명 교육을 운영하고 계신 이영희 교수님이 한국에서 참석했다.

그는 이스라엘에서 2년 동안 지냈어도 정작 바라던 성경적인 유대인 자녀교육은 못 배우고 자유주의의 미국식 교육 비슷한 것만 배우고 돌아왔다고 했다. 이스라엘에서는 정통파 유대인 교육을 접할 수 없었기 때문이었다. 그런데 그가 한국에 와서 현 교수님의 'IQ는 아버지 EQ는 어머니 몫이다'의 책을 접하고 밤을 새워 3일 만에 다 읽고 비로소 유대인 자녀교육의 진수를 접했다는 것이다.

또 다른 1.5세 윤수지 여전도사님은 중학교 때 이민 온 목회자의 자녀로서 트리니티 신학교에서 기독교교육학을 공부하고 지금은 동부 뉴저지에서 '임팩트(Impact)'라는 사역을 하고 계셨다. 그분은 단순히 성경공부를 시키는 사역을 넘어서 극기훈련 프로그램과 현 교수님의 책을 참조하여 15주 성년식 프로그램 같은 것을 개발하여 탁월한 사역을 하고 계셨다.

이와 같이 교육의 현장에서 새로운 지평을 열어 가는 분들이 이 클리닉에 참석했다는 것은 오늘날 교육을 담당하는 실무자들이 지금까지의 기독교교육만으로는 무언가 부족하다는 것을 절실하게 느끼고 있음을 반증한다.

그들의 몸부림은 단순히 교회에 출석하는 착하고 얌전한 학생을 생산하는 교육을 뛰어넘어 전인격을 변화시키고 삶의 전 영역을 변화시켜서 하나님을 향하여 열정적인 삶을 살게 하는 교육, 사명을 자각하고 사명에 헌신하는 이 시대의 큰 인물들을 키워 내는 교육이었다.

참석자들은 하나같이 피아제, 콜버그, 화울러를 다 배워도 현대교육의 이론은 한계가 있다는 데 동의했다. 결국 성경을 기초로 한 유대인의 쉐마교육만이 이 시대의 절박한 요구에 대한 하나님의 해답이라는 확신, 그리고 그 확신이 주는 기쁨이 파도처럼 가슴에 밀려왔다.

많은 분들이 단순한 성경 교수를 넘어선 사상교육, 생활교육, 사명 교육에 착안하고 있었다. 또 그런 분들이 본 세미나에 참석했다는 사실은 무엇을 말하는가? 하나님은 이미 많은 사람들의 마음속에 새로운 교육에 대한 절실한 마음을 불러일으키고 계신다는 증거라고 여겨진다.

나는 그들을 보면서 하나님의 손길에 의해 한국교회를 중심으로 다시 하나의 커다란 운동이 태동하고 있음을 강하게 느낄 수 있었다. 바로 제2의 종교개혁 운동이다.

둘째, 클리닉의 내용이 준 충격

세미나의 내용에서 나는 안개가 걷히는 것 같은 신선한 느낌을 받았다. 수직문화와 수평문화의 비교, 사상교육의 필요성, 교육의 이면과 표면에 대한 논리적 설명 등은 그 동안 내가 그렇게 고민해 왔던 2세교육의 문제점들을 아주

뚜렷하고 확신 있게 해결하여 주었다.

나는 미국 신학교에서 교육학을 전공했지만, 화울러(Fowler)의 신앙 성장 단계, 토마스 그룹(Thomas Groom)의 미래지향적 교육 이론, 콜버그(Kohlberg)의 도덕 발달 이론을 넘어가지 못했다. 그 동안 수많은 교육 세미나에 참석했고 유명하다는 학자들을 많이 만났고 그들에게서 배웠지만 마찬가지였다.

그러나 쉐마교육은 피상을 파고 들어가 핵심을 끄집어냈다. 다른 교육 세미나들은 그 나름대로 지엽적인 학문적 논리들이 있었지만, 쉐마교육의 내용은 한마디로 지금까지 개발되지 않았던 하나의 전인교육에 대한 인성교육의 기본적인 원리(principle)이며 공식(formula)이었다.

사상교육, 고난교육, 효도교육 등은 참으로 마음을 시원하게 해 주고 교육의 앞길을 뚜렷하게 밝혀 주었다. 예를 들면, 내가 여태까지 배워왔던 기독교교육이 수박의 겉만 핥았다면 쉐마는 수박의 겉을 깨고 잘 익은 달콤한 속을 먹는 기분이었다.

새로운 전인교육의 패러다임으로써 원리와 공식을 알게 되니까 그 동안 희미하던 것들이 전체적으로 밝고 분명하게 보였다. 그리고 이 원리와 공식의 잣대로 현재 우리의 교육을 측정하니까, 무엇이 옳고 그른지 분별이 되었다. 그리고 나 자신이 의심하던 우리 기독교교육의 많은 허구들이 왜, 무엇이 잘못되었는지 알게 되었다. 그리고 그 문제의 해결 방안도 떠오르게 되었다.

사명이 없는 자는 신앙이 없는 자다. 주님과 민족을 위한 시대적 사명이 수직문화, 특히 역사교육과 고난교육을 통해서 주어진다는 사실을 본 클리닉을 통해서 명확하게 깨달을 수 있었다.

이 역시 성경적인 교육이다. 나는 물론 중고등부 학생들에게 야곱의 열두 아들 이름이나 예수님의 제자들 이름을 암기시키는 것도 중요하다고 생각한다. 그러나 그들에게 "왜 이민 교회가 필요한가?" "왜 부모님과 함께 이민교회를 섬겨야 하는가?"에 대해서 에세이를 쓰게 하고 평가하고 토론하는 것도 매우 중요하다고 생각한다. 나는 이에 대한 효과를 실제 교육현장을 통해서 체험했다.

많은 교회들이 학생들을 교회 안에 잡아 놓기 위해서 단순히 재미있는 프로그램만 찾는 데에 얼마나 분주한가? 그것만으로는 안 된다. 오늘날의 젊은이들이 추구하는 재미를 어떻게 다 충족시켜 줄 수 있겠는가? 학생들에게 인생의 재미(수평문화)보다도 인생의 의미(수직문화)를 주는 교회교육으로 바뀌어야 한다. 성경을 통하여 주어진 '왜?'에 대한 명확한 답변만이 그들의 행동을 결정해 줄 수 있다. 그리고 그 결정은 변하지 않는다.

또한 쉐마클리닉이 유익했던 이유는 머리를 맑게 해 주는 선명한 이론과 함께 구체적으로 성경에 근거한 유대인 가정, 유대인 어머니, 아버지들이 어떻게 교육하는지 잘 설명해 주기 때문이었다. 무엇보다도 개혁주의 신학의 기초에서 유대주의 교육을 조명함으로 그 차이와 공통점을 한눈에 정리할 수 있어서 좋았다.

셋째, TV 없는 유대인 가정이 준 충격: 타임머신을 타고 모세 시대를 방문한 것 같았다

유대교나 랍비에 대해서 수백 번 책으로 읽는 것보다 오늘 이 시대를 함께 살아가는 정통파 랍비의 강의는 내게 훨씬 흥미롭고 유익했다. 랍비의 눈으로 보는 기록된 성경과 기록되지 않은 구전(탈무드)의 가치, 교육적 효과는 특히 흥미로웠다.

금요일 해질 무렵에 미국의 LA 서부 지역 한 정통파 회당에서 3대가 함께 모여 기도회를 하는 데에 참석했다. 한 6세쯤 되는 어린아이가, 우리로 말하면, "성경은 어디, 찬송은 몇 장"하는 것을 앞에서 인도하고 있었다.

그 어린아이는 가끔 코를 후비기도 하고 몸을 비비꼬기도 했지만 1시간 동안 끝까지 잘 해내었다. 또 기도 모임 중에는 연세 드신 할아버지의 순서에 이어 어린 청소년들이 기도를 인도하기도 했다. 그렇다고 해서 아이들이 장난을 치고 이리저리 뛰어다니지도 않았다.

원래 개혁교회는 유대인처럼 자녀들이 부모와 함께 예배하게 되어 있다. 저자가 칼빈신학대학원(Grand Rapids, 미시간 소재)에서 공부할 때의 경험에 의하면, 지금도 화란개혁교회(CRC)는 부모와 자녀가 함께 예배드린다.

자녀를 부모에게서 분리하는 것은 유독 미국적 현상이다. 이것은 그렇지 않아도 존재하는 부모와 자녀간의 세대차이를 더 확대하는 주된 요인이 된다. 예배의 분리는 정신적, 문화적, 신앙적 분리를 초래하기 때문이다.

가장 큰 충격은 회당을 떠나 한 정통파 랍비의 가정에 방문했을 때 일어났다. 우선 7살부터 21살까지의 아들 일곱, 딸 하나라는 많은 자녀를 둔 그 가정이, 그리고 텔레비전 없이 틴 에이저들을 키우는 가정이 LA 서부 지역에 그렇게 많이 존재한다는 사실 자체가 타임머신을 타고 모세 시대를 방문한 것 같아서 기이하기까지 했다.

그런데 이들의 모습은 매우 밝고 친절하고 활기차고 온화하고 부모에게 순종적이었다. 그들은 모두 허리춤에 613개의 율법을 상징하는 찌찌라는 것을 차고 있었지만 조금도 종교에 찌든 모습이 아니었고 그들이 우리를 대하는 친절한 태도는 보통 충격이 아니었다.

그들은 모두 다 미국의 공립학교가 아니라, 이름도 모르는 정통파 유대인학교에서 공부하고 있었다. 그런데 21살된 첫째 아들이 벌써 콜럼비아 법과 대학원을 졸업하고 대형 법률사무소에 근무한다. 나이와 학력이 맞지 않았다.

설명인즉 고등학교를 졸업할 때 이미 대학 과목을 다 마쳤기 때문에 대학원, 그것도 콜럼비아 법과대학원으로 바로 진학했다는 것이었다. 게다가 아들이 이방여인들과 접촉할 것을 염려해서 장가를 들여서 보냈다고 한다. 그들의 수직문화인 신본주의 사상은 모세의 때와 같이 세대차이가 없는데, 세상학문은 21세기 최첨단인 셈이다.

저녁을 먹은 후에는 랍비가 아이들에게 일일이 성경, 토라, 학교공부에 대해서 물었고 아이들은 아주 진지하게 대답했다(쉐마의 아버지의 질문과 대답식 하브루타 교육). 게다가 랍비의 부인은 가발 상점을 운영하는 사장님이었다. 그렇게 많은 자녀를 낳고 기르면서, 또 사업을 하고 있다니 LA에서 구약의 리브가를 보는 것 같았다.

우리 개신교 목회자 가정에서는 상상도 할 수 없는 일이었다. 주일날 저녁에 어떻게 개신교 목회자가 가정에서 자녀들과 함께 식사를 하고 한가롭게 성경을 가르치고 할 겨를이 있는가? 나는 지난 20여 년간 이민교회에서 2세와 1세의 사역을 감당하면서 목회자의 자녀들이 그 교회에 출석하지 않는 경우도 여러 번 보았다.

그런데 심각한 문제는 그것을 주님을 위한 희생이라고 생각하는 데 있다. 가장 중요한 가정 사역을 소홀히 하고 아무리 엄청난 일을 많이 한다고 해도 인생의 마지막에는 후회하지 않겠는가? 물론 성경 중에는 아비야의 아들 중에 아사왕 같은 인물도 나왔다. 그러나 이런 경우는 극히 예외적인 경우다.

따라서 쉐마교육은 인간교육의 기본 원리를 제공한다. 미리 성경의 원리에 따른 쉐마교육을 철저히 할 때, 후에 가정에서 치유가 필요한 아픔이 나타나지 않는다. 그런 면에서 쉐마교육은 치유보다는 예방적이다.

현용수 교수님은 제2의 마틴 루터라고 생각한다
〈나는 그 가정에서 현대판 요셉, LA의 다니엘을 보았다〉

쉐마교육을 받으며 책만으로는 느껴지지 않던, 저자의 가슴속에 있는 불의 열기를 전수받았다. 그것은 목소리, 몸짓 등을 통해서 전수 됐다. 쉐마클리닉

전체를 통해서 받은 충격과 도전을 지금 다 정리할 수는 없다. 마틴 루터가 종교개혁을 일으킬 시기에는 이미 종교개혁의 필요성이 온 유럽에 팽창해 가고 있었다. 그때 루터는 그 기름과 같은 환경에 불을 붙인 것이다. 그 불길은 온 유럽과 세계로 번져 나갔다.

한 개인을 너무 치켜세우는 것 같지만, 그런 면에서 현용수 교수님을 이 시대에 제2의 종교개혁을 일으키는 제2의 마틴 루터라고 생각한다. 현용수 교수님의 쉐마교육도 현대 교육과 기독교교육이 한계에 다다랐다는 위기가 팽창하는 이때에 불을 붙이는 것과 같기 때문이다. 이것은 전 세계로 번져 나갈 것이다.

내가 아는 모든 분들에게 '쉐마목회자클리닉'을 적극 추천한다. 21세기 자녀교육은 이 길밖에 없음을 확신한다. 클리닉의 내용에 찬성하든 반대하든 일단 누구나 그곳에 가보면 나처럼 커다란 도전과 영감을 얻게 될 것이다. 이 쉐마교육운동이야말로 이 시대에 우리 한국 교회에 내리신 하나님의 큰 축복이라고 생각한다.

> 참석자들은 하나 같이
> 피아제, 콜버그, 화울러 등을 모두 배웠지만
> 현대 교육의 이론은 한계가 있다는데 동의했다.
> 결국 성경을 기초로 한 쉐마교육만이
> 이 시대의 절박한 요구에 대한 하나님의 해답이라는 확신,
> 그리고 그 확신이 주는 기쁨이 파도처럼 밀려왔다.

참석자들의 증언

반성문

김지자 박사 (서울교육대 명예교수)

- 서울교육대학교 명예교수
- 동아일보 기자
- 국립 필리핀대학교 대학원 지역사회계발(Ph. D)
- 서울대학교 교육대학원 교육행정(M. Ed)
- 서울대학교 사범대학 교육학(B.A)

한국 교육 현장에 한계 느껴

나는 사범대학 출신으로 평생을 교육대학교에서 후배들 양성에 헌신했다. 그러나 교육에 대한 신념과 이론들을 펼쳐 보고자 안간힘을 써 보았지만, 실증적 대안이나 현실적인 증거가 희박했던 현실 속에서 막상 교육 현장의 가르침이란 국내외 학자들의 이론들을 전수하는 수준에 머물러 있을 뿐, 교육의 진정한 역할이나 모습은 빛을 바래가고 있구나 하는 뉘우침과 우리 교육을 어떻게 본 궤도에 올려놓을 수 있을까 하는 과제를 안고 교단을 떠난 처지였다.

그런데 뜻밖에도 현용수 박사님의 책에서 그 대안들을 찾았다. 그리고 이번에는 책만 가지고는 적용상 확신과 방안이 확실치 못하다는 갈증과, 일반교사 및 부모교육에 어떻게 이 교육을 접목할 수 있을까 하는 소명감에 그리고 그 확실한 방안을 찾아야 한다는 깊은 갈구에서 참여했다.

이번 강의 중 크게 깨달은 것이 많다. 그 중에서도 Pre-Evangelism의 시기로서 13세 이전의 인성교육이 얼마나 중요한 것이지를 뼛속 깊이 깨닫고, 그간의 교육에서 얼마나 많은 허송세월을 했던가 뉘우치게 된 것이다. 아울러 논리와 사상 철학과 역사의식 그리고 민족의식에 국가를 온전한 하나님의 백성으로 그리스도의 형상을 닮아가는 성화의 과정 등의 중요성도 확실히 깨닫게 되었다.

그 어느 곳에서도 이처럼 명료한 대안 배운 경험 없어

그러나 무엇보다도 감사한 것은 교육에서 내용 못지않게 그 내용 및 목적을 달성키 위한 방법 및 형식의 중요성을 유대교(유교, 가톨릭교의 의식을 포함)의 사랑과 구원을 율법이란 형식에 담아 구체적인 언어와 방식으로 가르쳐 '깊은 생각'과 '바른 행동'으로 나타나게 해야 함을 깨달은 것이다. 지금껏 그 어느 곳에서도 이처럼 명료한 대안을 배운 경험이 없다. 참으로 놀라운 가르침이셨다.

더구나 촛불시위 등으로 어지러운 국내 정세를 지켜보며 과연 "어찌할꼬, 어찌 할꼬."하면서 가슴을 쳐 왔는데, 이번 현 교수님의 간절하고도 단호한 외침을 들으며 참으로 저런 용기와 지혜를 주신 하나님께 감사드린다. 더 나아가서는 "나도 저리 외칠 수 있는 용기를 주옵소서!" 하며 뜨거운 기도를 올렸다.

고결함, 정직성과 도덕성 그리고 참 진리에 근거하지 않은 수평문화에 젖어 있는 한국 사회를, 건전한 그리스도의 국가로 바꾸어 가도록 남은여생 마지막 순간까지 불태우고픈 뜨거운 소망을 결단으로 표현한다.

참석자들의 *증언*

하버드에서 배울 수 없는 것들을 배워

윤사무엘 박사 (미국 Geneva College 교수)

- 미국 Geneva College 구약학 교수
- Faith Theological Seminary & Christian College (Ph.D., 구약학)
- Harvard University (Th.M. 고대근동학 전공)
- 장로회 신학대학 신학대학원 (M.Div. 과정)
- 연세대 및 연세대 대학원 신학과 (신학석사, 구약학 전공)
- 대구 경북고

처음 들어보는 독특한 용어들에 놀랐다(1, 2차 학기)

나는 신약학을 전공하고 싶어서 그 배경이 되는 구약학을 29년이나 연구했다. 계속 연구하며 평소 유대교 및 유대인들의 생활에 관심을 가져 이스라엘도 십여 차례 다녀오기도 하며, 보스턴과 뉴욕의 정통파 유대인들과 사귀기도 하며, 토요일이 되면 자주 동네에 있는 회당에 가서 예배에 참여하곤 했다.

이렇게 피상적인 연구에 늘 만족하지 못하고 있던 차에 10년 전 뉴저지에서 가진 어느 목회자 세미나에서 현용수 박사님의 강의를 듣게 되었다. 그때 구약시대에만 국한된 것으로만 알았던 쉐마의 골동품 신앙이 한인 기독교의 2세 교육에 실천되어야 하며 3대가 함께 모여 예배를 드려야 한다는 내용에 매우 공감했다. 그 후 기회 있을 때마다 현 박사님의 저서를 구입하여 읽고, 특강 및 강의를 다섯 차례나 듣게 되었다.

현 박사님이 창안한 처음 들어보는 독특한 용어들, 특히 구약의 지상명령(창 18:18-19, 아브라함에게 주신 하나님의 말씀)을 설명하시며, 어머니 신학, 아버지 신학, 효신학(Theology of HYO), 가정신학, 경제신학 및 고난의 역사신학이란 강의를 접하면서 생생한 체험이 담긴 예화와 함께 설득력 있는 논리적인 강의 내용에 충격을 받았다. 기독교 역사에서 어느 학자들도 발견치 못했던 분야들이다.

현 박사님의 IQ와 EQ를 겸한 강의가 너무나 좋았다. 또한 나 자신이 목회에 바쁘고 교수 생활에 힘썼지만 정작 중요한 신앙의 전수에 소홀히 한 점도 깊이 반성하게 되었다. 그리고 목회 현장에서든 교수 현장에서든 IQ 목회한 것을 크게 뉘우치고 EQ 목회와 교수를 위해 더욱 기도하고 성령 충만함을 받아야겠다고 다짐했다.

하나님께서 아브라함을 선민으로 택하시고 이삭에게 말씀과 신앙을 전수하게 하시어 족장 아브라함 → 이삭 → 야곱 등에게 쉐마교육이 이어지게 되었다. 평생 한 명만 목회했던 아브라함은 약속의 자녀 이삭을 믿음 가운데 키운 결과 모리아 산에서 이삭은 자신이 번제물로 묶여지고 아버지가 칼을 내리칠 때도 도망가지 않고 그대로 순종했다. 독자라도 아끼지 않고 제물로 바친 아브라함이나 자신을 산 제물로 바친 이삭이나, 모두 믿음의 조상이 된 것이다. 이들은 쉐마교육의 선구자였다.

나는 이런 흐름을 신학교에서 강의 중에 다시 회상하면서 마태복음 1장이 떠올랐다. 많은 사람들이 의미 없이 신약성경을 읽다가 1장의 족보를 만나면 '낳고'가 반복적으로 나오니 성경을 덮어버리거나 건너뛰는 일은 잘못이다. 우리가 조선 왕조의 왕들 이름(태정태세문단세….)은 외웠어도, 예수님의 족보를 그냥 넘어가면 안 된다. 믿음의 족보를 외워야 한다.

14대씩 세 번 즉 42명의 족보는 이스라엘 역사의 요약이요 신앙의 뿌리이기 때문이다. 이번 쉐마클리닉을 통해 발견한 새로운 사실은 예수님의 족보에 나오는 '낳고'(begat, beget의 과거, '아버지를 통해 태어남'이란 뜻; 따라서 히브리어 표현은 사역[히필]형을 사용하여, '낳게 하고'[father]의 의미를 지님)라는 동사를 쉐마교육의 관점에서 보니 아브라함은 이삭을 '낳고'란 육체의 아버지뿐만 아니라 영적인 아들로 성장시켰다는 말이다. '낳고'라는 한 동사 속에는 "쉐마를 전수하고, 말씀을 교육하여 전해주고, 장자 축복기도를 해주고, 하나님을 전심으로 사랑하라는 쉐마를 항상 교육하고 훈련했다"는 말로 바꿔 읽어 보니 은혜가 넘쳤다.

예수님의 족보가 초림의 예수님께서 태어나실 때까지 쉐마의 말씀이 전수가 되었다는 역사의 요약임을 재발견했다. 여기 족보에서 제일 마지막 구절은 "야곱은 마리아의 남편 요셉을 낳았으니 마리아에게서 그리스도라 칭하는 예수가 나시니라(마 1:16). 즉 요셉이 예수님을 '낳고'로 되어 있지 않고 그리스도라 칭하는 예수님은 마리아를 통해 태어나신(born, bear-bore-born 어머니를 통해 태어남) 것이다.

〈지면상 이하 생략합니다. 자세한 것은 홈페이지 참조하세요.〉

참석자들의 증언

교육계의 답답했던 숙제들이 시원하게 풀렸다

정지웅 박사 (서울대 명예교수, 교육학)

- 서울대학교 농업생명대학 명예교수
- '세계평생교육 명예의 전당' 입성
- 국민필리핀대학교 대학원(Ph.D)
- 서울대학교 대학원 교육학(M.A)
- 서울대학교 사범대학 교육행정(B.A)

나는 학부와 대학원에서 교육학을 전공했고, 박사과정에서 지역사회개발을 전공하여 41년간 서울대학교 학생들에게 지역사회개발과 사회교육에 관하여 가르쳤다. 종래 이스라엘 정착과 관련하여 키부츠와 모샤브 공동체에 대한 약간의 공부를 통해 유대인들의 교육방식이 독특한 점은 다소 알고 있었다.

그러나 이번 기회에 이토록 심층적으로 공부할 수 있게 되어 이러한 기회를 준 쉐마교육연구원에 크게 감사하면서, 앞으로 한국의 교회와 교회교육의 개선을 위한 몇 가지 생각과 결심을 다지게 되었다.

본 교회 담임 목사님의 권고로 아내와 함께 쉐마교육에 참석했을 때, 처음에는 그 교육이 그 교육이겠지 생각하며 별로 기대를 하지 않았었다. 그런데 막상 교육을 받고 나니 전혀 예상 외의 소득을 얻고 가슴이 뿌듯했다.

평생 한 번도 들어보지 못했던 내용들이 많았다. 교육현장에서 늘 답답했던 숙제들이 이번 기회에 시원하게 풀렸다. 이것이 앞으로 한국 교육의 대안이 되리라는 확신을 얻게 되었다. 몇 가지 개인적 생각과 결심을 제시해 본다.

이스라엘 재건 역사의 기본의 하나는 신앙의 반석 위에 이룩한 가정교육이며, 이것이 곧 쉐마교육이라는 점이다. 그 신앙의 기초가 토라(모세오경), 특히 그 중에도 창세기 18장 19절(아브라함에게 준 지상명령)과 신명기 6장 4-9절(이스라엘 민족에게 준 지상명령)이었다. 이것이 곧 쉐마교육의 핵심이다.

언뜻 보기에 쉬운 것 같지만 변화가 심한 이 세상에서 천년을 두고 과연 계승해 나갈 수 있는지에 대해서는 누구도 장담할 수 없으리라 본다. 그런데 유대민족은 이를 4000년 동안 계승해 나가고 있다는 점에 대해 우리 한민족은 큰 교훈을 삼아야 할 것이다.

이러한 쉐마교육을 가능하게 한 핵심 주체가 자녀의 지적 발달에 큰 영향을 주는 아버지의 역할과, 이에 앞서 자녀의 감성 발달을 좌우하는 어머니의 자녀양육과 인성교육이라는 점이다. 또한 유대인은 가정을 성전으로 귀하게 여기어 안식일과 절기마다 가정예배를 중시하고, 산아제한을 하지 않고 자녀를 많이 출산하고 있다. 이들의 영성훈련과 인성교육에 큰 역점을 두어 효를 중시하는 가정교육을 실시하고 있다. 우리도 그러한 가정교육을 체계 있게 해야 할 것이다.

교회예배와 교회교육과 관련하여 3대 가족들이 함께 예배를 드리는 가족 중심 예배로 체제를 바꾸고 가족원들이 완전히 떨어져 활동하는 것은 지양해야 할 것이다. 교회는 지역사회 주민을 위한 평생교육을 제공하고 유대인의 가정교육 방식을 널리 알려 교훈을 삼게 할 필요가 있을 것이다.

한편 중등 학교교육에서는 주입식 교육과 남녀공학을 지양하고, 극기훈련, 고난의 역사교육 강조, 토론식 교육, 귀납적 사고, 창의성 개발 등을 강조하면서 한국인으로서의 긍지를 갖도록 하는데 역점을 두어야 할 것이다.

앞으로 쉐마교육을 통해 더 많은 사실들을 배우고 깨달아 한국은 물론 세계에서 교육의 바른 방향에 조금이나마 기여할 수 있게 되기를 기원한다.

참석자들의 증언

남편의 기를 팍팍 죽였던 전형적인 IQ아내와 어머니였는데 ….

이정하 박사 (전 김해대학교 안경광학과 교수)

- 전) 김해대학교 안경학과 교수
- 부경대학교 미생물학 박사(Ph.D)
- 부산대학교 미생물학과 졸

외적 조건이 완벽한 우리 가정, 왜 늘 지옥일까

저는 어릴 때부터 공부만 하고 자라, 결혼하고 또 석사 공부하고, 아이를 낳고 또 박사 공부하며, 교수로서의 인생을 살아왔습니다. 공부 외에 다른 것을 잘하는 것은 인생의 가치를 크게 두지 않았습니다. 그랬기에 더욱 더 성경적 아내, 어머니, 딸과 며느리로서의 역할은 저에게 먼 나라 얘기였습니다. 그러나 어느 누구도 나의 잘못을 지적하는 사람이 없었을 뿐더러, 제 주위는 고생이 많다고 응원하며 칭찬 일색이었습니다.

저의 외가는 4대째 모태신앙을 이어 저에게 이르렀고, 신랑의 가정은 목사님이 10명 이상 배출된 신앙명가를 자랑하며, 장로님 권사님의 뼈대 있는 집안으로, 저희 부부는 신앙생활이라면 누구 못지않게 교회에서 열심히 몸 바쳐 충성했습니다. 그것이 정말 하늘의 상급을 쌓고, 우리 가정에 더 큰 축복을 가져다 줄 것으로 생각하였습니다. 또 자녀들에게는 늘 최고의 교육을 받게 했으며, 시댁과 친정에 최선을 다했다고 생각했습니다.

그런데 왜 우리 가정은 끝도 없는 부부싸움 속에 아이들이 풀이 죽은 모습으로 늘 불행했는지 몰랐습니다. 제가 그리던 이상적인 삶과 반대로 지옥 같은 어두움의 그림자들이 반복되고 있었습니다.

남편의 기를 팍팍 죽이는 아내요, 자녀에게 밥 한 끼 해주지 않았던 엄마였습니다.

그런데 쉐마를 만나고, 저는 저와 저희 가정의 실체를 바로 볼 수 있는 눈을 떴습니다. 저는 누구보다도 아무것도 모르는 멍청이였고, 제대로 된 신앙은 하나도 없었고, 욕심으로 가득 찬 샤머니즘적인 종교행위에 가속도를 붙여 늘 정죄하고, 원망하여 살아가고 있었다는 것을 깨달았습니다. 그리하여, 가정은 이미 파산 직전임을 알게 되었습니다.

남편의 기를 팍팍 죽이는 아내요, 불순종하는 아내요, 집안일에는 관심 없는 아내였고, 자녀들에게는 늘 바쁜 엄마요, 학원만 엄청 보내는 엄마요, 따뜻한 밥 한 끼 해주지 않았던 엄마였습니다. EQ는 전혀 찾아볼 수 없었고, IQ로 꽉 찬 아내요, 엄마였습니다.

현용수 박사님의 저서 '성경이 말하는 어머니 EQ교육'을 읽으며, 참 많이 가슴을 치며 눈물로 통회하고 자복했습니다. 제가 바로 모성을 잃은 여학생이 성장한 사회의 일원으로 생명이 자랄 수 없는 토양이었습니다. 생명을 낳고 키우는 기본 못자리가 타들어간다는 현대 여성들을 향한 일침은 현용수 박사님의 탁월한 혜안임을 깨닫고 놀라움을 금치 못합니다.

제 주위에는 저처럼 사는 친구들이 많습니다. 소위 엘리트라고 하는 여성들의 메마른 삶을 너무 잘 알기에 '위기'라는 단어가 적절합니다. 사망으로 가는 길이라는 걸 말하면 알까요? 저도 책을 읽고, 하나님께서 희미하게 보여주시는 믿음의 증거들을 잡으려고 달려가다가 이제야 확신하니 말입니다.

저는 어머니의 자궁에서 나오는 모성애, 어머니의 가슴에서 나오는 젖과 꿀이 흐르는 가나안, 어머니의 눈에서 나오는 눈물이 하나도 없는 메마른 광야였다는 것을 알게 되었습니다. 아~, 이 어찌 통탄하지 않을 수 있겠습니까! 이 시대의 믿음의 어머니들이라 하지만, 잘못된 시대 상황과 IQ교육에 의해 깨닫지 못하며, 자식을 우상의 제물로 내어놓고 있지나 않은지요. 남편의 권위를 무너뜨리며, 가정의 선악과를 따 먹기를 반복하고 있지나 않은지요.

기독교 2000년의 역사를 다시 쓰는 현 박사님의 구약의 지상명령과 수평, 수직문화 이론은···.

기독교 2000년의 역사를 다시 쓰는 현 박사님의 구약의 지상명령과 수평, 수직문화 이론은 이 시대의 무너진 가정과 자녀교육에 믿음의 역사를 이룰 것임을 확신합니다. 짧은 기독교 역사에 급성장을 이룬 한국교회에 뿐만 아니라, 전 세계에 이미 불어 닥쳤고, 현재 불어 닥치고 있으며, 앞으로도 불어 닥칠 수평문화의 거센 파도는 우리의 자녀와 그 자녀 세대까지도 충분히 휩쓸고도 남을 엄청난 파괴력을 가진 사탄의 도구입니다.

이 수평문화의 파도와 정면으로 맞서고 있는 현 박사님의 수직문화 전파는 Pre-Evangelism을 위한 복음적 토양교육의 핵심 대안입니다. 그리고 양적 성장을 위한 전도 4영리만 강조한 나머지 구원받은 후 거룩한 하나님의 백성으로 살아내기에 병약한 이 시대의 그리스도인들에게 구약의 지상명령인 쉐마는 Post-Evangelism에 필수 과제임을 확신합니다.

땅끝을 외치던 2000년의 기독교 역사에 현 박사님의 저서 '잃어버린 구약의 지상명령 쉐마'는 가정성전 안에서 다음 세대에 말씀을 전수하라는 수직선교의 탁월한 발견입니다. 이 책은 말세에 주님 오실 길을 예비하는, 그리고 주의 자녀들에게 믿음으로 환란과 고난을 이겨낼 힘을 준비하게 하시는 하나님의 큰 역사 하심임을 짧은 식견으로 읽습니다.

더욱 놀라운 것은 효신학에서 보석 같은 빛을 발견합니다. 일제 식민시대 이후 그나마 남아있던 마지막 예의지국의 자존심까지 짓밟힌 후, 사상도 논리도 없던 한국에 공산주의와 자본주의의 사상으로만 얼룩져 제대로 된 사상과 학문의 깊이를 찾을 길이 없었던 혼란의 시대를 겪고 있는 이때에 효신학을 논리적으로 정립함으로 가정과 학교와 나라의 질서를 바로 잡을 유일한 대안임을 확신합니다. 누구에게나 알리고 전파하여 지금이라도 시급히 도입해야 할 학문임을 확신합니다.

쉐마교육을 받고, 이제 이 믿음의 확실함을 가지고, 세상으로 나가기 전에 먼저 가정으로 돌아가야 함을 절실히 깨닫습니다. 가정에서 순종하는 아내, 희생하는 어머니, 효도하는 딸과 며느리로 살아보고 싶은 마음뿐입니다. 그래서 나 하나의 변화로 정말 어머니의 망가진 못자리가 회복됨으로 아버지의 권위가 회복되고 자녀들의 순종이 회복되어 우리 가정이 믿음의 천국이 될 것을 목도하고 싶습니다.

그리하여, 우리 가정이 무너져가는 하나님의 가정들에게 온전한 쉐마의 모델 터가 되길 소원해 봅니다. 또한, 가정에서 예배로 가정성전을 세워가며, 자녀들에게 말씀과 신앙을 전수하여 시대를 읽는 영적 지도자로 성장해 가길 기도합니다. 앞으로 성경말씀과 현용수 박사님의 쉐마와 인성에 관한 책들을 더 읽고 연구하여 내 안에도 현 박사님처럼 성경말씀에 기초한 쉐마인성을 전파할 수 있는 논리가 세워지길 기대해 봅니다.

참석자들의 증언

청년의 때에
이런 귀한 말씀을 듣는 것이 기적이다
⟨나는 이승만, 박정희 전 대통령을 존경한다⟩

주봉규 학생 (전남대학교 영어영문과 재학, 늘푸른교회 청년부)

"쉐마교육을 받아야 결혼할 자격이 있다"는 말을 듣고 왔다

"결혼은 인생에 있어서 가장 중요하다."

교회에서 목사님을 통해 가장 많이 들었던 말씀 중 하나다. 그리고 쉐마교육에 다녀오신 여러 집사님들과 사모님께서 최근 청년들에게 하셨던 말씀은 "쉐마교육을 받아야 결혼할 자격이 있다"였다. 누구나 결혼을 하고 싶기에, 우리 청년들은 교회에서 함께 이 쉐마교육을 3박 4일 동안 들으러 오게 되었다.

첫 시간부터 내 가슴을 찢었다. 눈물의 샘이 터지고 깊은 회개가 올라왔다

2019년 1월 21일 시작된 첫 시간부터 현용수 박사님의 한 말씀 한 말씀이 내 가슴을 찢기 시작했다. 내가 가지고 있던, 나의 이성 속에 자리 잡았던 의식과 인식들이 깨지는 소리가 들렸다.

아, 내가 얼마나 불효자였던가, 얼마나 가정의 중요성과 부모의 권위와 역할을 모르고 있었던가, 얼마나 내 삶속에 놓치고 있던 부분들이 많았던가, 얼마나 나의 부모님을 공경하지 못했는가. 셀 수가 없었다.

눈물의 샘이 터졌다. 머리가 아닌 가슴으로부터 깊은 회개가 올라왔다. 그와 동시에 또한 감사가 솟구쳐 올랐다. 청년의 때에 이런 귀한 말씀을 들을 수 있다는 사실이 기적 같았다. 아니 기적이었다.

이곳을 추천해 주신 담임 목사님께 감사한다
쉐마교육을 남에게 뭐라고 설명하겠느냐고 물어본다면….

쉐마교육을 남에게 뭐라고 설명하겠느냐고 물어본다면 나는 이렇게 답할 것이다.

"쉐마교육은 마지막 시대의 생존의 비결이다."

이 땅에 가정이 무너지자 수많은 아이들이 타락하고 죄악의 길로 들어섰다. 교육이 무너졌고 대한민국의 현재와 미래의 희망들도 침몰해 가고 있다.

대환란 때, 교회 예배가 사라지는 그 때를 준비하기 위해 쉐마가 필요하다.

교회는 "마라나타 주 예수여 오시옵소서!"라고 외치며 주님의 재림을 준비하라고 하지만, 정작 교회 안에 있는 가정들은 깨지고 부서지고 천국이 아닌 지옥으로 변했다.

마음에 강한 다짐을 하게 된다. 이제 우리는 이 쉐마교육을 통해 무너진 가정을 회복시켜야 한다. 구약의 지상명령을 실천하기 위해 가정식탁예배로 말씀을 전수하며 예수님의 초림을 예비했던 유대인들처럼, 이제 이 대한민국 교회들은 구약의 지상명령을 실천하여 가정을 거룩하게 세워야 한다.

그리고 대환란 때, 교회에서 예배가 사라지는 그 때에, 가정식탁예배로 살아남아 끝까지 구원을 잃지 말아야 할 것이다. 따라서 신약시대의 구약의 지상명령은 주님의 재림을 준비하기 위한 명령이다.

나는 오늘 이 땅을 비출 빛을 발견했다.

언더우드 선교사님이 조선 땅에 도착하여 이렇게 기도했다.

"주여, 지금은 아무것도 보이지 않습니다. 보이는 것은 고집스럽게 얼룩진 어둠뿐입니다."

현재 대한민국을 볼 때 나의 심정도 이와 같다. 어둠만이 가득한 이 땅, 그러나 나는 오늘 이 땅을 비출 빛을 발견했다. 쉐마교육을 통해 하나님 나라의 가정이 세워지고 권위의 회복과 말씀전수, 부모의 역할이 진리 안에서 올바로 확립될 때, 대한민국을 세운 이승만 대통령의 건국이념인 기독교 입국론이 회복될 것이다. 그리고 이 땅에서 우리는 주님의 재림을 맞이하게 될 줄로 믿는다.

나는 전라도 학생이지만 이승만, 박정희 전 대통령들을 존경한다.

나는 전라도 학생이지만 대한민국을 건국하신 이승만 박사님과 경제 대국을 이룬 박정희 전 대통령을 존경한다. 그분들의 피와 땀과 눈물과 헌신과 희생이 아니었다면 우리는 북한의 김일성, 김정일, 김정은의 억압 속에서 얼마나 많은 인권이 유린되었겠는가! 어떻게 하나님의 교회가 살아남을 수 있겠는가! 고로 나는 두 분 대통령을 존경하고 사랑한다.

종북좌파 세력들이 나라를 파괴하는데, 왜 교회 청년 보수들은 잠잠한가?

현용수 박사님의 강의를 들으며 안타까운 생각이 들었다. 저 종북좌파 세력들은 어떻게든 이 대한민국의 헌법과 질서를 파괴하기 위해 끊임없이 칼을 갈며 우는 사자와 같이 달려드는데, 왜 우리 청년 보수들은 이리도 순한 양처럼 관망만 하는가!

그 동안 받아왔던 교회교육이 잘못되었음을 깨달았다. 기독교인은 무조건 착하기만 하면 안 된다. 예수님처럼 비둘기처럼 순결해야 하지만 진리를 지키기 위해서는 뱀처럼 지혜(슈르드)로워야 한다. 즉 유대인처럼 진리와 나라를 사수하기 위해서는 뱀처럼 슈르드하고 독수리 같은 그리스도의 좋은 군사가 되어야 한다.

더 이상 물러설 곳이 없다. 현용수 박사님의 유대인의 4차원 영재교육과 고난의 역사교육 강의는 내 안에 숨어 있었던, 주님의 형상인 독수리 용사의 기질을 깨워주셨다. 박사님의 말씀처럼 청년인 우리부터 이제 자랑스런 대한민국을 지키기 위해 싸움닭이 돼야 한다. 거룩한 분노로 일어서야 한다.

하나님 나라의 거룩한 쉐마교육의 가치늘을 이 땅에 온전히 풀어놓기 위하여 우리는 그 누구보다 열심히 달려가야 하리라. 세상을 향해 포효하시는 유다의 사자 예수 그리스도, 그분의 용맹함과 용기가 이 땅이 회복되길 원하는 주의 자녀들에게 쏟아지고 부어지기를 소망한다. 두려워하지 말아야 한다.

나는 결단한다. 이 청년의 때에 진리 안에서 올바른 자녀의 모습으로 살아가리라. 그리하여 훗날 가정 안에서 자녀를 교육할 때 올바른 자녀의 모습이 어떠한 것인지 나의 삶으로 보여주리라.

이 무너진 세대 가운데 내가 먼저 주님의 독수리가 되어 독수리 새끼들을 키울 수 있는 남편이자 아비이자 하나님 나라의 좋은 군사로 일어서리라 굳게 다짐한다.

참석자들의 증언

조선족 탈북자 선교사가 경험한 현용수의 인성교육 강의

김학송 교수

(전 평양과기대, 조선족 출신 탈북 선교사)

〈편집자 주: 김학송 교수는 중국 조선족 출신으로 미국 시민권자입니다. 중국에서 교수 생활을 하다가 북한에 가서 교수로 사역을 하다가 북한 정권에 의해 국가 전복죄로 1년 동안 억류된 후, 미국의 트럼프 대통령 시절 국무장관 폼페이어가 2018년 5월 9일 북한에 가 한국계 미국인들을 구출했을 때 나왔던 3명의 인사 중 한 명입니다.〉

내가 현용수 박사님의 '유대인의 쉐마교육'에 관하여 처음 알게 된 것은 20여 년 전 미국 LA의 조선족 출신 최민 목사님을 통해서입니다. 그러나 그 때는 신학공부를 갓 시작했을 때라 '쉐마교육'은 교회의 영성훈련 프로그램 중 하나인줄 알았습니다. 그리하여 나도 언젠가는 '쉐마영성' 훈련에 참가해야지 하는 생각을 늘 가지고 있었습니다.

20년이 지난 후 2021년 10월 나는 미국 LA의 중국 선교사 출신인 김대준 목사님으로부터 현용수 박사님의 '유대인의 고난의 역사현장교육' 책을 선물로 받고 단숨에 다 읽었습니다. 그리고 그 목사님의 소개로 저자인 현용수 박사님을 직접 만나 교제할 수 있는 축복을 누리게 되었습니다.

그리고 이번에 온라인으로 개최하는 2022년 쉐마리바이벌 봄캠프 인성편 '다음 세대를 살리는 쉐마교육'에 등록하게 되었습니다. 매주 목요일에 8주에 걸쳐 총 16강을 들었습니다. 그 강의 소감을 아래와 같이 나누려고 합니다.

1. 현 박사님의 주님을 향한 질투와 뜨거운 열정에 감동을 받았습니다.

> "제사장 아론의 손자 엘르아살의 아들 비느하스가 나의 질투심으로 질투하여 이스라엘 자손 중에서 나의 노를 돌이켜서 나의 질투심으로 그들을 진멸하지 않게 하였도다." (민 25:11)

비느하스가 여호와의 거룩한 질투심으로 그 당시 타락하여 이방 여인과 간음한 시므리를 창으로 찔러 죽인 것처럼, 현 박사님의 강의는 실패한 2세들의 인성교육에 대하여 현 제도권 교회들의 오류에 대하여 하나님의 거룩한 질투심과 분노가 표출되었습니다.

그리고 그의 열정적인 강의에 감동되어 매번 LA 새벽 3:30분부터 시작하여 아침 6:30분에 끝나는 온라인 강의이지만 피곤한 줄 몰랐습니다. 강의를 들으면서 현 박사님이야말로 이 시대 하나님의 거룩한 질투심을 가진 비느하스와 같은 선지자적 기름부음을 받으신 분이시구나 하는 감동을 받았습니다.

2. 우리 민족의 수직문화를 통하여 다음 세대들을 독수리민족으로 키우자.

현 박사는 "유대인은 수직문화인 전통교육과 민족의 고난역사를 기억하고 그 역사를 전수하기 때문에 무너지지 않는다."고 하면서 "우리 한민족도 한민족의 전통적인 수직문화를 가르치고 또 고난의 역사를 기억시키는 역사교육이 반드시 필요하다."고 말했습니다.

> 마치 독수리가 그 보금자리를 어지럽게 하며 그 새끼 위에 너풀거리며 그 날개를 펴서 새끼를 받으며 그 날개 위에 그것을 업는 것같이
> (신 32:11)

이 말씀의 뜻은 하나님은 이스라엘 민족이 영적인 측면에서 '제사장의 나라'가 되길 원하셨고, 민족적으로는 '작지만 강한 독수리 민족'이 되길 원하신다는 의미입니다. 신약시대 제사장 나라는 예배와 기도, 성경공부로 가능하지만, 독수리 민족은 고난 교육과 고난을 기억하는 쉐마교육 등으로 가능합니다.

현 박사님은 "유대인이 탁월한 민족이 된 것은 성경공부만 잘해서 된 것이 아니요, 효와 고난을 기억하는 수직문화와 전통을 강조한 절기교육이 있었기에 가능했다."고 하면서 "성경공부만 잘할 경우 제사장 나라는 될 수 있지만, 그 나라를 지킬 만한 독수리 민족은 될 수 없다는 점을 명심해야 한다."고 강조했습니다.

현 박사님은 한국교회의 기독교교육에 문제점이 많다고 지적하면서 "교회는 다음세대들에게 성경은 열심히 가르치지만 한민족의 수직문화와 고난의 훈련과 고난의 역사를 기억하는 교육이 없다."고 하면서 "성경공부로 영성이 높아지는 데는 성공했지만, 독수리 같은 큰 인물이 나오지 않는 이유가 고난의 역사를 기억하는 교육이 없었기 때문이다."고 말했습니다.

오늘날 우리 한민족 후손들에게 도산 안창호, 주기철 목사, 손양원 목사님과 같으신 훌륭한 인물들이 나오지 않는 것은 우리 민족의 수직 문화를 가르치지 않기 때문입니다.

현 박사님은 우리 교육은 기독교인이 되기 전 먼저 사람다운 사람을 기르는 것이 더 중요하다고 말씀하십니다.

따라서 좋은 기독교인이 되기 위해서는 우선 "첫째, 사람이 되라, 둘째, 기독교인이 되라"입니다. 때문에 우리 민족 다음 세대들에게 한국의 수직문화와 기독교교육을 조화롭게 잘 가르쳐 그들을 스룹바벨 세대들로 양육하는 일이 매우 중요합니다.

도산 안창호 선생님은 다음과 같이 말씀하셨습니다. "가장 민족적인 것이 가장 세계적이다!" 곧 신언서판(身言書判)에 기(技)를 더하는 우리식 수직문화를 가르쳐 그들 중에 도산 안창호, 주기철 목사님, 손양원 목사님 같은 훌륭한 리더들이 나오도록 해야 합니다.

3. 우리 민족 수직문화를 통하여 후세들에게 성경적인 "조국관"을 심어주자!

1995 2005년 10년 간 북한은 "고난의 행군"시기를 겪으면서 300만명이 굶어 죽는 참사가 발생했습니다. 더구나 분단 70여년 동안 북한은 국제적으로 수많은 경제제재와 자연재해 속에서도 지금까지 버티고 살아남았습니다.

그것은 그들 나름대로 비록 허구이지만 "북한식 수직문화"와 "북한식 고난의 역사교육" 때문이라는 것을 이번 현 박사님의 강의를 들으면서 깨달았습니다.

나도 중국에서 자라면서 어린 시절에 설날, 청명절, 국경절 등 명절이 되면 온 학교가 총동원하여 열사기념비에 가서 '열사들을 기리는 행사'에 참가했으며, 중국정부가 지정한 '역사유적지를 탐방'하는 행사에 참가했습니다. 물론 그 당시는 그런 행사에 참석하지 않으면 '회중'에서 왕따를 당하고 반동으로 낙인찍히는 때였습니다.

오늘날 한국에서 자란 한국인과 중국에서 자란 조선족은 동족이지만 두 나라에서 가르치는 '국가관'이 서로 다르기 때문에 '조국관'이 다르다는 것을 깨달았습니다. 한국인의 조국은 대한민국이지만 중국의 조선족은 중국입니다. 그 결과 서로 반목하고 있음을 깨달았습니다. 그리고 조선족은 대한민국에 쉽게 동화되지 못하고 있습니다. 그만큼 어릴 때 배웠던 국가관이 중요합니다.

한국에 노동자로 가 있는 근 70만의 대부분 조선족들은 대한민국에 동화되지 못하고 여전히 중국을 조국으로 여기며 "중국의 조선족"으로 살고 있습니다. 한국문화에도 잘 적응하지 못하고 있습니다. 따라서 그들은 한국의 혜택은 누리지만 충성은 한국이 아닌, 중국에 하고 있습니다. 완전히 중국 편입니다.

그렇다면 70년간 "김일성 주체사상"과 "북한식 수직문화" 교육을 받고 자란 북한 젊은이들과 한국의 젊은 세대들 간의 "조국관" 차이와 문화차이는 얼마나 크겠습니까? 북한은 70여년의 세뇌교육으로 북한 백성을 "김일성 민족"으로 만들어버렸습니다.

또한 인성교육학적 입장에서 중국 조선족과 북한 백성들의 차이는 같은 공산권 나라이지만 문화와 전통의 차이도 있지만 특별이 '조국관'이 다른 것입니다.

나도 예수님을 인격적으로 만나기 전 다른 조선족처럼 '나의 조국'은 중국인 줄 알았습니다. 그러나 예수님을 만난 후 나의 조국은 중국이 아니고, 한국도 아니고, 더구나 북한도 아닌, 오직 통일된 대한민국만이 나의 진정한 조국이라는 것을 깨달았습니다.

그런데 이번에 현 박사님의 유대인을 모델로 한 대한민국 국가관 강의를 듣고 통일된 대한민국은 북한식으로 통일된 나라가 아니고 미국식 자유 대한민국의 체제로 통일된 대한민국임을 깨달았습니다.

사실 조선족은 이런 국가관과 조국관이 바르게 정리되지 않아 그 동안 많은 오류를 범했습니다. 이번에 확실하게 정리가 되어 감사합니다.

4. 결론, 현 박사님의 강의를 들으면서 새로운 사명이 생겼습니다.

오늘날 우리 한민족의 거국적인 사명은 '大韓民國'(대한민국)의 통일과 '大韓' (대한) 답게 세계선교를 담당하는 것입니다. 그동안 한국교회의 교육은 세계선교에 너무 비중을 많이 두었습니다. 그 결과 세계선교를 하는 데는 '성공'했을지 몰라도 '大韓人'(대한인)이 되는 것과 '대한민국' 통일에는 실패를 했습니다.

그것은 우리 민족 디아스포라 다음세대들, 특별히 탈북자 자녀들을 우리 민족의 '수직문화'와 '기독교 문화'로 교육하여 그들을 통일의 스룹바벨 세대들로 키우는 것입니다.

우리말에 "百年之計(백년지계)는 莫如樹人(막여수인)이라"는 격언이 있습니다. 백 년의 큰 계획을 세우려면 인재를 길러 양성하라는 뜻입니다. 때문에 우리 민족의 다음 세대들을 대한의 수직문화와 기독교문화로 잘 교육하여 그들이 진정한 '大韓人'(대한인)이 되고, 또 '大韓人'(대한인)답게 '大韓'의 통일과 세계선교를 감당하는 군사들로 키우는 사역에 헌신해야 하겠나는 결단을 하게 되었습니다!

감사합니다!

참석자들의 증언

다시 태어나는 삶을 경험했습니다
〈한국과 세계의 가정을 살리는 쉐마교육이다〉

신덕신 박사 (목사, 간호학 박사, 정신질환 사역)

• 한국 Trinity Theological Seminary (M.Div. 졸)
• 한양대학 의과대학 간호학 박사
• 한양대학교병원 간호부장 역임
• 현 한마음치유공동체 담당목사(정신질환 사역)

최근에 어느 선교사님 가정에 4자녀가 있는데 미국에 있는 자녀가 자살을 했다고 했다. 이틀 후 새벽에 한국에 있는 자녀(대학1)도 자살을 시도했다는 연락을 받았다. 응급실을 통해 입원시키도록 하면서, 왜 이렇게 선교사님, 목회자 및 교회 중직자 가정의 자녀들이 무너지고 있을까?

어떻게 하면 이들의 가정을 살릴 수 있을까? 고민하며 기도하던 중 박영재 원장님(의사)으로부터 연락을 받고 평소에 궁금해 하던 유대인의 쉐마교육에 참여하게 되었다. 강의를 들은 소감을 간략하게 소개한다.

1. 구약의 지상명령 쉐마(창 18:19; 신 6:4-9)는 수직 선교이다.

'구약의 지상명령'은 부모가 자손대대로 하나님의 말씀을 전수하라는 것이다. 3대가 세대 차이가 없으면 영원히 세대 차이가 없다는 현용수 박사님의 강의는 저에게는 커다란 충격이었다. 지금 현 시대의 가정의 문제, 교육의 문제점을 해결할 수 있는 방법을 논리적으로 정확하게 풀어 주심에 머리와 가슴이 시원해졌다.

구약의 지상명령에 쉐마에 대칭되는 지상명령은 신약의 지상명령이다. 이것은 이웃전도와 세계선교, 즉 수평선교다. 그런데 신약의 성도들은 신약의 지상명령만 알고 이에 매진하다가 정작 자신의 자녀들에게 제대로 말씀을 전수시키지 못했다는 것이다. 고로 한국의 가정들이 무너져 버림으로 한국교회도 함께 무너져갈 수밖에 없다는 것을 알게 되었다.

강의를 들으면서 '나 자신과 우리 가정'도 예외가 아니었음을 깨달았다. 정신과 의사인 남편과 저는 자녀들이 믿음으로 잘 자라주기를 기도했다. 그리고 본인들은 평생 직장생활과 강의 그리고 공부하느라 자녀들이 필요할 때 옆에 있어 주지를 못했다.

본인들이 가정에서 하나님의 말씀을 전수하기 보다는 교회에 모든 것을 맡겼다. 자녀들이 "교회 다니니까 괜찮겠지"하며, "교회 수련회를 통해 훈련 받으니까"라며, 교회에 자녀들의 신앙교육을 일임 했던 나 자신과 남편의 모습에서 회개가 터져 나올 수밖에 없었다.

강의를 들으면서 가슴 저리도록 눈물로 회개했다. "주님 용서해 주십시오." "자녀들이 말씀으로 삶을 살아낼 수 있게 해 주십시오" 기도하며 시간 시간 강의에 푹 빠져서 집중하게 되었다. 현 교수님 강의는 생명수가 터져 나오듯이 머리부터 발끝까지 새로운 신대륙을 경험하게 하였다.

이제라도 일주일에 한번이라도 토요일 가정 식탁 예배를 실천하여 3대가 말씀을 나누고 훈련하고자 한다. 그리고 그 외에도 가장 잘 실천할 수 있는 방법들을 먼저 시도해 보기로 다짐합니다.

2. 어떻게 유대인들은 4000년간 믿음을 지켰는가?

"믿음은 바라는 것들의 실상이요, 보지 못하는 것들의 증거니, 선진들이 이로써 증거를 얻었느니라." (히 11:1-2)

현 박사님은 이 말씀을 근거로 아브라함의 믿음을 설명했다. 그는 2000년 후에 예수님이 오실 것을 믿음으로 그 시대의 고난을 극복할 수 있었다는 것이다. 그리고 4000년 후에는 한국이라는 작은 나라에도 예수님의 복음이 전해져서 자신의 믿음의 후손들이 많아질 것을 믿음으로 바라보며 기뻐하셨다고 하셨다.

앞으로 우리도 유대인 교육 쉐마만이 답임을 알고 실천한다면 세계가 믿음의 가정들로 연합할 수 있을 것이다. 그리고 그로 인해 자손 대대로 세대차이를 느끼지 않고 말씀을 맡은 자(롬 3:2)들로서의 역할을 잘 할 수 있을 것이다. 이것은 구약 성경을 구원론적 접근이 아닌 교육학적인 접근에서 그렇다고 하셨다.

3. 왜 기독교인이 유대인의 자녀교육을 배워야 하는가?

강의에서 현용수 박사님은 한 번도 듣지 못했던 감람나무의 접붙임 비유(롬 11장)를 들어 왜 기독교교육에 유대인 교육이 필요한지를 설명해 주셨다. 유대인은 참감람나무이고, 이방 기독교인은 돌감람나무인데, 전자는 뿌리이고 후자는 가지라는 것이다. 따라서 뿌리인 참감람나무(유대인)가 가지(이방 기독교인)를 보전한다는 것이다(롬 11:12).

> 또한 가지 얼마가 꺾여졌는데 돌감람나무인 네가 그들 중에 접붙임이 되어 참감람나무 뿌리의 진액을 함께 받는 자 되었은즉, 그 가지들을 향하여 자긍하지 말라. 자긍할지라도 네가 뿌리를 보전하는 것이 아니요, 뿌리가 너를 보전하는 것이니라. (롬 11:17-18)

뿌리인 참감람나무(유대인)에 접붙임을 받은 돌감람나무 가지(이방 기독교인)는 자신들이 생존하기 위해서 뿌리의 진액을 공급받아야 한다는 것이다. 뿌리의 진액 자체가 구약의 언약을 포함한 구약성경이다. 그 말씀을 전수하는 방법이 바로 유대인의 쉐마라는 것이다. 이 비밀을 살아 계신 하나님께서 현용수 박사님께 알려 주신 것이다. 감사합니다.

4. 왜 부모를 공경해야 하는가?

엡 6:1-2절에 "네 부모를 공경하라. 이것이 약속 있는 첫 계명이고…"라는 말씀이 있다. 부모공경을 잘해 말씀 맡은 자가 되어야 신 28:1-14절의 축복을 받게 된다는 것이다. 부모공경은 하나님의 자녀들에게 부모에게 순종하라는 명령(레 19:3)이고, 부모를 공경하지 않는 것은 하나님께 불순종임을 하나님의 말씀으로 풀어 주셨다.

우리 가정의 효에 대한 점검을 해 보았다. 자녀들에게 효도하는 자녀가 되게 해달라고 계속 기도하면서 키웠지만 효도해야 하는 이유와 방법은 알려주지 않는 껍데기 신앙이었음을 회개 하게 되었다. 지금이라도 가정은 성전이며 부모를 공경하는 것이 하나님께 순종하는 것임을 훈련 하도록 해야 하겠다.

현 박사님 강의 내내 통곡을 하며 강의를 들었다. 특히 현 박사님의 어머니에 대한 효성이 감동이었다. 가슴으로부터 나온 어머니에 대한 사랑과 감사와 "우리 어머니가 세계에서 가장 훌륭한 여자"라고 고백하시는 모습에서, 그렇게 사랑할 수 있는 현 박사님의 효성에 감탄할 수밖에 없었다.

나와 남편이 사역하고 있는 정신질환 공동체 가정도 이와 같이 부모를 공경하는 효성이 가득한 가정으로 만들기 위해 쉐마교육과 부모공경에 대한 커리큘럼을 만들어 진행해 보려 한다.

5. 왜 유대인의 고난의 역사교육과 절기교육이 중요한가?

유대인은 항상 고난의 역사를 기억하고 그것을 자녀들에게 묻고 가르치고 생각한다. 나는 부모로써 우리의 옛날을 기억하고 역대의 연대를 묻고 생각하는가?

> 옛날을 기억하라, 역대의 연대를 생각하라, 네 아버지께 물으라, 그가 네게 설명할 것이요, 네 어른들에게 물으라, 그들이 네게 말하리로다. (신 32:7)

나는 자녀들이 애국 애족자가 되기를 항상 기도해 왔다. 가끔씩 역사박물관, 유관순 기념관, 유적지를 돌아보았다. 그러나 유대인들처럼 교육을 잘 시키지 못했음을 고백한다. 즉 역사의식이 있는, 생각하는 사람으로 키우지 못했음을 회개했다. 가정과 공동체가 함께 역사의식이 있어야 하는데 이런 교육을 시키지 않았다. 대부분 한국인이 그랬을 것이다. 그 결과 대한민국은 정체성이 흔들리며 사라질 위기를 맞고 있다.

가슴속에서 불이 일어났다. 이제라도 시작해야 한다. 하나님이 저에게 손자 2명, 손녀 4명을 주셨다. 이제라도 이들에게 한국의 고난의 역사 현장을 돌아보게 하며 우리 선조들의 고난의 역사를 가르쳐야겠다. 유대인들처럼 한국인으로써의 바른 국가의 정체성을 가정과 한마음 치유공동체 식구들에게 가르쳐 "한국을 위해 열심히 살겠다!", 이런 하나의 통일성(unity)으로 발전시켜야 한다는 사명을 갖게 되었다. 그 모델이 유대인이다.

유대인의 고난의 역사교육 방법으로 절기교육(유월절과 초막절 및 오순절 등)이 있다. 이것은 아무리 강조해도 지나치지 않는다. 왜 유대인은 초막절(수카)을 지키는가? 자기 조상들이 시내 광야에서 40년을 초막을 치며 다녔다는 것을 기억 허기 위함이다. 지금도 유대인들은 실제 이 절기에 초막(tent)을 치며 3대가 함께 음식을 먹으며 몸으로 조상들의 고난을 체득하는 훈련을 한다.

6. 왜 국가관의 논리를 알아야 하는가?

　1980년대 중반부터 대한민국은 모든 근무자들을 노동자로 지정하고 노조운동이 일어났다. 병원에서 간호부장으로 근무했던 시절 갑자기 병원은 파업현장으로 바뀌었다. 근무자들을 근무현장으로 가지 못하게 했다. 입원한 환자들은 퇴원해야 했고, 항암치료를 받아야 될 환자분들이 입원을 하지 못하는 초유의 사태가 벌어졌다.

　미숙아실 간호사를 빼버려 병실 패쇠를 경험했다. 기가 막힌 상황을 눈물로 호소하며 도와 달라고 했다. 지금도 당시 왜 이런 일이 일어났는지 아찔하다. 한국 노조 역사의 최전방에 있었기에 더 처설했나.

　22년 동안 22번의 파업을 경험하며 그 이유를 알게 되었다. 이념의 다름이 이렇게 큰 재앙을 낳는다는 것을…. 그 당시 왜 독수리 같은 유대인처럼 대항을 하지 못했을까? 이번에 현 박사님의 '이스라엘을 모델로 좌파 논리 쪼개기' 강의를 들으면서 당시 그들과 맞설 수 있는 논리와 지식이 전혀 없었거나 있어도 너무 빈약했기에 그렇게 당할 수밖에 없었다는 것을 뼈저리게 깨달았다. 철저한 국가관과 직업관으로 무장하지 않으면 우리는 넘어질 수밖에 없다는 것을….

7. 결론

　이번 강의를 통해 나의 삶 전체를 구약의 지상명령 쉐마의 관점에서 다시 조명하는 시간을 가졌다. 그런데 저는 신앙 안에서 기도하면서 살았다고 하지만 유대인에 비해 얼마나 형편없이 살아왔는지를 깨달았다.

　이번에 현 박사님이 유대인을 모델로 한국인 기도교인들에게 구체적인 대안을 제시해 주셔서 감사하다. 이번 쉐마 강의를 통해 다시 태어나는 삶을 경험 했습니다. 앞으로 유대인의 교육 쉐마만이 그 답임을 알고 실천할 때 한국인의 가정뿐만이 아니라 세계의 가정들이 살아날 것이라는 불이 일어났다.

　예수님으로 거듭난 영혼에 다시 쉐마로 거듭난 성경적인 삶으로 연결시켜 많은 생명을 살리고 가정과 교회와 나라와 민족을 살릴 수 있다는 확신이 들었다. 다시 한 번 현용수 박사님께 감사드립니다.

　하나님의 섭리로 귀한 만남을 허락하신 하나님께 영광을 돌립니다.

참석자들의 증언

가정들이 처참하게 깨어지는데 교회는 무엇을 하고 있는가?
〈구약 성경과 유대교에서 신약 성도들과 개신교는 무엇을 배워야 하는가?〉

민현식 박사 (서울대 국어교육과 원로교수)

- 서울대학교 국어교육과 원로교수
- 제9대 국립국어원 원장
- 한국문법교육학회 편집위원회 위원장
- 제5대 국제한국언어문화학회 회장

1. 구약의 지상명령의 중요성을 일깨우는 놀라운 시간이었다.

2022년 여름에 현용수 박사님의 쉐마교육(전체 8주 16강)을 들었다. 쉐마(shema)는 하나님 말씀을 '들으라'는 뜻의 히브리말이다(신명기 6:4-9). 쉐마교육은 어버이가 가정에서 자녀에게 하나님 말씀을 부지런히 가르쳐 자녀를 하나님의 자녀로 직접 기르라는 가르침을 실천하는 교육이다. 유대인들이 유대교 신앙에서 얼마나 철저히 쉐마교육을 통해 가정을 신앙 공동체인 가정교회로 이루고 있는지를 보여 준다.

그런데 자녀에게 말씀 교육을 직접 하거나 가정예배를 드리지 않으면서 자녀를 교회에 보내는 것으로, 교회의 목사님과 교회학교 선생님께 또는 학교 선생님께 맡기고 어버이의 역할을 다한 것으로 착각하는 어버이들이 얼마나 많은가.

그런 가정의 자녀들은 어버이에게서 신앙을 배우지 못해 2, 3대를 가면 신앙을 잃기 쉽다. 그런 나라의 기독교도 100년을 넘어 오래 가지 못한다. 오늘날 청소년 2%만이 교회를 출석하여 교회학교가 없는 교회가 절반에 이른다고 하는 한국교회의 현실이 이를 증명한다.

쉐마교육은 "구약과 유대교에서 신약 성도들과 개신교는 무엇을 배워야 하는가?"라는 질문을 일으키고 우리의 영혼을 일깨웠다. 한국 교회도 소아시아 교회처럼, 서구교회처럼 유적물과 노인들만 남아 예배드리는 관광지 교회로만 남을까 우려스러웠다.

복음을 땅끝까지 전파하라는 신약의 지상명령(마 28:19, 20)만 알아 왔던 개신교인에게 자손만대에 복음 위에서 하나님 경배와 이웃사랑의 삶을 복음적으로 자자손손 대대로 실천하는 구약의 지상명령(창 18:19)이 있다는 것은 당연한 것 같으면서 너무나 소홀하였던 가정교회(가족 신앙 공동체, 가문 신앙)의 중요성을 일깨우는 놀라운 시간이었다.

그동안 구약 안에 담긴 복음의 정신을 제대로 실천하지 않았던 개신교회에 개신교 신앙이 혹시 외화내빈, 사상누각, 허장성세의 신앙은 아니었는지 되돌아보게 하였고 우리가 얼마나 우주의 가스 덩어리같이 무수한 죄악과 교만의 덩어리인지 우리가 단지 먼지 덩어리(시 103:14)만도 못한 존재로 구원받게 되었음을 통렬하게 깨닫게 하였다.

이 허약한 부분은 구약에서 더 실천적으로 배우고 유대교 신앙의 전통에서 장점을 살리고 신약의 은혜의 뿌리를 헤아려 배우고 익혀야 할 것이다.

2. 가정들이 처참하게 깨어지는데 교회는 무엇을 하고 있는가?

쉐마교육은 창세기 에덴동산에 창조하신 가정이 아담과 하와의 불순종으로 깨어지고 무너진 상태가 현대사회에도 계속 확대되고 있다는 것과 가정이라는 육신적 혈육 공동체를 영적 신앙 공동체로 제대로 세우는 일이야말로 가족이 거듭나는 것이요, 예수님의 몸된 가정교회가 가정에 세워지는 것이며 가장 중요한 신앙 공동체가 확립되는 것임을 일깨웠다.

가정교회로 성전화(聖殿化)하는 가족 신앙을 기초로 대대로 가문 신앙, 부족 신앙, 민족 신앙으로 발전해 온 유대교 신앙의 정신이 오늘날 개신교 국가들과 한국 교회 교인들에게도 절실하다는 회초리같이 아픈 가르침이었다.

그런데 오늘날 유럽을 필두로 전 세계 가정들이 사탄에게 노략질당하여 처참하게 깨어지고 파탄지경인데 세계 교회는, 한국 교회는, 우리 교회는 무엇을 하고 있는가?

그동안 오랜 세월 개인 구원과 사회 구원의 논쟁에 몰입해 왔고 오늘날은 아직도 한국 교회 안에 지역 갈등과 좌우 진영의 대립이 뿌리 깊게 남아 성도와 그 가정들이 썩어지고 무너져 가고 있는데도 정신을 못 차리고 있다. 이 시대 영적 대각성은 상처투성이의 수많은 가정의 회복을 위해 쉐마교육으로부터 시작되어야 할 것이 아닐까?

예수님은 너희가 하나 되라 하셨는데 복음을 믿는다면서도 복음 신앙의 심리 밑바닥에는 가장 원초적인 지연(地緣) 의식, 혈연(血緣) 의식이 뿌리 깊고, 학연(學緣) 의식도 얽혀 있다. 복음으로 하나 되려면 학연, 지연, 혈연 의식을 초월해야 하는데 복음 안에서 한 교회 안에서도 그렇지 못한 것이 현실이다.

특히 하나님(교회) 사랑, 나라 사랑, 이웃 사랑의 삼애(三愛) 사랑으로 하나 되어 일치되어야 할 성도들이 교회 안에서도 원시적 정치 대립의식에서 벗어나지 못함을 볼 때 망국적 사색당파 분열 정치의 뿌리가 우리의 신앙보다 뿌리 깊은 죄악으로 도사리고 있음을 보게 된다.

3. 교회에서 행하는 가정 양육 프로그램은 가정예배 문화로 승화하고 가문의 신앙적 절기 의례로 정착하지 못하였다

그동안 개신교 교회가 가정 교회, 가족 신앙을 무시한 것은 아니라고 할 수 있다. 교회마다 5월 가정의 달을 지내며 가정의 중요성을 일깨우고 아버지 학교, 어머니 학교, 새생활 세미나, 가정예배교육 등 가정 양육 프로그램이 다양하게 있어 왔고 효과도 있었다.

그러나 대부분 프로그램으로 끝나거나, 몇 달 지속되는 효과가 있었을 뿐이다. 공동체의 교회 예배보다 더 앞서서 더 중요하게 가정이 성전화하여 개인 신앙이 가족 신앙으로 굳건히 세우는 데 이르지 못하였다. 가정예배를 든든히 세우지 못하였다. 가정예배 문화로 승화하고 가문의 신앙적 절기 의례로 정착하지 못하였다.

개인 구원도 가족 구원의 가정교회로 정착하지 못하면 미완의 구원이고, 사회 구원도 가족 구원의 가정교회를 기초로 실천되지 않으면 미완의 구원일 뿐이다.

복음의 말씀을 통해 개인 구원의 신앙을 굳건히 하면 가족 구원과 가정교회의 신앙이 완성될 것이고, 이러한 신앙의 가정들이 모여 사회 구원, 민족 구원, 나라 구원도 완성되는 것이다. 따라서 다시금 가정 회복, 가정 교회 건립을 명령한 구약의 지상명령을 우리는 실천하여야 한다.

4. 유대인은 성경의 사건을 기억하기 위하여 절기로 만들어 지키는데 우리는 무엇이 있는가?

흥미로웠던 것은 유대 전통문화와 한국 유교(儒教) 전통문화는 공통점이 많다는 점이다. 말씀을 아버지가 권위 있게 가르치고, 어머니는 가정 살림을 규모 있게 다스리는 엄부자애(嚴父慈愛)의 부모 역할, 근검절약의 생활관, 3대 공존의 대가족제도와 효도 및 경로 문화, 절기를 통한 가문의식의 법도 문화가 유사하다는 것이다.

그러한 유교 문화의 토양 위에서 근대 개신교 전래 이래로 성경을 읽고 예수 그리스도를 구세주로 믿은 분들이 한국 개신교 1세대로서 위대한 목회자, 순교자, 부흥사 등 교회 지도자가 되어 주기철, 손양원, 한경직, 조용기 목사 등을 배출하였고, 이승만, 서재필, 김구, 안창호, 조만식, 유관순 등 수많은 인물을 배출하였다는 점에서 우리의 유교 전통문화는 조상신 숭배의 제사 의식만 빼면 오히려 유대교 전통과 유사하여 개신교 발전의 원동력으로 작용할 수 있었다는 점에서 우리의 유교 문화의 전통을 무조건 폄훼할 것은 아니다.

5. 유대인의 문화는 말씀에 근거하여 고난을 기억하고 절기로 승화시킨 문화라는 점이다.

> "옛날을 기억하라. 역대의 연대를 생각하라. 네 아버지에게 물으라. 그가 네게 설명할 것이요, 네 어른들에게 물으라, 그들이 네게 말하리로다." (신 32:7)

유대인은 위 말씀처럼 성경의 사건들을 대대로 자손이 묻고 어른이 대답하면서 기억하고 절기로 만들어 지킨다. 유대인의 3대 절기인 유월절은 출애굽의 해방을 기념하고 감사하며 유월절 어린양 예수 그리스도의 수난과 부활의 그림자로 부활절을 예표한다. 칠칠절은 첫 수확의 낫을 대는 날부터 7주간 감사하는 절기로 시내산에서 율법을 받은 것을 기념하며, 신약의 오순절 성령강림을 예표한다.

초막절은 초막을 짓고 출애굽 후 40년간 광야에서 지낸 조상의 광야 생활을 기념하여 우리의 추석에 해당하며 신약의 추수감사절과 구원의 추수를 예표한다. 고난과 감사가 어우러진 절기 문화를 대대로 이어 오니 세대차가 없는 기억의 민족이라고 한다. 얼마나 훌륭한 교육의 방법인가. 하나님이 그렇게 하라고 시켰기 때문이다(레 23장). 따라서 유대인 교육 방법은 하나님의 방법이다.

한국 교회는 부활절, 오순절, 추수감사절 외에도 고난의 역사를 기억하고 기념할 책임이 막중하다. 삼일절, 4.19, 5.16, 1948년 5.31 제헌국회 개원기념일, 6.6 현충일, 6.25 사변, 7.17 제헌절, 8.15 광복절, 1910년 8.29 강제 한일합방 국치일(國恥日), 10.3 개천절, 10.9 한글날과 성경을 연계해 기억하고 기념할 일이 수두룩한데 역사의식이 없다 보니 제대로 기억하고 기념하지 않는다. 적어도 8.29 국치일을 반성하고 기억해야 그런 수치의 역사를 다시 반복하지 않을 것이 아닌가.

교회학교 공과책에서도 구약의 3대 절기의 의미를 비롯하여 삼일절, 현충일, 6.25, 제헌절, 광복절, 개천절, 한글날 등 성경과 교회사를 연계해 가르칠 것이 많은데 성찰하고 기념하지 않고 다음 세대에게 가르치지 않으니 조국 대한민국과 한국 교회에 대한 정체성도 자부심도 길러 주지 못하고 있다. 귀 있는 자는 들을지어다.

6. 현용수 박사님의 강의 논리는 미주 한인의 정체성 고민에서 시작하여 유대인 교육에서 답을 찾았다.

현용수 박사님의 실천적, 체험적 강의와 설교의 근본은 70년대 미국 이민으로 가서 부딪친 이민자의 정체성 문제에 대한 고뇌에서 싹튼 것으로 보인다. 희망찬 이민자의 삶을 시작하고 부지런히 고생하여 어느 정도 성공적으로 이민자의 삶에 안착할 즈음에 현용수 박사님 부부와 자녀들이 각각 미국에서 한국계 미국인(Korean American)으로서 정체성을 고민하게 되면서 그 문제의 해답을 유대인 이민자 공동체의 가족 신앙과 가정교회의 모습에서 해결할 수 있었던 것이다.

특히 다음 세대가 국어를 잃어버리고 영어문화로 동화되어 가고 한국 전통문화를 버리고 미국문화에 동화되어 이민 가족의 한국인 정체성이 무너져 가기 시작하면서 이 문제를 어떻게 해결할 것인가 고심할 때 구약적 유대인 공동체의 삶에서 해답을 발견한 것이다. 그리고 현용수 박사님이 여기에 더 확신했던 것은 그의 박사학위 논문에서 이것을 통계학적으로 증명했기 때문이다.

이민자 가족들이 세대차로 갈등할 때, 유대인은 세대차가 없다는 점, 전통문화 특히 고난의 역사를 고난의 절기로 승화시켜 전승하며 굳건히 하나로 연대하고 미국 사회에서도 당당하게 주류사회에 진입하여 미국인과 유대인의 이중정체성을 당당하게 지켜나가고 더 나아가 세계인으로서 국제적 정체성을 누리고 사는 것을 볼 때 한인 교민사회에서 다음 세대 문제의 해답을 유대인의 쉐마교육에서 찾게 된 것이다.

7. 쉐마교육의 가정회복운동은 현용수 박사님의 자녀교육 사례를 본받아 말세에 대부흥, 대각성 운동으로 나가야 한다.

이렇게 이민 가정의 정체성 문제의 해결책을 유대인 가족 신앙에서 발견하게 됨은 현용수 박사님 가정에만 유효한 것이 아니다. 전 세계 한인 디아스포라 이산가족들에게도 유용한 처방이요 대안이라 하겠다.

전 세계 한인 교회들은 최우선적으로 현용수 박사님의 자녀교육 사례를 본받아 가정교회를 수립하도록 쉐마 자녀교육 방식을 실천해야 할 것이다. 전 세계 한민족교회들은 다음 세대 교육을 위해 가족 신앙의 공고화를 위해 가정교회에서의 신앙생활부터 바르게 세워야 할 것이다.

갈기갈기 찢어진 이 나라 구석구석을 다시 싸매고 치유해 일으키려면 쉐마교육으로 나를 변화시키고 가정교회를 굳건히 세우고 지역교회를 굳건히 세워 이 가정교회의 복음 신앙으로 사회의 정치, 경제, 사회, 교육, 문화를 변화시킬 수 있을 것이다. 그렇다면 쉐마교육 가정회복운동을 성령님께서 인도하시도록 말세의 대부흥, 대각성 운동으로 인도해 주시기를 간구해야 할 것이다.

그런 점에서 쉐마지도자클리닉 다음 학기 '인성교육' 편 교육을 고대한다. 이 땅에서 오늘날처럼 교육 체계와 교육 프로그램이 발달한 적이 없었다. 온갖 교육 도구와 교육 프로그램은 발달해 있고 각종 인성교육을 시행하고 있지만 그 교육에 생명의 창조주 하나님이 없고 진화론적, 유물론적, 인본주의 교육만으로 이루어지다 보니 백약이 무효라, 세상은 갈수록 더 사악해져 가고 만인의 만인에 대한 투쟁 사회로 빠져들고 있다. 성경적 인성교육이 더욱 중요한 시대임을 절감한다.

한 학기 동안 쉐마교육을 열강해 주신 현용수 박사님께서 더욱 강건하시고 쉐마교육 사역이 앞으로도 한국 교회를 일깨우고 성령님의 인도를 받아 더욱 심오해지고 널리 전파되기를 기도하며 함께 배움을 같이한 모든 분도 쉐마교육으로 가정과 교회와 학교와 일터에서 한 알의 썩어지는 밀알이 되어 이 나라와 온 누리를 변화시키는 성령님의 도구가 될 수 있기를 기원한다.

* 편집자 주: 이외 다양한 쉐마교육 참가자들의 증언을 보시려면 쉐마교육연구원 홈페이지(www.shemaiqeq.org)에서 '쉐마교육을 아십니까?'를 클릭하세요. 02-3662-6567

부록 II

우리의 각오
쉐마교사대학 졸업생 선언문

기독교 역사를 되돌아보면, 2000년간 계속 하나님의 말씀과 성령의 촛대를 간직하고 있는 민족이나 국가는 거의 없다. 많은 복음주의자들이 말한다. "초대교회로 돌아가자!"고. 그러나 초대교회였던 계시록에 나타난 터키의 일곱 교회도 모두 죽어 있다. 그렇다면, 현재교회가 초대교회로 돌아가 마침내 죽자는 얘기인가? 이것은 교회개척이나 성령운동은 초대교회처럼 해야 하지만, 기독교교육을 초대교회처럼하면 살아남지 못한다는 것을 뜻한다.

이러한 현상은 이제 남의 일이 아닌 우리의 일이 되었다. 한국은 1885년 4월 5일 하나님의 말씀이 어두움에 쌓였던 한반도에 들어오면서 우리 민족에게 밝은 빛이 보이며 경제성장과 아울러 평화의 시대를 구가해 왔다. 현재 한국 교회는 그 어느 때보다도 세계 선교에 열을 올리고 있지만 통계에 의하면, 한국의 유년 주일학교 증가율이 16년 전부터 줄고 있다(1993). 미국에 있는 교포 교회들의 경우도 2세 종교교육이 심각한 위기에 놓여 있다. 미주 교포 2세들이 대학을 졸업하면 90%가 교회에 안 나간다. 기존 교회 교육과 가정교육이 실패했다는 증거다.

우리가 명심해야 할 것은 역사적이나 지형학적으로 중국이나 일본은 하나님 없이도 잘살 수 있는 민족일지 모르나 한국만은 하나님 없이는 또다시 중국이나 일본의 종이 될 수밖에 없다는 사실이다. 이에 대한 대안을 찾기 위하여 우리는 무던히도 고민하며 기도하여왔다.

그런데 그 해답을 드디어 구약의 선민교육인 쉐마에서 찾았다. 이제 우리는 가정과 교회와 민족을 지키기 위하여 분연히 나설 때다. 1세 신앙의 유산을 자자손손 후세에게 물려주어 우리 민족의 영혼을 구원할 역사적인 사명을 인식해야 한다.

따라서 신약의 복음으로 구원받고 구약의 선민교육인 쉐마를 전수받은 우리는 모두 구약의 모세나 신약의 바울처럼 자기 민족을 먼저 뜨겁게 사랑해야 한다. 그뿐 아니라 전 세계에 흩어진 한국 민족 디아스포라에 복음과 함께 쉐마를 전하여 한국인 기독교인의 동질성을 회복하고, 자신의 자녀를 말씀의 제자삼아 자손만대에 하나님의 말씀을 전수해야 한다. 더 나아가서 온 세계에 쉐마를 전파하여 주님의 재림을 준비하는 역군이 되어야 한다.

참고도서
⟨IQ-EQ 박사 현용수의 총서 (전47권)⟩

《총론》 (전6권)

1. IQ는 아버지 EQ는 어머니 몫이다 1권 (1996, 국민일보. 1999, 조선일보. 2009, 쉐마)
2. IQ는 아버지 EQ는 어머니 몫이다 2권 (1996, 국민일보. 1999, 조선일보. 2009, 쉐마)
3. IQ는 아버지 EQ는 어머니 몫이다 3권 (1996, 국민일보. 1999, 조선일보. 2009, 쉐마)
4. 쉐마교육을 아십니까? (쉐마교육의 파워 증언록) (2016, 쉐마)
5. 한국인 아버지의 유대인 자녀교육 리포트 (2022, 쉐마)
6. IQ · EQ 박사 현용수의 쉐마교육 개척기 (저자의 자서전) (2012, 쉐마)

《인성교육론》 (전10권)

1. 문화와 종교교육 (현용수의 박사 학위 논문) (1993, 쿰란. 2007, 쉐마)
2. 현용수의 인성교육 노하우 1권 (2008, 동아. 2015, 쉐마)
3. 현용수의 인성교육 노하우 2권 (2008, 동아. 2015, 쉐마)
4. 현용수의 인성교육 노하우 3권 (2008, 동아. 2015, 쉐마)
5. 현용수의 인성교육 노하우 4권 (2008, 동아. 2015, 쉐마)
6. 가정 해체로 인한 인성교육 실종 대재앙을 막는 길 (2013, 쉐마)
7. 유대인이라면 박근혜의 위기, 어떻게 극복할까 (2017, 쉐마)
8. 이스라엘을 모델로 좌파 논리 쪼개기 (대한민국 국가관) (2021, 쉐마)
9. 제2의 이스라엘 민족 한국인 (유대인과 한국인의 유사점 107 가지) (2021, 쉐마)
10. 유대인의 리더십 개발 원리 (우리 아이 모세처럼 독수리 리더로 키우는 방법) (2022, 쉐마)

《쉐마교육론》 (전24권)

기독교에 유대인 교육이 필요한 이유 시리즈 (전2권)

1. 실패한 교회교육 왜 유대인 교육이 답인가 (구, 부모여 자녀를 제자 삼아라1) (2021, 쉐마)
2. 세계선교의 한계 왜 유대인 교육이 답인가 (구, 부모여 자녀를 제자 삼아라2) (2021, 쉐마)

구약의 지상명령 시리즈 (전3권)

1. 잃어버린 구약의 지상명령 쉐마 1권 (2006, 쉐마)
2. 잃어버린 구약의 지상명령 쉐마 2권 (2006, 쉐마)
3. 잃어버린 구약의 지상명령 쉐마 3권 (2006, 쉐마)

유대인 아버지 교육 시리즈 (전4권)
1. 유대인 아버지의 4차원 영재교육 (2006, 동아. 2015, 쉐마)
2. 하브루타 유대인 아버지의 IQ교육 (2022, 쉐마).
3. 하브루타식 4차원 영재교육의 비밀 (2021, 쉐마)
4. 자녀들아, 돈은 이렇게 벌고 이렇게 써라 (2009, 동아. 2015, 쉐마)

유대인 어머니 교육 시리즈 (전3권)
1. 유대인의 성교육 (2021, 쉐마)
2. 성경이 말하는 어머니의 EQ 교육 1권 (2013, 쉐마)
3. 성경이 말하는 어머니의 EQ 교육 2권 (2013, 쉐마)

유대인 효도 교육 시리즈 (전3권)
1. 자녀의 효도교육 이렇게 시켜라 1권 (2010, 쉐마)
2. 자녀의 효도교육 이렇게 시켜라 2권 (2010, 쉐마)
3. 자녀의 효도교육 이렇게 시켜라 3권 (2010, 쉐마)

유대인 신앙명가 시리즈 (가정신학, 전4권)
1. 신앙명가 이렇게 세워라 1권 (2011, 쉐마)
2. 신앙명가 이렇게 세워라 2권 (2011, 쉐마)
3. 한국형 주일가정식탁예배 예식서 (2013, 쉐마)
4. 한국형 주일가정식탁예배 순서서 (2013, 쉐마)

유대인의 고난의 역사교육 시리즈 (전5권)
1. 하나님의 독수리 자녀교육 (고난의 교육 신학 1) (2014, 쉐마)
2. 유대인의 고난의 역사교육 (고난의 교육 신학 2) (2015, 쉐마)
3. 승리보다 패배를 더 기억하는 유대인 (고난의 교육 신학 3) (2015, 쉐마)
4. 고난을 기억하는 유대인 절기교육의 파워 (고난의 교육 신학 4) (2018, 쉐마)
5. 유대인의 고난의 역사 현장 교육 (2019, 쉐마)

유대인의 탈무드 시리즈 (전7권)
1. 탈무드의 지혜 (2007, 동아일보, 2017, 쉐마)
2. 탈무드와 모세오경 (2007, 동아일보, 2016, 쉐마)
3. 탈무드의 처세술 (2009, 동아일보, 2017, 쉐마)
4. 탈무드의 생명력 (2009, 동아일보, 2017, 쉐마)
5. 탈무드 잠언집 (2009, 동아일보, 2016, 쉐마)
6. 탈무드의 웃음 (2009, 동아일보, 2017, 쉐마)
7. 옷을 팔아 책을 사라 (2000, 아름다운세상. 2012, 쉐마)

교육 혁명이 시작되었습니다!
- 가정교육 · 교회교육 · 교회성장 위기의 대안 -

자녀교육 + 교회성장, 고민하지요?

Q1: 왜 현대 교육은 점점 발달하는 데 인성은 점점 더 파괴되는가?
Q2: 왜 자녀들이 부모와 코드가 맞지 않아 갈등을 빚는가?
Q3: 왜 대학을 졸업하면 10%만 교회에 남는가? 교회학교의 90% 실패 원인은?
Q4: 왜 해외 교포 자녀들이 남은 10%라도 부모교회를 섬기지 않는가?
Q5: 왜 현대인에게 전도하기가 힘든가?

근본 대안은 유대인의 '인성교육+쉐마교육'에 있습니다

– 어떻게 유대인은 위의 문제를 4,000년간 지혜롭게 해결하고 세계를 지배하고 있는가?
– 어떻게 유대인은 아브라함 때부터 현재까지 세대차이 없이 자손 대대로 말씀을 전수하는데 성공했는가?

■ 쉐마교육연구원은 무슨 일을 하나?

1. 2세 종교교육 방향제시
혼돈 속에 있는 2세 종교교육의 방향을 성경적이고 과학적인 연구에 의해 옳은 방향으로 제시해 준다.

2. 성경적 기독교교육 재정립
유대인의 자녀교육과 기존 기독교교육 자료를 중심으로 백년대계를 세울 수 있도록 한국인에 맞는 기독교교육 방법을 재정립한다.

3. 한국인에 맞는 기독교교육 자료(내용) 개발
현 한국 및 전 세계 한국인 디아스포라를 위해 한국인의 자녀교육에 맞는 기독교교육 내용을 개발한다.

4. 해외 및 기독교교육 문제 연구
시대와 각 지역 문화의 변화에 대처하기 위해 계속 연구하고 대안을 제시한다.

5. 교회교육 지도자 연수교육
각 지교회에 새로운 교회교육 지도자를 양성 보충하며 기존 지도자의 필요를 충족시켜준다.

6. 청소년 선도 교육 실시
효과적인 청소년 교육 프로그램을 개발하여 선도교육을 실시한다.

7. 효과적 성경 연구 및 보급
성경을 교육학적으로 보다 깊이 연구하고 효과적인 전달 방법을 개발하여 이를 보급한다.

8. 세계 선교 교육
본 연구원의 교육 이념과 자료가 세계 선교로 이어지게 한다.

■ '쉐마지도자클리닉'이란 무엇인가?

쉐마교육연구원은 세계 최초로 현용수 교수에 의해 설립된, 인간의 인성과 성경적 쉐마교육을 가르치는 인성교육 전문 교육기관이다. 본 연구원에서 가르치는 핵심 교육의 내용 역시 현 교수가 하나님이 주신 지혜로 계발한 것들이며, 거의 모두가 세계 최초로 소개된 인성교육의 원리와 실제를 함께 가르치는 성경적 지혜교육이다. 본 연구원은 바른 인성교육 원리와 쉐마교육신학으로 가정교육·교회교육·교회성장 위기의 대안을 제시해 준다.

쉐마교육연구원에서 주관하는 '쉐마지도자클리닉'은 전체 3학기로 구성되어 있다. 1주 집중 강의로 3차에 걸쳐 제1학기는 '유대인을 모델로 한 인성교육 노하우', 제2학기는 '유대인의 쉐마교육'이 국내에서 진행된다. 제3학기는 '유대인의 인성 및 쉐마교육 미국 Field Trip'으로 미국에서 진행되며 현용수 교수의 강의는 물론 L.A.에 소재한 유대인 박물관, 정통파 유대인 회당 및 안식일 가정 절기 견학 등 그들의 성경적 삶의 현장을 견학하고, 정통파 유대인 랍비의 강의, 서기관 랍비의 양피지 토라 필사 현장 체험을 한 후 현지에서 졸업식으로 마친다.

3학기를 모두 마친 이수자에게는 졸업 후 쉐마를 가르칠 수 있는 'Teacher's Certificate'를 수여하여 자신이 섬기는 곳에서 쉐마교육을 가르칠 수 있도록 도와준다.

■ 누가 참석해야 하는가?

- 기존 교육에 한계를 느끼고 자녀교육과 교회학교 문제로 고민하시는 분.
- 한국 민족의 후대 교육을 고민하며 그 대안을 간절히 찾고자 하시는 분.
- 하나님의 말씀을 자손에게 물려줄 수 있는 비밀을 알고자 하시는 분.
- 유대인의 효도교육의 비밀과 천재교육+EQ교육의 방법을 알고자 하는 분.

미국 : 3446 Barry Ave. Los Angeles, California 90066 USA
쉐마교육연구원 (310) 397-0067
한국 : 02)3662-6567, 070-4216-6567, Fax. 02)2659-6567
www.shemaiqeq.org shemaiqeq@naver.com

IQ·EQ 박사 현용수의 유대인 교육 총서 〈전47권〉

총론 〈5권〉	인성교육론 + 쉐마교육론의 총론 IQ는 아버지 EQ는 어머니 몫이다〈전3권〉	IQ·EQ 박사 현용수의 쉐마교육 개척기〈자서전〉	아들을 미법무부 차관보로 키운 한국인 아버지의 유대인 자녀교육 보고서	쉐마교육의 파워 증언록 쉐마교육을 아십니까?
인성교육 시리즈 〈11권〉	문화와 종교교육〈저자의 박사 학위 논문〉	현용수의 인성교육 노하우 시리즈 〈전4권〉	가정해체로 인한 인성교육 실종 대재앙을 막는 길〈논문〉	유대인이라면 박근혜의 위기 어떻게 극복할까〈대한민국 국가관〉
	이스라엘을 모델로 좌파논리 쪼개기〈기독교인의 바른 국가관과 정치관〉	제2의 이스라엘 민족 한국인〈유대인과 한국인의 유사점 107가지〉	유대인의 리더쉽 개발 원리	
쉐마교육 시리즈 〈24권〉	기독교에 유대인 교육이 필요한 이유 시리즈 〈전2권〉			
	실패한 다음세대 교육, 왜 유대인 교육이 답인가〈부모여 자녀를 제자 삼아라1〉		세계선교의 한계, 왜 유대인 교육이 답인가〈부모여 자녀를 제자 삼아라2〉	
	구약의 지상명령 시리즈 〈전3권〉			
	잃어버린 구약의 지상명령 쉐마 제1권〈교육신학의 본질〉	잃어버린 구약의 지상명령 쉐마 제2권〈교육신학의 본질〉	잃어버린 구약의 지상명령 쉐마 제3권〈교육신학의 본질〉	
	유대인 아버지 교육 시리즈 〈전4권〉			
	유대인 아버지의 4차원 영재교육〈아버지 교육 종합편〉	하브루타, 유대인 아버지의 IQ교육〈아버지 신학 제1권〉	하브루타식 4차원 영재교육의 비밀〈아버지 신학 제2권〉	자녀들아, 돈은 이렇게 벌고 이렇게 써라〈경제 신학〉
	유대인 어머니 교육 시리즈 〈전3권〉			
	유대인의 성교육〈부부·성 신학〉		성경이 말하는 어머니의 EQ교육 〈전2권〉〈어머니 신학〉	
	유대인 효도 교육 시리즈 〈전3권〉		유대인 신앙명가 시리즈 〈가정신학, 전4권〉	
	자녀의 효도교육 이렇게 시켜라〈전3권〉〈효신학〉		신앙명가 이렇게 시켜라〈전2권〉〈가정 신학〉	한국형 주일가정식탁 예배 예식서 + 순서지
	유대인의 고난의 역사교육 시리즈 〈전5권〉			
	하나님의 독수리 자녀교육〈고난교육신학 1〉	유대인의 고난의 역사교육〈고난교육신학 2〉		승리보다 패배를 더 기억하는 유대인〈고난교육신학 3〉
	고난을 기억하는 유대인 절기 교육의 파워〈고난교육신학 4〉	유대인의 고난의 역사현장교육〈고난교육신학 5〉		
탈무드 시리즈 〈7권〉	탈무드 1 : 탈무드의 지혜〈원저 마빈 토카이어, 편저 현용수〉	탈무드 2 : 탈무드와 모세오경〈원저 마빈 토카이어, 편저 현용수〉	탈무드 3 : 탈무드의 처세술〈원저 마빈 토카이어, 편저 현용수〉	탈무드 4 : 탈무드의 생명력〈원저 마빈 토카이어, 편저 현용수〉
	탈무드 5 : 탈무드 잠언집〈원저 마빈 토카이어, 편저 현용수〉	탈무드 6 : 탈무드의 웃음〈원저 마빈 토카이어, 편저 현용수〉	옷을 팔아 책을 사라〈원저 빅터 솔로몬, 편저 현용수〉	

이런 순서로 읽으세요 〈전47권〉

- 인성교육론과 쉐마교육론 -

- 전체 유대인 자녀교육에 대한 총론을 알려면
  - 《IQ는 아버지 EQ는 어머니 몫이다》 (전3권)
- 유대인을 모델로 한 인성교육의 원리를 이해하려면
  - 《현용수의 인성교육 노하우》 (전4권)
- 인성교육론이 나오게 된 학문적 배경을 이해하려면
  - 《문화와 종교교육》 (현용수의 박사학위 논문)
  - 《IQ · EQ 박사 현용수의 쉐마교육 개척기》 (현용수의 자서전)
- 왜 기독교교육에 유대인 교육이 필요한지를 알려면
  - 《실패한 다음세대교육, 왜 유대인 교육이 답인가》
  - 《세계선교의 한계, 왜 유대인 교육이 답인가》
- 쉐마교육론(교육신학)이 나오게 된 성경의 기본 원리를 알려면
  - 《잃어버린 구약의 지상명령 쉐마》 (전3권)
- 가정 해체와 인성교육과의 관계를 알려면
  - 《가정 해체로 인한 인성교육 실종 대재앙을 막는 길》
- 대한민국 자녀의 이념교육 교재
  - 《이스라엘을 모델로 좌파 논리 쪼개기》 (기독교인의 바른 국가관과 정치관)
- 쉐마교육에 대하여 자세히 알고 싶으시면
  - 〈쉐마교육을 아십니까〉
- 유대인의 리더쉽 교육 원리와 방법을 알려면
  - 《유대인의 리더쉽 개발 원리》
- 한 권으로 보는 쉐마교육 실천기
  - 《한국인 아버지의 유대인 자녀교육 보고서》

각 쉐마교육론을 더 깊이 연구하려면 다음 책들을 읽으세요

- 아버지 신학 《하브루타, 유대인 아버지의 IQ교육》 (제1권)
- 아버지 신학 《하브루타식 4차원 영재교육의 비밀》 (제2권)
- 경제 신학 《자녀들아, 돈은 이렇게 벌고 이렇게 써라》
- 효 신학 《자녀의 효도교육 이렇게 시켜라》 (전3권)
- 가정 신학 《신앙명가 이렇게 세워라》 (전2권)
- 부부 · 성 신학 《유대인의 성교육》
- 어머니 신학 《성경이 말하는 어머니의 EQ 교육》 (전2권)
- 가정예배 《한국형 주일가정식탁예배 예식서》 (별책부록: 순서지)
- 고난교육신학 1 《하나님의 독수리 자녀교육》
- 고난교육신학 2 《유대인의 고난의 역사교육》
- 고난교육신학 3 《승리보다 패배를 더 기억하는 유대인》
- 고난교육신학 4 《고난을 기억하는 유대인 절기교육의 파워》

앞으로 더 많은 교육 교재가 발간될 예정입니다. 계속 기도해 주세요.